VIE

DE M. PIERRE AUMAITRE

ANGOULÊME. — IMPRIMERIE BAILLARGER

Rue Tison d'Argence.

VIE

DE

M. PIERRE AUMAITRE

PRÊTRE DU DIOCÈSE D'ANGOULÊME

DE LA SOCIÉTÉ DES MISSIONS ÉTRANGÈRES

MORT POUR LA FOI EN CORÉE

Le 30 mars 1866

Par M. Léandre POITOU

Curé-Doyen de La Rochefoucauld
Chanoine honoraire de Mende, Membre de la Société Archéologique
et Historique de la Charente.

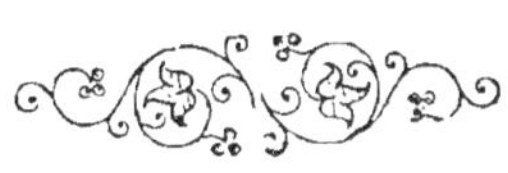

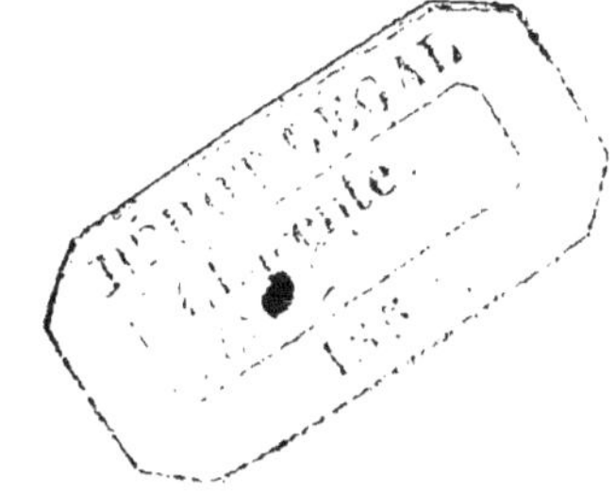

EN VENTE :

CHEZ L'AUTEUR

à La Rochefoucauld (Charente).

—

1877

A

MONSEIGNEUR

L'ÉVÊQUE D'ANGOULÊME

Monseigneur,

Les pages que j'ai consacrées à la mémoire de M. Aumaître, sortent des presses. Avant qu'elles aillent aux bienveillants lecteurs qui les attendent, c'est un devoir pour moi d'en déposer l'hommage dans Vos mains.

J'acquitte ainsi, Monseigneur, une dette de justice et de reconnaissance. Je ne saurais oublier, en effet, avec quel empressement Vous avez daigné, il y a quelques mois, appuyer ma demande de renseignements sur M. Aumaître. Vous vouliez aussi qu'on m'aidât « à mettre en pleine lumière la mémoire du « jeune et pieux apôtre dont le martyre, disiez-Vous, « est pour le diocèse une gloire, et que nous aimons « surtout à regarder comme un protecteur pour « notre troupeau (1). »

Me sera-t-il permis d'ajouter que je paie aussi une dette de reconnaissance ? Un vaste diocèse Vous réclamait, ces jours-ci pour son évêque. Il voulait bénéficier à son tour de cette piété, de ce zèle dont, depuis quatre ans, nous recueillons les fruits. Et Vous, Monseigneur, Vous nous avez aimés assez

(1) *V. Semaine Religieuse*, 1876, p. 850.

pour ne vouloir enrichir personne à nos dépens : Vous voulez vivre et mourir au milieu de nous; Vous voulez continuer *à nous redire encore les noms sacrés* de Jésus et de Marie. Tout Votre diocèse Vous en a exprimé sa profonde gratitude. Que ce modeste livre soit le remerciement spécial de l'un de Vos plus humbles fils !

Qu'il soit aussi un hommage à deux mémoires également chères et vénérées.

Mgr Cousseau devina le futur martyr de la Corée et lui donna généreusement la permission de quitter son diocèse pour aller porter la foi aux nations infidèles.

Mgr Saivet, après le martyre de M. Aumaître, fut le premier à me presser d'écrire cette *Vie*.

Ce livre est donc un peu le leur. Pourquoi faut-il que je n'aie à le déposer que sur leurs tombeaux ! Permettez, Monseigneur, que cet hommage, le seul qui soit désormais permis à ma piété filiale, leur arrive en même temps qu'à Vous. Qui mieux que Vous a le culte des pieux souvenirs ? Vous serez heureux du partage que je fais aujourd'hui. Il ne nuira en rien aux sentiments avec lesquels je me dis,

Monseigneur,

de Votre Grandeur,

le très-humble et très-dévot fils,

L. Poitou, ch. h. M.

Curé-doyen de la Rochefoucauld.

La Rochefoucauld, le 15 août 1877.

ÉVÊCHÉ
D'ANGOULÊME.

Angoulême, le 6 septembre 1877.

Monsieur le Doyen,

J'avais encouragé votre pieux dessein, et j'applaudis aujourd'hui à son exécution. Votre ouvrage appartient désormais aux annales de notre chère Eglise d'Angoulême ; il y gardera la mémoire vénérée du jeune prêtre sitôt martyr, donné par elle à la grande œuvre de l'apostolat catholique, et maintenant son protecteur au ciel.

Puisse l'exemple de M. Aumaître, présenté par vous avec tant d'onction et d'intérêt, affermir la foi des fidèles, ramener à Dieu ceux qui connaissent trop peu le sacerdoce chrétien et sa mission, et nous enflammer de plus en plus nous-mêmes des saintes ardeurs du zèle pour le salut des âmes !

J'accepte avec reconnaissance l'hommage de cette édifiante biographie.

Je prie Notre Seigneur de vous bénir pour un travail entrepris et achevé uniquement en vue de sa gloire et du bien ; les vénérables Prélats dont vous invoquez le religieux souvenir le feront eux-mêmes au ciel, comme moi et mieux que moi.

Veuillez bien agréer, Monsieur le Doyen, avec mes félicitations affectueuses, l'assurance de tout mon dévouement en Notre Seigneur.

† A.-L., Év. d'Angoulême.

PRÉFACE

Le 30 mars 1866, un jeune prêtre du diocèse d'Angoulême, M. Aumaître, mourait généreusement pour la foi, qu'il était allé prêcher à la pauvre Corée. Mgr Cousseau consacra le souvenir de ce jeune héros par une belle *Lettre* (1) adressée à son diocèse. Il voulut plus encore. Il fit célébrer l'anniversaire du glorieux martyre de son « très-cher fils » par une fête solennelle au Grand et au Petit-Séminaire. Traçant le programme de la fête pour le Grand-Séminaire, il disait : « . . . A l'issue de la messe « pontificale, un jeune prêtre, ami et condisciple « du missionnaire Pierre Aumaître, racontera du « haut de la chaire sa vie et sa mort. » Ce que « l'ami et le condisciple » ne put faire alors, il le fait aujourd'hui.

Telle est l'origine de ce livre.

Comment a-t-il été composé ? Nous ne dirons pas à *moments perdus*, car on ne perd point son temps quand on travaille à conserver la mémoire d'un homme de bien, à plus forte raison, la

____

(1) *Lettre* J. J. nous la publierons en son lieu.

mémoire d'un héros de la foi, mais à *moments dérobés* au ministère paroissial. Du reste, le lecteur s'en apercevra sans qu'il soit besoin de le dire longuement : n'insistons pas. Cependant, au milieu de nos travaux de vicaire ou de curé, nous rassemblions les matériaux destinés à cette *Vie* que nous avions tant à cœur de ne pas faire attendre indéfiniment. Enfin, après plus de dix ans, nous avons pu utiliser ces matériaux et les coordonner. Que Dieu en soit béni !

Quelle est la valeur de ce livre ? Le lecteur en jugera. Mais ce que nous tenons à dire, c'est qu'il a le mérite que devrait avoir tout livre qui est écrit sur un homme : il respecte la vérité et la dit toujours. Nous n'avons pas perdu de vue un seul instant que nous racontions la vie d'un martyr (1), et que notre livre pouvait être invoqué un jour, comme la déposition d'un contemporain, au tribunal de l'Eglise. Nous avons parlé comme parle un témoin qui sait ce qu'il doit à la vérité. Du reste, il ne nous en a pas coûté de montrer M. Aumaître tel qu'il a été toujours. Dans sa vie il n'y a rien à

(1) En employant dans notre récit les mots de *martyr,* de *saint,* de *reliques,* etc., il va de soi que nous n'avons pas le dessein de prévenir le jugement de la Sainte Eglise, dont nous voulons toujours demeurer le très-dévot et très-obéissant fils.

cacher. Heureux l'historien qui peut en dire autant de son héros ! Cependant, malgré notre ardent désir d'être toujours dans la vérité, il est possible que bien des inexactitudes de détail se soient glissées dans ces pages. Nous serons heureux qu'on veuille bien nous aider à les faire disparaître en nous les signalant.

Les sources où nous avons puisé sont d'abord les souvenirs des parents de M. Aumaître et de ceux qui l'ont connu enfant, ensuite nos souvenirs personnels, ceux de quelques condisciples et de nos maîtres de Richemont et du Grand-Séminaire ; c'est sa riche correspondance dont nous ne possédons, hélas ! qu'une partie. C'est encore l'*Histoire de l'Eglise de Corée*, récemment publiée ; enfin une relation manuscrite, due à l'obligeance de M. Calais, l'un des trois missionnaires échappés au massacre de 1866. Voilà nos sources. Que tous ceux qui les ont si obligeamment ouvertes devant nous veuillent bien agréer ici l'expression de notre reconnaissance, car ils nous ont permis de travailler ainsi à sauver de l'oubli une mémoire si digne d'être conservée.

Un mot sur la manière dont nous avons utilisé les lettres de M. Aumaître. Nous les citons le plus possible : c'est lui surtout qu'on aimera à lire. Mais M. Aumaître écrivait tant et si vite, qu'il ne se corrigeait guère. Nous avons respecté même cette incorrection autant que c'était possible. Afin d'éviter des redites et de compléter ses lettres les unes par les autres, nous y avons fait les coupures qui nous ont paru nécessaires. Ainsi on reconnaîtra parfaitement M. Aumaître dans les pages sorties de son cœur. Nous n'avons pas maintenu le familier « Mon cher *un tel* » des premières lettres. Bon pour des écoliers entre eux, ce ton ne convient plus depuis que ces mêmes écoliers, devenus des hommes, par le caractère dont ils sont revêtus et la situation qu'ils occupent, ont droit à plus de respect.

Dans ces modestes pages, on verra que M. Aumaître est un modèle pour tous les âges qu'il a parcourus. Enfant, écolier, séminariste à Richemont, à Angoulême ou à Paris, prêtre, missionnaire, sa vie est telle qu'elle fait sans cesse monter au cœur cette pensée : « Si j'étais donc comme lui ! » On y verra de plus que M. Aumaître n'est pas devenu saint tout d'un coup, et que, s'il a cueilli la palme du martyre, il avait cultivé de bonne heure, et arrosé de bien des larmes, le champ où elle devait croître un jour.

Il est un chapitre de ses douleurs intimes que nous n'avons pu qu'effleurer aujourd'hui. Le temps n'est pas venu de parler plus ouvertement ; un jour, si Dieu le permet, nous pourrons déchirer tous les voiles, et montrer quel fut M. Aumaître tout entier; ses lettres nous donneront le moyen de faire resplendir sa vertu d'un éclat plus vif encore. Tel qu'est notre modeste livre, il pourra, nous l'espérons, être agréable et utile, non-seulement à ceux qui ont connu M. Aumaître ou ont entendu parler de lui, mais encore à tous ceux qui voient son nom pour la première fois. Nous le proposons comme un modèle à tous les chrétiens, aux enfants surtout et aux aspirants au sacerdoce.

Puissions-nous puiser nous-même dans ses bons exemples un peu de cet ardent amour qui consumait son cœur pour Dieu et pour les âmes !

La Rochefoucauld, 30 mars 1877. Vendredi-Saint, onzième anniversaire du martyre de M. Aumaître,

VIE

DE

M. PIERRE AUMAITRE

CHAPITRE PREMIER

M. AUMAITRE ENFANT

Naissance et Baptême de M. Aumaître. — Sa famille. — M. Aumaître à l'école. — Ses qualités, son bon cœur. — M. Aumaître au catéchisme. — Sa première communion. — Il veut être prêtre. — Son courage chrétien. — M. Aumaître catéchiste. — Il commence le latin. — Difficultés vaincues. — Il est admis à Richemont.

M. Aumaître naquit à Aizecq, petit village du canton de Ruffec, le samedi 8 avril 1837, de l'union chrétienne de Pierre Aumaître et de Catherine Sylvestre. La maison où il vit le jour est à cent mètres environ du bourg, sur le versant du coteau qui abrite Aizecq contre le Nord. Elle s'appelle *Le Peu*. Un oncle paternel de M. Aumaître la possède maintenant ; elle est si modeste, qu'il en a fait un cellier. Ce n'est pas sans douleur qu'on voit ainsi délaissé le lieu d'où est sorti un martyr. Du seuil de cette demeure, désormais illustre, l'œil découvre un bel horizon ; mais avant d'aller jusqu'aux collines les plus proches, il rencontre les maisons du bourg d'Aizecq, le château de la famille de Saluces, et l'église qui protége tout le village.

A l'époque de la naissance de M. Aumaître, le diocèse d'Angoulême était encore dans une grande disette de prêtres. Il venait de traverser de si mauvais jours ! Beaucoup de paroisses étaient sans pasteur. Aizecq se trouvait du nombre de ces paroisses infortunées. Pour cette raison, le jeune Aumaître ne reçut point le Baptême le jour de sa naissance. Il ne dut même qu'à une indisposition, qui mit en danger sa frêle existence, de ne pas se voir différer plus de quinze jours la grâce précieuse de la régénération. On le porta en toute hâte à l'église de Verteuil. Le samedi 22 avril, il y fut admis au nombre des enfants de Dieu, et placé sous la protection du Prince des Apôtres en recevant son nom (1). Toutefois, comme l'aîné, en famille on ne le nomma point *Pierre*, mais

(1) Voici l'acte du Baptême de M. Aumaître :

L'an mil huit cent trente-sept et le vingt-deux avril, a été baptisé par moi, curé soussigné, Pierre, né le huit du même mois, fils légitime de Pierre Aumaître, cultivateur, et de Catherine Sylvestre, du

simplement *Aumaître*. Dieu lui donna la joie de voir naître après lui deux frères et deux sœurs.

En entrant dans le monde il ne trouva point la fortune au foyer paternel. Ses parents sont de petits propriétaires cultivant leurs champs ; le père pendant longtemps a été sabotier et s'est occupé aussi du commerce des bestiaux, s'ingéniant de mille manières pour faire vivre sa famille. Mais il est un héritage d'un prix plus élevé, l'héritage des vertus chrétiennes, et celui-là ne devait pas manquer à M. Aumaître ; Dieu lui avait préparé un trésor d'un prix inestimable : une mère, digne par sa vertu, d'être la mère d'un martyr. Dès avant la naissance de son fils cette femme avait eu le pressentiment de ce qu'il serait un jour. Un mot échappé à son cœur au moment du départ de ce fils pour les Missions Etrangères, ne permet pas le moindre doute à cet égard : « Et pourtant, lui dit-elle, je devais bien m'y attendre puisque je le savais avant que tu fusses né (1). » Femme vraiment chrétienne, elle sut comprendre les devoirs de sa maternité, et mettre au rang de ses occupations les plus sérieuses, de former son fils à la connaissance et à l'amour de Dieu. Il faut qu'un enfant ait une nature bien mauvaise pour résister aux douces

bourg d'Aizecq. Le parrain et la marraine ont été Pierre Vallade et Marie Aumaître, cousin troisième et tante du baptisé, qui ont déclaré ne savoir signer.

Signé : B_{EZEAUD}.

(1) Lettre de M. Aumaître à Mme Desmiers de Chenon, 29 août 1859.

influences des leçons données, pour ainsi parler, goutte à goutte, par l'amour d'une mère chrétienne. S'il a une âme noble, un cœur disposé aux grandes choses, cet enfant, à cette bienfaisante chaleur du foyer domestique, s'épanouit, se développe comme la fleur sous un rayon de soleil. Un œil exercé peut déjà y découvrir les fruits excellents de vertu qu'il produira un jour. Tel était le jeune Aumaître. Son âme s'ouvrait comme d'elle-même aux leçons et aux exemples de sa mère. Il n'avait pas trois ans, que déjà on remarquait son ardeur pour la prière, et il mettait ordinairement à la faire une obstination peu commune chez les enfants.

Dès l'âge de cinq ans, on l'envoya à l'école, tenue alors comme aujourd'hui par M. Pichon, père de cet Adolphe, à qui M. Aumaître écrira plus tard de bien intéressantes lettres. Peu favorisé du côté de la mémoire, il rachetait ce défaut par plus de travail. Tout enfant, il se faisait remarquer par son calme, sa docilité, sa douceur, son désir d'imiter en toutes choses Notre Seigneur Jésus-Christ. Un de ses camarades lui donnait-il un soufflet, vite il tendait l'autre joue, se rappelant le mot de Notre Seigneur et voulant déjà y conformer sa vie.

Que dirons-nous de sa bonté pour ses camarades ? Tous l'aimaient beaucoup, tous désiraient jouer avec lui, et c'était pour les pensionnaires une véritable joie, quand ils en obtenaient la permission. Ces jeux se passaient souvent dans un pré voisin de l'école.

Ce pré fut une fois le théâtre d'un accident qui fit verser bien des larmes au jeune Aumaître. Ses camarades et lui couraient, le couteau à la main, en prenant leur repas, lorsque l'un d'eux (c'était son meilleur ami) vint étourdiment se jeter sur son couteau ouvert. La pointe, hélas ! frappa juste dans l'œil de l'enfant. L'œil fut crevé. M. Aumaître père est de la vieille école pour l'éducation ; il est partisan des réprimandes sévères. Son fils en fit la dure expérience à ses dépens. Hâtons-nous de dire cependant qu'il ressentit bien moins de chagrin de sa correction que de l'accident dont il avait été la cause involontaire. A grand'peine parvint-on à le consoler.

Les parents de M. Aumaître étaient trop chrétiens pour ne pas faire suivre à leur enfant cette autre école où l'on apprend les grands principes qui doivent diriger toute vie humaine, le *Catéchisme paroissial*. De bonne heure ils y envoyèrent leur petit garçon, et, de ce côté encore, ils eurent bien à se féliciter. Il aimait déjà tant son Dieu ! Comment n'aurait-il pas aimé le catéchisme, où il apprenait de mieux en mieux à le connaître, à l'aimer et à le servir !

Par sa sagesse, sa piété, sa modestie, sa science, il y conquit promptement et garda presque toujours la croix d'*Intendant*.

Le digne M. Bône (1), qui remplissait alors les fonctions de curé à Aizecq, frappé de la bonne tenue du

(1) Aujourd'hui prêtre de la *Retraite,* à la Providence de La Flèche.

jeune Aumaître, en fit son premier enfant de chœur. La persécution commença dès lors pour l'enfant ; mais, dès lors aussi commença à briller l'énergie de sa foi ; dès lors, il sut braver les moqueries des méchants et prémunir contre l'inconstance les trois autres enfants, qui partageaient avec lui l'honneur de servir à l'autel.

C'était là une bonne préparation à la première communion. Bien qu'il n'eût pas encore dix ans, M. le Curé le jugea digne d'accomplir ce grand acte. « Il y avait, nous écrit ce vénérable prêtre, il y avait dans cet enfant prédestiné quelque chose de la piété de saint Louis de Gonzague. Sa retraite de première communion ne s'effacera jamais de mon cœur. Je ne puis surtout oublier avec quelle foi, quelle ardeur il s'approcha de la sainte Table (1). » Qu'elle dut être douce, en effet, cette première rencontre de ce pieux enfant avec son Dieu ! Et s'il avait appris au Catéchisme cette parole d'un autre enfant : *Le Ciel est une première communion qui dure toujours*, par le bonheur qu'il ressentit, combien ne dut-il pas dès lors soupirer après la céleste patrie ! Son âme était affermie pour toujours dans l'amour de Notre Seigneur Jésus-Christ.

L'année suivante, en 1848, il fit sa seconde communion solennelle et reçut la Confirmation des mains de Mgr Régnier.

____

(1) Lettre de M. Bône, 5 décembre 1876.

Cependant il continuait à fréquenter l'école. Mais au lieu d'imiter certains enfants, qui, une fois leur première communion faite, deviennent, par leur paresse et leur indiscipline, la désolation de leurs maîtres, et, par leurs mauvais exemples, la peste de leurs camarades, lui fut plus que jamais l'écolier modèle. Il continua aussi à remplir, avec beaucoup de grâce, les fonctions d'enfant de chœur. C'est alors qu'il manifesta le désir de devenir prêtre. Mais M. le Curé, ne se fiant pas assez à la vertu d'un enfant si jeune, et craignant des vues intéressées dans cette vocation, refusa net de lui donner des leçons. Il ne tarda pas cependant à changer d'opinion sur son jeune paroissien. Un trait de courage du jeune Aumaître opéra ce changement.

C'était un jour de foire de Champagne-Mouton, et cette foire se tenait le dimanche. M. Aumaître père devait y conduire ses moutons ; son petit garçon lui était nécessaire pour l'aider. De là, péril évident de manquer la messe. L'enfant qui, par ses pieuses industries, avait pu, souvent déjà, allier les devoirs de l'obéissance filiale à ceux de l'obéissance religieuse, se trouva, cette fois, dans le plus grand embarras. Que faire ? Son père ordonne, il menace même de frapper s'il refuse d'obéir. Mais l'Église ordonne aussi, l'enfant le sait ; sa conscience, non encore assez éclairée, lui crie : Tu ne dois pas manquer la messe, puisque c'est dimanche. Son parti est pris ; il ira à la messe. Bientôt aux paroles succèdent les coups, il demeure inébranlable dans son obéissance à Dieu. Ferons-nous remarquer à nos jeunes lecteurs que les ordres et les menaces du père dispensaient l'enfant de l'assistance à la messe ce jour-là? Plus instruit de sa religion le jeune Aumaître eut agi autrement. Mais enfin c'était un premier triomphe de la foi dans ce jeune cœur : le sacrement de la Confirmation opérait ses effets.

Cet acte de courage fut pour le Curé une lumière. Il entrevit tout ce que l'énergie chrétienne de cet enfant promettait pour l'avenir ; il n'hésita plus à lui donner les premières leçons de latin. Peu de temps après, le digne M. Palant-Lamirande (1) fut nommé à la cure d'Aizecq. Cela permit à M. Bône (2) de confier à son élève une fonction bien délicate. Chaque dimanche, M. Bône allait d'Aizecq à Saint-Georges pour y dire une première messe. Le jeune Aumaître l'y accompagnait ; et, tandis que le prêtre allait à Poursac dire une seconde messe, l'apôtre futur de la Corée catéchisait les enfants de Saint-Georges. Ceux-ci ont grandi depuis : qu'ils soient fiers d'avoir été les premiers à bénéficier du zèle de notre missionnaire !

M. Lamirande continua auprès du jeune Aumaître, qui avait alors environ treize ans, l'œuvre commencée par M. Bône. Grâce à son application soutenue, l'en-

(1) Maintenant curé-doyen de Villefagnan.
(2) M. Bône resta comme précepteur des enfants de Saluces.

fant faisait assez bien ses devoirs. Mais comme sa mémoire était très-ingrate, M. le Curé ne tarda pas à dire à ses parents qu'il ne lui croyait pas assez de moyens pour embrasser l'état ecclésiastique et que les frais de son éducation seraient au-dessus de leurs forces. Le jeune Aumaître, on le devine aisément, fut bien désolé de cette déclaration.

Que va-t-il faire maintenant ? Renoncera-t-il à ses études, et, satisfait de l'instruction reçue à l'école d'Aizecq, restera-t-il dans son village continuant à donner à tous l'exemple d'une vie chrétienne, et gagnant le ciel en gagnant son pain de chaque jour ? Certes, ce n'est pas lui qui croirait s'abaisser en partageant le dur labeur de ses parents. Mais s'il renonce à ses études, il renonce donc aussi à l'espoir d'être prêtre un jour ?... Non, cela n'est pas possible. Dieu le veut pour son prêtre, Dieu l'aidera à le devenir. Alors une résolution, bien digne de son énergie, naît dans son cœur. L'école de Verteuil était à cette époque dirigée par M. Amblard, qui savait le latin. Il ira demander à cet instituteur les leçons que son curé croit devoir ne lui pas continuer. Il raccourcira son sommeil afin de donner plus de temps à l'étude. Chaque soir il prolongera sa veillée au presbytère, où habitait encore M. Bône, pour faire ses devoirs, sous sa direction. Dès quatre heures du matin il sera là encore reprenant son travail interrompu la veille à dix ou onze heures. Et, Dieu aidant, il pourra se présenter à son maître avec un devoir bien fait et des leçons bien apprises. C'est ce qu'il fit pendant plusieurs mois.

M. Lamirande, qui ne donnait plus de leçons au jeune Aumaître, ne le perdait cependant point de vue. Tant de zèle, tant de piété, tant de persévérance, dont il était chaque jour le silencieux témoin, n'étaient-ils pas les indices des desseins de Dieu sur cet enfant ? Il ne put s'empêcher de le croire et d'en parler à Mgr Cousseau. Le vénéré prélat, attentif à suivre l'action divine dans les plus petites choses, fut du même avis. Il décida que M. le curé reprendrait son jeune élève. Grande fut la joie du jeune Aumaître d'entrevoir encore le sacerdoce. Il mit si bien à profit ces nouvelles leçons, que la veille de la Nativité de la T.-S. Vierge (1) il était reçu pour la classe de *Cinquième* au Petit-Séminaire. Il avait alors quinze ans et demi.

M. Lamirande, comme pour se faire pardonner son excès de prudence et l'opposition qu'il avait faite, pendant quelques mois, à cette vocation, mit chaque année à contribution sa bourse et son cœur afin d'aider son jeune élève. Quelques autres personnes l'imitèrent dans son dévouement. L'excellente famille de Saluces, d'Aizecq, Madame Desmiers de Chenon, de Saint-Gourson, et surtout Madame de Gyvès, mère de Madame de Saluces, lui commencèrent aussi dès lors une généreuse assistance, qui ne devait point

____

(1) 7 septembre 1852.

cesser. Madame de Gyvès prit même ses mesures pour monter à ses frais le ménage de celui qu'elle croyait devoir être un jour un si bon curé dans le diocèse d'Angoulême. Mais Dieu leur réservait à tous une gloire plus haute encore : la gloire de contribuer, par leurs dons, à former pour la Corée un apôtre, et pour Jésus-Christ un martyr.

CHAPITRE II

M. AUMAITRE ÉCOLIER

Le Séminaire. — Richemont. — Quelle y fut la vie de M. Aumaître.
— Vraie cause pour laquelle M. Aumaître s'est fait missionnaire.
— Ses voyages d'Aizecq à Richemont à pied et à jeun. — Une
aventure. — *Stabat* à Javrezac et à Saint-Laurent. — Les
barres. — Retour à Richemont. — Reposoir du Jeudi-Saint. —
L'Antenne. — Les bains.

Lorsque le saint Concile de Trente voulut travailler à la réforme du clergé, il ne trouva pas de moyen plus efficace que la fondation des séminaires. Les heureux résultats obtenus, surtout en France, où la volonté des Pères du Concile est remplie le mieux possible, prouvent assez l'excellence de cette institution. Les enfants que Dieu appelle au ministère des autels, ne sont pas d'une nature privilégiée. Fils d'Eve comme le reste des hommes, ils ont hérité aussi d'une grande propension vers le mal. Et si, dès leurs plus tendres années, des mains habiles ne sont pas là pour les diriger, si des cœurs joignant à la tendresse de la mère toute la force du père, ne se dévouent pas à les former à la piété et à la religion, bien difficilement ils éviteront les atteintes du mal. Ils ont donc besoin d'un asile où ils respirent une atmosphère plus chaude que celle du foyer le plus chrétien; autrement l'âme virginale de l'enfant serait, hélas! flétrie peut-être, malgré l'appel de Dieu.

Richemont est cet asile pour les jeunes aspirants au sacerdoce, dans le diocèse d'Angoulême.

Richemont, berceau de notre enfance et de notre jeunesse; Richemont, doux nid, où, sous l'œil de Dieu, de Marie Immaculée et de maîtres bien-aimés, notre âme s'ouvrit au charme d'amitiés saintes et douces; Richemont où les éléments de la science sacrée et profane nous furent donnés; Richemont où notre cœur soutint ses premières luttes pour pratiquer la vertu, comment ne pas vous saluer aujourd'hui!

C'est dans cet asile aimé, que le jeune Aumaître vécut pendant cinq années. Nous voudrions dire quelle y fut sa vie; quels y furent ses progrès dans la science, sinon toujours brillants, au moins toujours soutenus (il eut régulièrement le premier ou le deuxième accessit d'*Excellence*), ses progrès plus rapides dans la science qui fait les apôtres et les martyrs, à savoir : la connaissance et l'amour de Notre Seigneur Jésus-Christ, la tendre piété envers Marie, la fidélité à tous les points du Règlement. Mais dès son entrée dans la voie de la perfection M. Aumaître connut le prix de l'humilité : ce voile couvrit sa vie. Et que d'actes de vertus n'a-t-il pas cachés, non-seulement à nos yeux d'écoliers, peu soucieux d'aller au fond des choses, mais aussi à l'œil plus exercé de ses maîtres !

Ce voile cependant n'était pas assez épais pour empêcher de discerner dans le jeune Aumaître une de ces âmes ardentes au travail, s'acquittant de ses devoirs non par crainte des punitions, mais par amour de Dieu. Lorsque le succès ne répondait pas à ses efforts, on ne le voyait point se laisser aller à cette tristesse et à ces bouderies, indices presque certains d'un esprit orgueilleux ; c'était le visage rayonnant et la joie dans le cœur qu'il recevait ces petits échecs, toujours pourtant si cruels aux jeunes gens. Et, si parfois des condisciples peu charitables accueillaient par de malins sourires, par des paroles piquantes, une réponse maladroite, il ne s'en fâchait pas ; au contraire, il en riait de bonne grâce avec eux. Ses habits, qui étaient pour quelques-uns nouvelle matière à plaisanteries, devenaient pour lui nouvelle source de victoires. La seule vengeance qu'il tirât de ses condisciples moqueurs, c'était de leur témoigner encore plus de dévouement et d'affection.

Cette conduite, peu commune parmi les écoliers, dénotait chez M. Aumaître une vertu peu commune aussi. C'est que déjà il songeait aux Missions Étrangères et s'y préparait.

Quelle fut la véritable raison qui le détermina à se faire missionnaire ? Longtemps nous avons hésité à la dire. Mais nous croyons que maintenant le temps de nous taire est passé. Dieu, par un concours de circonstances providentielles, nous a conduit à Angoulême la veille même du départ de M. Aumaître pour Paris ; nous avons pu passer seul avec ce cher condisciple plusieurs heures de la soirée.

Il a permis qu'à cette dernière entrevue de la terre, M. Aumaître nous ouvrît son cœur, si gros des émouvants adieux à sa famille, et qu'il nous apprît également, avant son départ, la vraie cause qui l'avait déterminé à se faire missionnaire. Est-ce sans motif ? qui le croira ? Cette confidence était un secret, nous l'avons toujours gardée fidèlement. Mais la glorieuse mort de M. Aumaître nous délie ; bien plus, croyons-nous, elle nous fait une obligation de parler aujourd'hui.

Les esprits superficiels seuls pourraient s'offusquer de ce que nous allons dire ; mais ils ne nous liront pas. Pour les autres, ils savent que l'histoire des saints nous offre plusieurs exemples de vocations analogues et que l'Eglise ne craint pas de les citer, témoin l'office de saint Bernard (1) ; ils savent cela. Jamais donc il ne leur viendra à la pensée de regarder pour M. Aumaître comme une honte, ce qui, pour saint Bernard, est une gloire.

Voici ce que M. Aumaître nous a raconté lui-même la veille de son départ. En prévision de ce qu'il pourrait devenir un jour, nous avons écrit ses paroles quelques mois après. Nous sommes donc sûr d'être un rapporteur fidèle.

« Tout enfant, nous dit-il, je m'étais lié d'amitié

____

(1) V. *Breviar. Rom.* 20 Aug.

avec une petite fille de mon âge. Nous nous excitions mutuellement à la piété et nous priions l'un pour l'autre. Elle me fit plusieurs petits cadeaux. J'entrai à Richemont et nous continuâmes nos bons rapports par lettres. J'étais loin de penser qu'il pût y avoir le moindre mal ni le moindre danger à agir ainsi. Mais un jour je m'aperçus que cet affection avait pris une forme nouvelle. Cette jeune fille ne craignit pas de me dire qu'elle ne serait pas fâchée de m'épouser si jamais cela devenait possible. A cette déclaration aussi hardie qu'inattendue, mes yeux s'ouvrirent : je compris la cause des cadeaux qui m'avaient été faits, je les anéantis, et toute correspondance fut rompue. Cette mesure ne me parut pas suffisante. Craignant que cela ne paralysât mon ministère dans le diocèse, je résolus de me faire missionnaire et d'expier ainsi, je n'ose pas dire cette faute, car jamais je n'y avais soupçonné le moindre mal, mais cette imprudence d'enfant. »

Dans une autre lettre (1) il indique bien une autre cause de son départ pour les missions : la crainte des embarras de famille contrariant son ministère dans le diocèse ; mais la cause originelle la voilà.

Sa vocation fut donc le triomphe de sa chasteté. On s'explique maintenant qu'il fût toujours si joyeux, si affectueux, qu'il y eût sur son visage et dans son

____

(1) A M. Sarrazin (aujourd'hui R. P. Marie-Léon, dominicain), 18 septembre 1860.

regard tant d'éclat : son cœur était si pur ! Il nous est doux d'écrire ces lignes : nous savons que pas un des condisciples de M. Aumaître ne les contestera. On s'explique également sa constance pour acquérir la science et la vertu, ses exercices violents, ses imprudences même pour endurcir son corps à la fatigue et l'habituer aux privations.

Quinze à dix-huit lieues séparent Aizecq de Richemont. Chaque année il faisait à pied ce long voyage, souvent sous la pluie. Tout le monde savait cela. Mais ce que beaucoup ignoraient c'est que la plus grande partie de la route il la faisait à jeun, bien qu'il n'arrivât à Richemont qu'à une heure ou deux heures après midi. Et dans quel but se soumettait-il à de pareilles fatigues ? Lui-même nous l'a dit depuis : « C'était pour me préparer à la vie des missions, j'avais bien tort, continuait-il, d'en agir ainsi, par là je gâtais mon tempérament non encore formé. » Une simple ouverture de cœur au guide de son âme sur ce point l'eût empêché de tomber dans ces excès de zèle. Mais les enfants ne savent pas toujours demander conseil. S'ils étaient parfaits, la tâche de leurs maîtres serait trop facile.

Ce que nous venons de dire nous remet en l'esprit une aventure assurément plus à sa louange qu'à la nôtre. C'était un jour de rentrée. M. Aumaître arrivait d'Aizecq à pied et à jeun, selon sa coutume. Un de ses condisciples, était à table à Cognac et déjeunait. Il voit passer M. Aumaître. « Entrez donc, lui

dit-il, déjeunons ensemble, puis nous partirons. »
M. Aumaître entre, mais refuse de prendre quoi que
ce soit. Le déjeuner fini, ils partent. A peine avaient-
ils passé le faubourg Saint-Jacques, qu'ils sont at-
teints sur la route par une joyeuse bande d'écoliers
en voiture. « Ah ! voilà Aumaître ! Aumaître voulez-
vous monter ? Il y a de la place pour vous deux.
Montez donc. » Quelle tentation ! Des condisciples
qu'il n'a pas vus depuis deux mois, une voiture, il
marche depuis longtemps, il est plus de midi, il est
à jeun ! M. Aumaître résiste. Son condisciple, cède à
la tentation ; il escalade la voiture. On est bientôt à
Richemont. M. Aumaître arrive une demi-heure après.
« Pourquoi n'avez-vous pas voulu monter ? Nous nous
sommes bien amusés, il y avait Réveillère, il y avait...»
— « J'ai préféré marcher, » dit avec son bon sourire
le brave M. Aumaître. C'est toute sa réponse, tout
son reproche. Il continue à être bon pour ce condisciple, qui était loin de voir toute l'indélicatesse de sa
conduite. Ce n'est que deux ou trois mois après qu'il
lui dit un jour : « Savez-vous que vous m'avez joué
un bien mauvais tour. — Lequel ? — Le jour de la
rentrée, en me laissant seul sur la route pour monter
en voiture, moi qui vous avais attendu. » Ce fut toute
sa vengeance. Ce trait en dit plus que de longs discours
pour nous faire voir à quel degré de possession de lui-
même M. Aumaître écolier était parvenu.

Ces mortifications, placées ainsi de loin en loin, ne
suffisaient point à son ardeur. A cette époque M. le

Supérieur de Richemont était curé de Javrezac et M. l'Econome l'était de Saint-Laurent-de-Cognac. Pour ce motif, chaque année, les *Chanteurs* du Petit-Séminaire allaient, dans l'après-midi du Jeudi-Saint, à Javrezac et à Saint-Laurent, chanter ces *Stabat* si pieux dont on se souvient encore. La course était longue : et, pour des enfants et des jeunes gens comme nous, elle était des plus apéritives. Aussi M. le curé de Saint-Laurent, heureux d'oublier en cette circonstance son titre et son devoir d'Econome, nous servait-il une délicieuse collation. Cette collation devait être suivie d'une belle partie de *barres*, puis du chant du *Stabat* et enfin du retour à Richemont. Nous le savions tous, et tous, malgré le souvenir de la Passion du Sauveur, nous faisions honneur à notre hôte. M. Aumaître le savait également. Mais l'occasion de faire un acte de mortification se présentait trop belle pour qu'il ne la saisît pas. Seulement il savait s'y prendre. On mangeait sur le pouce. Il acceptait sa part comme les autres et la donnait à un condisciple d'aussi bon appétit que lui, mais de moindre vertu. Puis la partie de *barres* s'organisait sur la *chaume* du *Chillot* à deux pas du *Ri*. Personne n'y était plus ardent que M. Aumaître. Personne aussi ne se dépensait plus que lui pour rendre, sous le vaillant archet de M. Lacout, les admirables strophes du chant des douleurs de Marie.

Il était neuf ou dix heures quand nous retournions à Richemont, brisés de fatigue, mais bien contents.

Après une pareille journée, le sommeil suivait vite le souper; pas pour M. Aumaître cependant. La pensée du Dieu de l'Eucharistie remplissait son âme : comment aller dormir ? Il se rendait donc au reposoir. Là, l'*Horloge de la Passion* à la main, il passait les heures silencieuses de la nuit; il priait tandis que nous, ses condisciples, nous dormions au-dessus de sa tête. Ces Jeudis-Saints avec les souvenirs doux et tristes qu'ils réveillent, quelles impressions ils faisaient sur l'âme aimante, sur le cœur généreux de M. Aumaître ! Là se formait le missionnaire qui, un jour de Jeudi-Saint, devait être aussi à la veille de donner sa vie pour la gloire de son Dieu et pour le salut de ses frères.

Une autre époque de l'année lui fournissait l'occasion de faire un acte sinon de mortification, au moins de grande énergie.

Richemont est assis sur une charmante colline environnée de bois, une rivière coule au bas du jardin et baigne pour ainsi dire les murs du Petit-Séminaire. L'Antenne, c'est son nom. L'Antenne, si gracieuse avec la transparence de ses eaux, les peupliers, les frênes et les bouleaux qui la bordent, les nénuphars, les myosotis et les glayeuls qui la couvrent, les festons de clématites et les voûtes de vignes sauvages qui l'ombragent, les deux cygnes plus blancs que la neige qui l'habitaient alors, le tic-tac monotone de son moulin, les canaux sans nombre qui s'échappent de son lit, serpentent sous l'herbe et les fleurs et semblent, par leurs doux murmures, dire leur regret de quitter si vite ces lieux bénis ; l'Antenne, que de gracieuses pensées, que de beaux vers n'a-t-elle pas inspirés et n'inspire-t-elle pas tous les jours à ceux qui la voient s'en aller si limpide ! Mais ce n'est pas là son seul charme. Les chaleurs brûlantes de juin et de juillet la rendent plus séduisante encore. M. Aumaître, comme ses condisciples, allait s'y baigner. Il ne savait pas nager encore. Pour réussir dans cet exercice, il ne craignait pas de s'attacher une corde autour du corps et de se jeter résolument dans les endroits les plus profonds. « Lorsque j'aurai bu trop longtemps, disait-il à un condisciple, vous me retirerez. » Cet exercice il le répéta jusqu'à ce qu'il sût nager, et cela, comme tout le reste, lui demanda beaucoup de temps.

Ce sont de petits détails d'une vie d'écolier, dira-t-on. Oui, sans doute ; mais cependant ils méritent d'être racontés ; ils font déjà pressentir le futur missionnaire, supportant la faim, la soif, la fatigue, affrontant les flots les plus impétueux pour aller à la conquête des âmes. C'est, dans un écolier, le rude apprentissage du martyre.

Tel était le travail de M. Aumaître pour former son corps. Pour former son âme il fit bien davantage, comme nous le verrons dans le chapitre suivant.

CHAPITRE III

M. AUMAITRE CONGRÉGANISTE

Première lettre de M. Aumaître : Reconnaissance. — Admis dans la
Congrégation, il la réforme. — Observation sur ses lettres. —
Son zèle pour le bien de ses condisciples. — Contrat *Jesu dulcis*.
— Commentaire de cette hymne. — Ses communions. — Sa vie de
piété. — Ses sabots.

Nous n'avons encore rien cité des lettres de
M. Aumaître, quoiqu'il écrivît régulièrement tous
les quinze jours à ses parents. C'est que, hélas ! il ne
nous reste que deux des lettres de son Petit-Séminaire. En voici une : nous citerons l'autre bientôt.
Elles feront, nous n'en doutons pas, regretter la perte
de toutes les autres. Celle que nous donnons la première porte une date incomplète, mais une expression
de cette lettre nous fait croire que M. Aumaître
l'écrivit sous la paternelle régence de M. Augereau (1),
en *Quatrième* ou en *Seconde*.

« N.-D. de Richemont, le 31 décembre.

« Chère marraine,

« Je ne saurais vous exprimer la joie que je ressens,
chaque fois que je pense à vous ; mais au commen-

(1) Maintenant archiprêtre de Barbezieux.

cement de l'année surtout, je pense aux services nombreux que vous m'avez rendus depuis ma naissance jusqu'à ce jour. Après mes parents, je ne sais pas si j'ai personne qui me soit plus cher que vous. C'est par vous que j'ai prononcé mes vœux sur les fonts du Baptême, c'est par vous que j'ai promis à Dieu de vivre et de mourir dans la foi de l'Eglise catholique. Et depuis ce temps, quels soins n'avez-vous pas pris de mon enfance ! Quels salutaires avis, quels pieux conseils ne m'avez-vous pas donnés ! Aujourd'hui je suis on ne peut plus heureux dans la maison sainte où je fais mes études : n'est-ce pas en partie à vous que je le dois ? Je me destine à l'état ecclésiastique, je sens que Dieu m'y appelle. Cette carrière sacrée a pour moi tous les jours de nouveaux charmes : n'est-ce pas vous qui en êtes en partie la cause ? Si, au lieu de me donner de bons conseils, vous m'eussiez montré le chemin de la débauche et du crime, quelle serait aujourd'hui ma triste situation ! Ah ! chère marraine, quand je pense à tout cela, je ne puis que bénir le Seigneur et vous aimer davantage. Que Dieu donc vous récompense de tant de bienfaits, vous accorde de passer une excellente année, une vie heureuse, et enfin, plus tard, qu'il vous donne une place dans le royaume des cieux.

« Et vous, mon cher oncle, qui, par vos excellents avis et quelquefois par vos sages corrections, êtes aussi la cause de mon bonheur, puisse le ciel vous en récompenser dignement ; puisse-t-il vous accorder toute sorte de prospérité, toute sorte de succès !

« Tu attends avec impatience, mon cher Alexis, tu te demandes, je le vois, si ton tour n'arrivera pas aussi bientôt. Oh ! non, je ne t'oublie point, tu es souvent présent pour moi, quoiqu'une longue distance nous sépare, et ce n'est pas seulement au premier jour de l'an que je forme des vœux pour toi et pour mes autres frères, c'est pendant toute l'année. Que Dieu veille sur toi ! Il ne te destine point comme moi à la conquête des âmes, tu n'es point appelé à ramener les pécheurs à la pénitence, à gagner des cœurs à Jésus-Christ ; mais à quelque état que Dieu te destine, sache bien que tu n'en seras pas pour cela plus malheureux, si tu sais faire tout pour sa gloire. Demande donc à ce divin Sauveur de te faire connaître l'état auquel il te destine (1) et ne cesse jamais de le servir fidèlement. Puisses-tu trouver le bonheur pendant cette année et pendant toute ta vie !

« Adieu chère marraine, cher oncle et aimable frère.

« Votre tout dévoué,

« AUMAITRE. »

Qu'on ne s'étonne pas de voir une lettre si bonne sortir de la plume d'un écolier : la bouche parle de l'abondance du cœur. Et comme le cœur de M. Aumaître était déjà rempli des plus nobles sentiments,

---

(1) L'enfant suivit ce bon conseil. Il est maintenant Frère des Ecoles Chrétiennes. Nous verrons plus tard éclore sa vocation.

il était naturel que ses lettres, comme ses entretiens, en fissent paraître quelques-uns.

Dès son entrée à Richemont, M. Aumaître avait aspiré à faire partie de la Congrégation. Sa bonne conduite l'y fit admettre peu après ; le 6 février 1853, il prit rang dans cette petite compagnie, qui s'estime heureuse, à bon droit, de l'avoir eu pour membre. Jusqu'à la fin de ses études, il n'oublia jamais que le congréganiste doit être un modèle dans une maison. On le vit plein d'attention pour observer en tous points le Règlement, plein d'ardeur pour la piété et, par conséquent, pour les deux sources qui la produisent : la prière et la sainte communion. Oh ! comme il aimait la divine Eucharistie ! comme il était heureux de pouvoir la visiter souvent ! comme il était fier d'avoir à remplir les fonctions de sacristain de la chapelle ! comme il était heureux surtout de pouvoir communier ! Aussi ses condisciples, témoins journaliers d'une si belle vie, n'hésitèrent pas à l'appeler aux premières dignités. A trois élections différentes, leurs suffrages unanimes le nommèrent Préfet de la Congrégation. Trois fois il refusa cette charge, la trouvant, disait-il, au-dessus de ses forces. Mais, arrivé en *Seconde*, ne pouvant plus résister aux sollicitations de ses condisciples, et vaincu d'ailleurs par les instances du Directeur de la Congrégation, le vénérable M. Magrangeas, il accepta enfin la charge dont il était si digne. Nous allons voir avec quel profit pour nous tous.

Le relâchement s'était peu à peu glissé parmi les congréganistes. M. Aumaître s'en apercevait et en souffrait plus que personne. Aussi, en acceptant la place de Préfet, il nous déclara que nous devions tous revenir à la ferveur première de la Congrégation, et, pour commencer sa réforme, il nous fit une charmante allocution. Bientôt arriva la fête de saint Pierre, son patron. Malgré le pauvre état de ses finances, il trouva moyen de nous payer un large gâteau, ce qui ne contribua pas peu à nous faire goûter ses pieux avis. A partir de ce moment, la Congrégation fut réformée, elle redevint vraiment le sel et la lumière du Petit-Séminaire.

Pour continuer le bien qu'il avait commencé, M. Aumaître s'imposa l'obligation d'écrire pendant les vacances à ceux des congréganistes qu'il ne pourrait pas voir. La première lettre que nous possédions de lui remonte à cette époque. Avant de la citer, une observation nous paraît nécessaire. On trouvera dans cette lettre, comme dans celles qu'on lira plus tard, des expressions très-bienveillantes, et, parfois, très-élogieuses pour ses amis. Fallait-il supprimer ces expressions, quand elles s'adressaient à nous ? Nous ne l'avons pas pensé. En le faisant, nous eussions sacrifié, à tort il nous semble, un des plus beaux côtés de M. Aumaître. On nous pardonnera donc de laisser subsister ces lettres telles qu'elles ont été écrites. Son affection tendre et forte pour ses amis, les industries de son zèle pour leur avancement dans la vertu y paraîtront mieux. Les écoliers trouveront grand profit à les lire, car ils y apprendront ce que peut une véritable amitié pour la sanctification d'une vie aussi commune et aussi simple que la leur.

C'est sous le bénéfice de cette observation que nous publions la lettre suivante ; M. Aumaître allait entrer en *Rhétorique*, quand il l'écrivit :

« Nanteuil, le 23 septembre 1856.

« Cher condisciple,

« Je ne devais vous écrire qu'après avoir reçu une lettre de vous, plusieurs raisons m'engagent à le faire plus promptement. Les vacances s'avancent ; il est temps de s'écrire. Quand vous le ferez, vous n'adresserez point votre lettre ailleurs qu'à Aizecq, car je ne fais point les voyages projetés. Si votre lettre était déjà partie quand vous recevrez la mienne, ne vous en mettez point en peine, R*** (1) ou L*** (2) me l'enverra. J'aurais bien été content d'aller voir ces bons condisciples, comme je le leur avais promis ; mais je passe mes vacances à Nanteuil, c'est à quatre kilomètres d'Aizecq, et je fais la classe a un élève de *Septième* ; aussi, il m'est impossible de m'absenter.

« Pour vous que je ne devais point aller voir, mon bon P*** (3), je suis cependant persuadé que vous ne m'oubliez point et que vous n'oubliez point non plus

(1) M. Riffaud, maintenant curé de Lessac.
(2) M. Landreau, maintenant curé de Vindelle.
(3) M. Poitou.

les autres congréganistes, que si vous ne récitez pas régulièrement vos prières de la Congrégation et votre office, vous le faites au moins quand vous pouvez, car je sais que pendant les vacances, on a de nombreuses occupations.

« Pour moi, mon cher ami, je vous l'avoue, je ne me sens pas autant de ferveur qu'à Richemont ; je remplis mes devoirs quand je puis et le mieux que je puis, mais je n'ai point le même goût, je n'éprouve pas le même plaisir.

« Quant aux plaisirs des vacances, je ne sais guère ce que c'est ; le seul que j'éprouve, c'est le souvenir de Richemont qui me le procure. Il est, en effet, bien doux à mon cœur de penser que nous prions tous les uns pour les autres ; que, bien que séparés, nous sommes cependant unis, car la distance ne saurait rompre le lien de la charité. Il est bien beau de s'aimer ainsi en Dieu. Que ces amitiés-là sont différentes de ces folles caresses d'un jour, ces amitiés charnelles que l'on nomme *particulières*, ne produisant rien de bon et ne servant qu'à faire perdre le temps !

« Vous, mon cher P***, qui, j'ai tout lieu de le croire, n'avez point été atteint de ce mal, j'ai la douce confiance que vous serez encore une colonne solide dans notre petite société, quel que soit celui qui me succède dans la charge de Préfet, et quel que soit notre Directeur, car j'ai appris que M. Magrangeas ne revient pas à Richemont. Je ne sais pas quel pourra être son remplaçant.

« Je ne travaille guère pendant ces vacances, je n'ai pas même fini mon devoir. Je ne vous dis point de suivre mon exemple ; si vous pouvez travailler, vous auriez tort de ne pas le faire. Mais je vous engage beaucoup à ne pas trop travailler, afin que votre santé n'en souffre pas, et que vous vous conserviez pour notre pauvre Charente.

« Je n'ai pas besoin de vous engager à prier pour nos bons condisciples, je sais que vous ne les oubliez pas. Cependant, j'en ai un à vous recommander particulièrement. Il vient de m'écrire une lettre touchante au point que j'en ai versé des larmes. Des malheurs, me dit-il, sont venus fondre sur sa famille, et il est à peu près sûr qu'il ne reviendra pas à Richemont.

« Mettez-vous donc un instant à sa place, mon cher P***, supposez que vous n'eussiez que votre père et qu'il fût atteint d'une grave maladie l'empêchant de gagner sa vie, de payer votre pension, et que, par suite, vous fussiez obligé de cesser vos études. Si vous aviez réellement la vocation d'être prêtre, combien vous devriez vous ennuyer ! Telle est la position du congréganiste dont je parle. Je ne vous dis point son nom. Il vous suffit de savoir qu'il est un bon congréganiste et un élève de votre classe. Oui, je vous en supplie, priez pour lui et pour son pauvre père. Le premier dimanche d'octobre est la fête du saint Rosaire, j'espère que ce jour-là vous vous approcherez de la sainte table. Que pourra vous refuser notre divin Sauveur lorsque vous l'aurez reçu dans un cœur pur ? Eh bien ! mon cher ami, ne manquez pas, je vous prie, d'adresser alors des prières à Dieu pour ce bon condisciple.

« Adieu, mon cher ami, n'oubliez pas les congréganistes et nos autres condisciples. En attendant que nous puissions nous réunir, je suis en Jésus et Marie votre sincère et dévoué ami.

« P. AUMAÎTRE. »

Ainsi écrivait M. Aumaître. S'il est vrai que *le style c'est l'homme* (1), l'homme était déjà bien bon dans cet élève de dix-neuf ans.

La prière, que dans cette lettre il recommandait si fortement pour obtenir la guérison du père d'un de ses condisciples, il la pratiquait admirablement de retour à Richemont. Une autre fois c'était la jeune sœur d'un de ses amis intimes qui était privée de l'usage de ses jambes. M. Aumaître voulait obtenir sa guérison. Chaque soir il prenait donc par le bras son ami et le conduisait à la chapelle. « Allons, mon bon L*** (2), allons prier pour la guérison de votre sœur. » La longueur de la maladie ne refroidissait pas son zèle ; la guérison longtemps attendue, arrivait enfin : elle dure encore.

On conçoit que ses condisciples, fiers de lui, fussent heureux de le maintenir à la tête de la Congrégation.

____

(1) Buffon, Disc. sur le *Style*.
(2) M. Landreau.

A l'élection suivante, il fut nommé premier Assistant, et trois mois après Préfet. C'est avec cette dignité qu'il termina sa *Rhétorique*. *Les honneurs*, dit-on, *changent les hommes*, et ce n'est pas toujours à leur avantage ni à celui des autres. Ce ne fut pas le cas pour le jeune Aumaître. La persévérante confiance de ses condisciples lui imposa de nouveaux devoirs, et fit trouver à son zèle de nouveaux moyens de leur être utile. Pour qu'ils n'oubliassent pas leurs obligations de congréganistes pendant les vacances, aux uns il donnait un chapelet, aux autres, les litanies du saint Cœur de Marie, copiées de sa main ou sous sa direction.

Sa dévotion au sacré Cœur de Jésus le porta plus loin encore. Il prit avec deux de ses condisciples l'engagement de réciter, chaque jour du mois de juin, ensemble tant qu'ils seraient à Richemont, séparément quand ils seraient ailleurs, l'hymne du saint Nom de Jésus. Ce contrat, si cher à son cœur, qu'il ne l'oublia qu'une fois seulement, et nous le lui pardonnerons volontiers quand nous verrons dans quelles circonstances, il le rappelait avec un tact exquis dans sa dernière lettre : « Croyez-moi toujours, en *Jesu dulcis memoria*, votre très-affectionné confrère (1) ».

On connaît cette hymne, où saint Bernard a laissé déborder les sentiments de son âme si ardente et si

(1) Novembre 1865.

pure. M. Aumaître la savourait avec délices, et c'est une joie pour nous de pouvoir donner ici le pieux commentaire que, tout jeune séminariste d'Angoulême, il en faisait dans une lettre.

« Il y a un an, nous écrivait-il, nous nous réunissions pour réciter l'hymne du saint Nom de Jésus ; je me rappelle toute la joie que nous en éprouvions. Ces belles paroles, en effet, ne pouvaient que remplir nos cœurs d'une paisible, d'une sainte allégresse. Cette hymne est réellement belle ; quand je la récite, je pèse chaque mot, et dans chaque mot je découvre une nouvelle beauté, une nouvelle douceur. *Jesu dulcis memoria*, le souvenir de Jésus est doux. Il n'y a rien, vous le savez, de si agréable que le souvenir d'un ami ; lorsque je pense à mon bon P***, par exemple, je sens quelque chose de délicieux qui me réjouit, parce que cette amitié est en Jésus. Si donc un tel souvenir me rend heureux, que sera-ce du souvenir de l'auteur même de ce bonheur, du souvenir de Jésus, de ce Jésus si bon, si pacifique, qui nous appelle auprès de lui pour nous rendre heureux !.... Un tel souvenir ne peut être que très-doux, *dulcis ;* mais d'une douceur, d'une suavité incomparable..... Quels sont donc les effets de cette douceur ? Elle donne au cœur des plaisirs véritables. *Dans vera cordi gaudia. Dans* c'est un présent. Le monde nous fait aussi des présents, mais, sous l'apparence d'un présent, qu'il nous vend cher sa marchandise !.... Et encore que nous donne-t-il ? La mort quelquefois sous les apparences de la vie. Pour Jésus, il nous donne la joie, la paix, le calme, le bonheur *gaudia ;* plaisirs faits non pour nos sens grossiers, mais pour notre cœur *cordi*, plaisirs non point trompeurs, mais véritables, non point fugitifs, mais durables pour l'éternité *vera.* Si le souvenir de Jésus est si doux, mon cher ami, que ne sera pas sa présence (1) ! »

Là s'arrêtait le commentaire. Qu'aurait pu dire sa langue pour peindre les suavités incomparables de la présence de Jésus dans son âme? L'hymne n'ajoutait-elle pas :

> Nec lingua valet dicere,
> Nec littera exprimere,
> Expertus potest credere
> Quid sit Jesum diligere

Non, la langue ne saurait dire, ni l'écriture exprimer, l'expérience seule peut apprendre ce que c'est qu'aimer Jésus? Saint ami, l'expérience, vous la faites maintenant, et c'est votre bonheur pour l'éternité. Jouissez donc de la présence de Celui que vous avez cherché avec tant d'ardeur ici-bas, et pour qui vous avez tant travaillé et tant souffert. Mais au milieu des joies de la patrie, souvenez-vous toujours du contrat que vos amis de l'exil seront si heureux de tenir encore avec vous !

Nous avons déjà parlé des communions de M. Aumaitre. Il fit tous ses efforts pour mériter que ses

_____

(1) 24 mai 1858.

confesseurs, M. Magrangeas d'abord, M. Duffourc ensuite, lui permissent de recevoir son Dieu une ou deux fois chaque semaine. C'était une grande édification pour tous ses condisciples. Cependant encore sur ce point tout n'était pas connu, il s'en fallait bien. Le calme, qui inondait son âme, faisait couler de toute sa personne comme un fleuve de paix. Quelquefois aussi, il était forcé de communiquer du trop plein de son cœur à ceux qu'il aimait le plus. Alors à la récréation suivante, un ami qui avait eu le bonheur de s'agenouiller comme lui à la table sainte, le voyait venir l'œil en feu, la figure illuminée des divines ardeurs qui le consumaient. Ces paroles brûlantes s'échappaient de ses lèvres : « Allons, mon cher ami, lisons un chapitre de l'Imitation. C'était tantôt le septième : *De l'amour de Jésus au-dessus de toutes choses*, tantôt le huitième : *De l'amitié familière de Jésus*, du deuxième livre, tantôt un chapitre du quatrième livre.«Mais, continuait-il, nous n'avons pas besoin d'aller à la chapelle pour cela, notre cœur est une chapelle où habite maintenant le bon Jésus.» Avec de pareilles dispositions, qui pourrait douter que le jeune Aumaître ne marchât à pas de géant dans le chemin de la perfection ?

Si maintenant nous voulions résumer ici sa vie d'écolier, nous dirions : sa vie c'était la *fidélité* au Règlement poussée jusqu'au scrupule ; c'était un *travail* assidu, lui donnant le moyen de vaincre toutes les difficultés, témoin l'embarras de langue dont il était fort gêné et qu'il réussit à faire disparaître ; c'était la *gaîté*, témoin cet épanouissement perpétuel de son visage, surtout quand la bonne fortune d'une petite humiliation se présentait pour lui, témoin encore cet humble flageolet, qui, si souvent, a été l'interprète de sa joie, en faisant redire au bois voisin l'air naïf :

> Si le roi m'avait donné
> Paris sa grand'ville.....

Il réalisait ainsi ce programme tracé par un moine du moyen-âge pour un écolier modèle : « Nos jeunes élèves doivent faire paraître au dehors les fruits odorants de la gaîté et des consolations célestes, car il n'est rien de plus agréable dans une âme qui professe la piété, qui désire mener une vie spirituelle et angélique, que de montrer en toutes ses actions la face souriante et heureuse d'un ange (1). » Sa vie, c'était le *dévouement ;* témoin son zèle à bien remplir les fonctions d'infirmier; ses attentions pour ses condisciples malades, volontiers il passait des nuits entières près de leur chevet, tâchant de suppléer, par ses caresses et ses bontés, leur mère absente ; témoin son bonheur visible quand il pouvait se rendre utile à ses condisciples ou à ses parents ; et toutes les pieuses industries qu'il employait, pour faire aimer

---

(1) Cité par Mgr Landriot à Montlieu. Discours de *Distrib. de prix*, 1865.

Dieu. Pour tout résumer en un mot, sa vie c'était la *piété ;* car la piété c'est tout ce que nous venons de dire : c'est l'obéissance, le travail, l'humilité, le dévouement, le zèle, et, par conséquent, la gaîté, ce doux rayonnement d'une âme qui dit sans cesse à Dieu ce mot d'un prédicateur célèbre : « Seigneur, je ne sais pas si vous êtes content de moi... mais pour moi, mon Dieu, je suis content de vous et je le suis parfaitement (1). »

Ceux qui ont connu M. Aumaître à Richemont souscriront volontiers, nous l'espérons, à ce portrait que nous venons d'écrire. Tous, ils diront : c'est ainsi que nous l'avons connu et aimé.

Cependant le temps était venu pour lui d'entrer dans une école plus immédiatement préparatoire au sacerdoce. Ses vœux le portaient au Grand-Séminaire, c'est là que nous allons le voir désormais.

Qu'on nous permette de ne pas achever ce chapitre sans noter ici une anecdote qui a bien son prix pour Richemont. M. Aumaître était, chaque hiver, chaussé de sabots tout en bois, si vastes que nous les appelions les *bateaux* d'Aumaître. De combien d'éclats de rire ne furent-ils pas l'occasion pour leur paisible possesseur et pour nous !

Cette chaussure paraissant devoir peu s'harmoniser avec le costume ecclésiastique, il fut décidé que M. Aumaître laisserait à Richemont ses sabots. La

____

(1) Bourdaloue, *sermon pour le dim. de Quasimodo,* à la fin.

Rhétorique tout entière procéda à leur déposition solennelle. L'arbre qui faisait la gloire du parterre des Rhétoriciens, fut choisi pour les couvrir de son ombre tutélaire. Ce n'était point un *Saule*, mais un magnifique *Tilleul*, celui qu'on voit à droite du portail de sortie de la cour des *Grands*. On fit un trou au pied de cet arbre et on les y enterra. M. Aumaître était de la fête et riait de bon cœur. Neuf ans après, quand on apprit son martyre, on se hâta de fouiller au pied du tilleul. Mais, hélas !

Le temps, qui change tout, change aussi les *sabots*.

On n'en trouva pas trace. Nous voudrions néanmoins que ce souvenir ne fût pas perdu ; et, si nous avions quelque autorité pour nommer les points stratégiques des jeux de Richemont, volontiers nous appellerions l'arbre qui a si bien gardé son plaisant dépôt : *Le Tilleul d'Aumaître*.

CHAPITRE IV

M. AUMAITRE SÉMINARISTE

Le Grand-Séminaire. — M. Aumaître y entre à Angoulême. — Directeurs qu'il y trouve. — Sa vie au séminaire : l'obéissance. — Première ouverture pour les Missions. — Inquiétudes de son père à ce sujet. — Il lui écrit deux lettres pour calmer ses craintes : Ce qu'est un bon prêtre. — Annonce voilée de sa vocation à ses amis. — M. Aumaître à Chalais. — Il obtient de Mᵍʳ Cousseau permission de partir. — Lettre à son oncle : appel à sa conversion. — Il reçoit les ordres mineurs. — Adieux à sa famille. — Il part pour les Missions Etrangères.

———

Pour le jeune homme que Dieu appelle à continuer la mission de Jésus-Christ sur la terre, l'éducation du Petit-Séminaire, si chrétienne soit-elle, ne suffit point. A mesure que le jour de son sacerdoce approche, il lui faut des soins spéciaux, une nourriture plus abondante et plus forte pour son esprit et son cœur. Destiné à vivre au milieu du monde, il faut qu'il en devienne la lumière par sa science, le sel par sa vertu. Or, qui ne sait le mot de saint François-de-Sales à propos des jeunes gens ? « Ils n'ont encore de vertu qu'en bourre et de jugement qu'en bouton (1). » Cette bourre doit grandir, ce bouton doit

(1) *Introd. à la Vie Dévote.* 3ᵉ p. chap. 17.

s'épanouir. Mais pour cela il faut une culture toute spéciale. Elle se fait au Grand-Séminaire.

Quand M. Aumaître y entra à Angoulême il y trouva les fils de saint Vincent-de-Paul, vrais maîtres en science et en vertu. Il y fut accueilli par le vénéré supérieur, M. Fabre, si grand par l'esprit et par le cœur, par M. Bernard, qui devint son confesseur et fut son professeur de morale, par M. Rosset qui fut son professeur de philosophie. Il y trouva aussi M. Dubois, M. Lecler et M. Souchon. Ce dernier fut remplacé l'année suivante par M. Juillard, qui enseigna le dogme à M. Aumaître. Nous ne sommes pas à l'aise pour parler de ces vénérés directeurs, leur modestie s'effarouche si vite ! Mais une voix, qu'il n'est pas en leur pouvoir d'étouffer, c'est la voix du sang de leur glorieux élève. Que la nôtre se taise et que la sienne dise la reconnaissance et l'amour de tous ceux qui les ont eus pour maîtres !

Ce fut avec la joie la plus vive qu'il entra dans la petite cellule qui devait être le témoin silencieux de sa vie au Grand-Séminaire. Là comme à Richemont, un travail assidu lui fit surmonter tous les ennuis que trouve un jeune homme qui passe subitement du commerce de Virgile, de Racine et de Bossuet à celui de Magnier, de Rothenflue et d'Aristote. La façon dont il répondait en classe et aux divers examens témoigne de son application soutenue dans ses études.

Un but bien plus noble d'ailleurs que celui d'avoir de bonnes notes soutenait son travail, c'était le désir d'avancer chaque jour dans la vertu. Nous l'avons déjà vu à l'œuvre à Richemont. Mais puisque la perfection proposée au chrétien, au prêtre et au martyr n'est pas autre que la perfection de Dieu même, c'est assez dire si M. Aumaître croyait l'avoir atteinte. A ssi, par une fidélité plus grande à la grâce, il s'étendait selon la forte expression de saint Paul (1), dans l'immense carrière ouverte devant lui, il disposait dans son cœur ces mystérieux échelons des vertus par lesquels doit nécessairement monter quiconque aspire à toucher les glorieux sommets de la vie chrétienne.

A la base il mettait ce que Jésus-Christ recommande si fort à ceux qui veulent venir après lui, le renoncement. Avec quel héroïsme ne se plia-t-il pas sous un joug si pénible, surtout pour la jeunesse, amie de l'indépendance et de la liberté ! Le guide de son âme pourrait seul dire tous les actes d'obéissance qu'il lui a commandés et la perfection que l'élève docile mit à les accomplir. En quittant Richemont, il avait laissé de nombreux amis. Il ne pouvait plus leur parler, c'était un besoin pour son cœur de leur écrire souvent. Ses condisciples se rappellent encore les lettres nombreuses qui leur vinrent de lui, élève de philosophie, à la Noël de 1857. Ils se

(1) Phili. III, 15.

rappellent en particulier la fameuse lettre adressée : *A tous ceux qui n'ont pas pu m'écrire.* Eh bien ! il fallut cesser d'écrire à Richemont. Il n'hésita pas. Voici du reste ce que nous disait à son sujet son vénéré directeur : « Sa conduite au Séminaire n'eut rien de particulier à l'extérieur. Suivant la méthode de saint Vincent-de-Paul, il vivait d'une vie commune, mais d'une manière non commune. Son obéissance était parfaite. Plus d'une fois il lui en coûta de durs sacrifices pour m'obéir en toutes choses ; mais l'obéissance fut toujours victorieuse. Quelquefois je m'en voulais de le faire tant souffrir ; maintenant qu'il est martyr je ne m'en repens pas. » *Brevis laus, magna laus* (1), pouvons-nous ajouter.

L'obéissance n'était pas la seule vertu à laquelle il s'appliquât. Mais comme il savait cacher sa vie sous le voile de la modestie et d'un grain d'originalité, on ne voyait rien qui le distinguât d'un bon séminariste.

Ne croyons pas cependant que cette application continuelle à s'occuper de soi pour se former à la science et à la piété, fît de M. Aumaître un égoïste. Non, il avait l'âme trop grande pour cela. De son humble cellule il travaillait déjà au salut des autres, comme nous le verrons bientôt.

Peu de temps après son entrée au Grand-Séminaire, il fit à son directeur une première ouverture sur son

______

(1) Court éloge, grand éloge.

désir de se consacrer aux Missions Etrangères. M. Bernard voulut s'assurer de la solidité d'une vocation si haute. Il reçut d'une telle façon le jeune séminariste, qu'il y aurait eu de quoi le guérir à jamais du désir de se faire missionnaire, si sa vocation eût été moins sérieuse, puis il le congédia en lui disant : « Vous reviendrez m'en parler dans un an. » Le jeune Aumaître prit acte de cette dernière parole et fut fidèle à la recommandation. Un an s'écoula sans qu'il lui en parlât de nouveau.

Mais il était difficile qu'avec une volonté si arrêtée de se faire missionnaire il n'en laissât rien percer au dehors, malgré ses précautions pour la tenir cachée. D'ailleurs, tout en gardant son secret pour lui seul, ne devait-il pas dès ce moment préparer ses parents à faire un sacrifice qu'il prévoyait devoir tant leur coûter ? « Ce n'était pas sans un véritable déchirement de cœur qu'il pensait lui-même à cette cruelle séparation. Son père surtout, comme celui de saint Vincent-de-Paul, tout en donnant son fils à l'Eglise, avait bien eu la pensée aussi de ménager un secours et une protection à ses autres enfants. Pouvait-il voir sans chagrin s'évanouir toutes ses espérances de ce côté, par une détermination qu'il avait peine à comprendre (1) ? » Un jour il crut avoir deviné la pensée de son fils dans une lettre. Quelle source d'inquiétudes ouverte tout à coup pour ce pauvre père !

_____

(1) Mgr Cousseau, *Lettre J. J.*

Que de projets renversés par la base si elles étaient fondées ! Il en écrivit à son fils. M. Aumaître lui répondit :

« Grand-Séminaire d'Angoulême, le 4 mai 1858.

« Cher père,

« J'ai reçu hier la visite de M. Pichon ; il m'a dit qu'il t'avait vu mercredi soir et que tu étais fort troublé à cause de moi, depuis la réception de ma dernière lettre, dans laquelle il t'avait semblé que je voulais être missionnaire. Cette idée, m'a-t-il dit, te poursuit sans cesse et t'empêche même de dormir.

« Je ne vois pas cependant, cher père, que les expressions dont je me suis servi soient capables de t'inquiéter beaucoup à ce sujet, car je ne t'ai point dit que je voulais aller dans les Missions. Si je m'en souviens bien, j'ai voulu te montrer que j'étais très-indifférent quant au lieu que j'habiterai, que ce soit Couture ou Aizecq ; je t'ai dit que je n'avais point de volonté propre, que ma volonté était celle de Dieu, qu'il en devait être ainsi de tout prêtre digne de ce nom, et que, si sa volonté était que j'allasse dans les pays sauvages, il m'en coûterait beaucoup pour vous quitter, mais que je serais cependant disposé à le faire ; de même, si sa volonté était que j'abandonnasse l'état ecclésiastique pour travailler à la terre, je serais prêt à lui obéir, parce qu'en manquant ma vocation, ce serait m'exposer à perdre mon âme et celles de beaucoup d'autres. Je ne crois pas, cher père, que de tels sentiments puissent t'inquiéter beaucoup. Tout séminariste qui se dispose à être un digne ministre de Jésus-Christ, ne doit-il pas penser de la sorte? L'année dernière, lorsque tu me disais qu'il y a des prêtres meilleurs les uns que les autres, qu'il y en a même de mauvais, ne m'as-tu pas dit toi-même qu'il vaudrait mieux n'être jamais prêtre que d'être mauvais prêtre? Eh bien! Qu'est-ce donc qu'un bon prêtre, sinon celui qui soumet sa volonté à celle de Dieu, comme nous le disons chaque jour dans la prière : *Que votre volonté soit faite sur la terre comme au ciel*. Voilà quels sont mes sentiments.

«Je t'en supplie donc, cher père, ne te tourmente pas trop à mon sujet; prie Dieu pour moi; et lorsque tu auras quelque inquiétude sur quoi que ce soit, car je sais que tu as coutume de t'en former beaucoup, élève un peu ton cœur vers la Sainte-Vierge et fais lui part de ce que tu éprouves, tu seras sûr de trouver de la consolation. Regarde le cachet qui est au haut de ma lettre et vois son image, c'est ainsi que du ciel elle nous tend les bras pour nous consoler lorsque nous sommes dans la tristesse; dis-lui donc, je t'en prie, ces seules paroles : « O Marie, conçue sans péché, priez pour nous; consolation des affligés, priez pour nous »; et si tu n'es pas consolé tout de suite, sois persuadé que tu le seras avant longtemps.

« J'ai reçu la tonsure samedi dernier, comme je vous l'avais annoncé. Je vous parlerais bien, chers parents, des belles cérémonies de l'ordination et des pieux sentiments dont on est animé en ce jour, mais je n'aurais pas assez de temps. Je remets cela aux vacances, qui seront ouvertes le 5 juillet ; j'aurai ce jour-là le bonheur d'embrasser toute ma famille. »

Ne nous étonnons pas de trouver de si belles pensées sous la plume d'un élève de philosophie, nous l'avons vu, M. Aumaître, trois jours avant d'écrire cette lettre, était passé du rang des laïques au rang des clercs. C'est le samedi 1er mai, fête des apôtres saint Jacques et saint Philippe, qu'il avait reçu la tonsure, consécration de son esprit d'abnégation et le blanc surplis, symbole de son innocence.

A cette même époque ses parents quittèrent Aizecq pour aller habiter Couture. Profitant de cette circonstance pour les préparer encore à sa future mission, il leur écrivit :

« Grand-Séminaire d'Angoulême, le 6 juin 1858.

« Chers parents,

« J'ai vu M. Pichon le jour de la rentrée d'Adolphe ; il m'a appris que vous habitiez définitivement Couture. Cette nouvelle n'a point été indifférente pour moi. Je sais qu'un tel changement a dû vous causer bien des tracas, bien des préoccupations et bien des soucis. Il a dû vous en coûter beaucoup pour quitter Aizecq. Puis, vous ne savez point encore comment iront vos affaires. Je partage ces préoccupations avec vous, et une entière indifférence de ma part ne serait que blâmable. Mais pour ce qui me regarde, c'est-à-dire en ce sens que je me plusse mieux à Aizecq qu'à Couture, M. Pichon a raison de vous dire que je suis complètement indifférent. Qu'est-ce que cela me fait d'habiter ici ou là? Si je me destine à l'état ecclésiastique, je dois prendre Notre Seigneur Jésus-Christ pour modèle, je dois l'imiter. Que faut-il donc faire pour cela? Faut-il penser à amasser des richesses quand je serai dans le ministère? Faut-il songer à me procurer une habitation plaisante où je puisse être à l'aise? Faut-il penser à me rendre ou à vous rendre parfaitement heureux en ce monde? Faut-il penser à mener une vie tranquille et pleine de plaisirs ou bien, à compatir aux malheurs des pauvres et à les soulager? Faut-il penser à me mettre du côté de ceux qui chercheront à persécuter les fidèles, ou bien me disposer à défendre ceux qui pourraient être persécutés et à donner, s'il le fallait, ma vie pour eux? Pour être un bon prêtre, je le répète, il faut marcher sur les traces de Notre Seigneur Jésus-Christ. Et voyez comment il répond aux questions que je viens de poser : « Les renards ont des tanières, et les oiseaux du ciel ont des nids, mais le Fils de l'homme n'a pas où reposer la tête. » En effet, n'aurait-il pas pu naître dans un palais, s'il l'eût voulu? Il a préféré naître dans une étable. « Ne vous amassez point de trésors sur la terre, dit-il ailleurs, où la rouille et les vers les consument et où les voleurs les déterrent et les dérobent :

mais amassez-vous des trésors pour le ciel. » — « Heureux ceux qui souffrent, parce qu'ils seront soulagés ; heureux ceux qui sont pauvres, parce que le royaume des cieux est à eux. » Et lorsqu'il envoie prêcher ses disciples, voyez s'il leur dit de se mettre du parti des plus forts : « Ne portez ni sac, ni bâton, leur dit-il, n'ayez point deux habits ; allez, je vous envoie comme des brebis au milieu des loups. » Lorsqu'il veut marquer à ses apôtres la persévérance qu'il faut apporter dans le ministère pour gagner des âmes et n'en laisser perdre aucune, il se compare à un berger qui, ayant perdu une brebis, laisse les quatre-vingt-dix-neuf autres dans le désert, court après celle qui s'est égarée et la porte sur ses épaules quand il l'a retrouvée. Enfin, veut-il montrer, par son exemple, combien le prêtre doit être désintéressé et combien est méprisable celui qui n'est prêtre que pour gagner quelques misérables pièces d'argent ? Il se compare encore à un berger : « Je suis le bon pasteur, dit-il, le bon pasteur donne sa vie pour ses brebis ; mais le mercenaire, voyant venir le loup, s'enfuit, et le loup ravit et disperse le troupeau. » Il me semble voir dans cette parabole, ces bons prêtres qui ont versé leur sang pour la défense de la foi au temps de la grande Révolution ; tandis que d'autres, qui ne s'étaient peut-être faits prêtres que dans des vues d'intérêt, n'ont agi que comme des mercenaires et n'ont point fait de difficulté pour abandonner leurs paroissiens et la religion, pour devenir de lâches apostats. Si je me trouve un jour en pareilles circonstances, chers parents, quelle pensez-vous que sera ma conduite? Aurai-je la force de résister, ou bien serai-je au nombre des lâches? Serai-je de ces bons prêtres, tout dévoués au service de Dieu, ou bien serai-je de ces mauvais prêtres qui ne pensent qu'à eux, qu'à leurs plaisirs, qu'à s'enrichir et à enrichir leur famille? Imiterai-je Notre Seigneur Jésus-Christ, ou bien le mercenaire? »

Malheureusement le reste de cette lettre nous manque. Un langage si généreux n'était pas de nature à faire cesser complètement les craintes de son père au sujet de sa vocation. Aussi pendant les vacances qui arrivèrent bientôt, plus d'une fois la question des missionnaires fut agitée entre le père et le fils. Un jour, en parlant du bon numéro (34) qui lui était échu au tirage au sort: « Eh bien ! dit-il à son père, si je n'ai pas mon sang à donner pour Napoléon, tant mieux ; je l'aurai à donner pour Jésus-Christ. » Cette sublime parole, on le pense bien, ne calma pas davantage les inquiétudes paternelles.

Cependant M. Aumaître préparait aussi ses amis à sa prochaine séparation, soit par ses conversations, soit par ses lettres : « Vous prierez, j'espère, pour moi afin que je *connaisse* (c'est lui qui souligne) ma vocation (1). » Un jour répondant à un ami qui lui apprenait la cruelle maladie d'un condisciple, il écri-

(1) A M. Poitou, 5 juillet 1858.

vait : « Qui m'aurait dit, il y a deux ans, que je serais séparé.de lui ? C'est ainsi qu'on perd ses amis... J'en perdrai bien d'autres, et vous aussi, mon cher ami. Qui peut nous assurer que nous deux, qui parlons ici par lettre, ne serons pas *un jour également séparés*, peut-être avant longtemps ? Non il n'est de véritable union qu'au ciel. Mon cher P***, c'est là que je vous donne rendez-vous (1). » — « Oui, mon cher ami, c'est en vain, ce serait inutilement que j'aimerais et L***, et P***, et P*** (2), etc., si je ne les aimais que pour ne jamais me séparer d'eux, si je n'avais pas la persuasion de pouvoir les aimer un jour au ciel. Aussi ce n'est pas eux, c'est leur piété, c'est Jésus, Marie et Joseph que j'aime en eux, autrement ce serait bien peu de chose que notre amitié.

« Pour conserver cette véritable amitié entre nous, mon très-cher Léandre, je vous envoie un petit souvenir. Ce n'est pas grand'chose que cela, mais vous savez qu'on ne doit pas tant faire de cas de l'objet donné que de la cause pour laquelle il est donné ; or vous penserez à cette cause qui est de nous unir spirituellement ici-bas sans craindre de nous séparer corporellement, afin de pouvoir nous unir à jamais dans le ciel (3). »

Nous avons anticipé un peu sur les évènements

(1) A M. Périssac, maintenant curé de Gensac, 18 décembre 1858.
(2) MM. Landreau, Poitou, Périssac.
(3) A M. Poitou, 18 décembre 1858.

afin de donner de suite ces témoignages de la sollicitude du jeune Aumaître pour ses parents et pour ses amis au sujet de sa vocation.

Reprenons ici le fil de notre histoire. Peu de temps après qu'il eut reçu la tonsure s'ouvrirent les vacances. M. Aumaître les passa en grande partie à Chalais, dans une famille chrétienne. Il y fut ce qu'il était partout, un ange de piété et de bon conseil. « Mon frère est en *Quatrième* et moi en *Troisième*, grâce aux soins du bon M. Aumaître, nous écrivait l'aîné de ses élèves (1). » « Nous n'avons pas manqué de prier pour vous ce matin à la sainte messe et nous avons aussi communié tous les deux à votre intention ainsi qu'à celle de M. Aumaître (2). » « J'écris en ce moment à l'excellent M. Aumaître. Oh ! que ce bon monsieur avait raison de dire qu'il est doux de prier pour ses amis ! car moi j'en ai bien éprouvé la vérité (3). » Madame Laffite ne faisait qu'exprimer les sentiments de son mari et de tout Chalais quand elle disait les larmes aux yeux : « Ce bon M. Aumaître est un saint. »

De nouveau rentré au Grand-Séminaire, et cette fois comme élève de théologie, il s'appliqua avec plus d'ardeur que jamais à l'étude et à la prière. Le temps de mettre à exécution son généreux dessein approchait. Pour cela une force plus qu'humaine lui

(1) M. Hilaire Laffite, 8 décembre 1858.
(2) M. Léopold Laffite, le même jour.
(3) M. Hilaire Laffite, 4 janvier 1859.

était nécessaire. Un an s'était écoulé depuis sa première et unique ouverture à son directeur touchant sa vocation. Fidèle à cette parole : « Vous reviendrez m'en parler dans un an, » il alla le trouver. Cette fois encore il fut soumis à une épreuve de quelques jours ; mais son sage directeur, qui avait pris le temps de l'étudier, ne doutant plus de l'appel de Dieu, approuva bientôt son dessein. M. Aumaître découvrit alors à Mgr Cousseau ses projets, depuis si longtemps cachés dans son cœur. « Il vint, écrit le vénéré prélat, il vint au bout de deux ans, me demander la permission d'entrer au Séminaire des Missions Étrangères de Paris, pour y terminer son cours de théologie dans des leçons mieux appropriées à son futur ministère. Sur ce que j'avais vu en lui depuis sept années, sur ce que m'attestaient ses excellents maîtres, je n'hésitai point à lui accorder cette permission. Sans nul doute, un pareil sujet pouvait être précieux pour nous : son esprit droit, son air humble et doux recouvrant un cœur ardent et une grande fermeté de volonté, son éminente piété surtout auraient assuré le succès de son ministère dans les paroisses les plus difficiles. Mais quelle que soit la pauvreté du diocèse d'Angoulême, qui ne peut suffire au recrutement de ses prêtres, je n'ai jamais cru l'appauvrir en laissant pleine liberté aux vocations sérieuses que j'ai pu reconnaître soit pour la vie religieuse du cloître, soit pour l'apostolat des missions. J'ai toujours cru que Dieu nous rendrait en bénédictions surabondantes les sacrifices que nous pourrions faire pour son Évangile et l'extension de son règne (1). »

On devine aisément la joie dont fut comblé M. Aumaître quand il se vit ainsi assuré de la légitimité de sa vocation, et quand il fut certain que nul obstacle, du côté de ses supérieurs ecclésiastiques, ne viendrait entraver son entrée dans les missions. Il s'en fallait bien que ses assurances fussent les mêmes du côté de ses parents. Aussi, avant de leur faire part de ses desseins, voulut-il encore prier et faire prier beaucoup. « J'ai très-grand besoin de prières, mon cher ami, pendant ces vacances, surtout aux premiers jours d'août et d'octobre ; je désire des prières très-très-courtes, mais aussi on ne peut plus ferventes (2). »

Nous avons déjà parlé de son apostolat auprès des siens. Ce qu'il désirait le plus c'était de voir arriver à la pratique de la religion un de ses oncles. Pour y réussir, il ne craignit pas de lui écrire les lettres les plus pressantes. Nous en avons sous les yeux une de quatorze pages d'une écriture très-serrée. On en lira sans doute avec plaisir les passages les plus saillants. Il l'écrivit au premier de l'an 1859. Après les souhaits communs, tels qu'un bon séminariste en peut faire, il ajoute :

« ..... Je ne vous souhaite point de grandes ri-

(1) *Lettre* J. J.
(2) A M. Poitou, 30 juin 1859.

chesses, je sais que ce ne sont pas les richesses qui rendent heureux. Il y a, je l'avoue, chez les riches quelques instants de plaisir ; mais aussi qu'il y a de misère, qu'il y a de chagrin, qu'il y a de tristesse très-souvent au milieu de leurs fêtes ! Oh ! non, ma chère marraine, non, mon cher oncle, je ne vous souhaite pas de richesses, parce que ce n'est pas là que se trouve le bonheur. Où se trouve-t il donc ? En quoi consiste-t-il ? Voulez-vous que je vous le dise ? Le bonheur consiste à nous contenter de l'état où nous sommes, à savoir supporter avec patience le malheur qui nous arrive, à remercier Dieu, qui nous éprouve, afin de nous récompenser dans l'autre vie. Quand on offre tout à Dieu en disant : *Que votre volonté soit faite sur la terre comme au ciel*, on est heureux ; le malheur devient dans le cœur une joie, une paix, que personne ne peut comprendre. Mais pour acquérir cette paix, cette joie du cœur, il faut la demander à Dieu ; il nous l'accorde quand nous la demandons d'une manière convenable, et que nous la méritons, c'est-à-dire quand nous ne faisons tort à personne, quand nous remplissons tous nos devoirs, quand nous pratiquons la justice et la vertu. Le bonheur, où se trouve-t-il ? Vous le comprenez peut-être, chère marraine ; mais je ne sais pas si vous, mon cher oncle, vous pouvez le comprendre, vous n'avez guère fait d'expérience pour cela. Le bonheur se trouve après une communion bien faite. En effet, qui est-ce qui a créé l'homme? C'est Dieu ; Dieu seul peut connaître parfaitement son cœur, Dieu seul, par conséquent, peut donner à son cœur la joie qui rend heureux. Cette joie, Dieu ne peut mieux la procurer au cœur de l'homme qu'en s'unissant à lui. Eh bien ! dans la sainte communion, le Fils de Dieu, Notre Seigneur Jésus-Christ, vient, sous la figure de l'hostie, s'unir au cœur de l'homme qui communie. Ah ! quel ne doit pas être son bonheur ! Ce bonheur, mon cher oncle, je le goûte quelquefois : Oui quelquefois il m'est arrivé aussi de m'ennuyer, d'être triste, d'éprouver du chagrin. A qui m'adresser pour trouver de la consolation ? A mes parents, mais ils étaient loin de moi ; à des amis, mais les amis sont des hommes et ils ne savent pas toujours ce qu'il nous faut. Alors j'allais trouver mon confesseur, je lui découvrais la cause de ma peine, si j'avais quelques péchés je les confessais, puis j'allais recevoir le corps de Notre Seigneur Jésus-Christ. Quand ma communion était bien faite, je sentais une joie si grande que je ne puis pas trouver de mots assez forts pour vous faire comprendre le bonheur que mon cœur éprouvait. Ce bonheur, je le sens encore presque à toutes mes communions ; il me semble alors que toute notre vie n'est rien en comparaison du bonheur que nous trouverons au ciel, si nous avons été bons chrétiens.

« Voilà, mon cher oncle, le bonheur que je vous souhaiterais pour l'année qui va commencer. Comment voulez-vous que Dieu bénisse votre travail, comment voulez-vous qu'il vous accorde une bonne année, si vous ne voulez pas faire ce qu'il demande de vous.... Pourquoi refusez-vous depuis tant d'années de recevoir le corps de Notre Seigneur Jésus-Christ ? Pensez donc combien vous étiez heureux le jour de votre première communion, si vous l'avez bien faite. Vous croyiez alors, pourquoi ne croyez-vous plus ? Est-ce que Dieu a changé, est-ce qu'il n'est pas toujours le même, toujours bon, toujours aimable, quand on sait le servir ? Dieu n'a pas changé à votre égard, il est toujours le bon Dieu ; mais vous avez bien changé, vous, depuis votre enfance. Vous êtes juste envers les hommes, j'en conviens, vous ne faites tort à personne ; c'est bien, même très-bien ; mais êtes-vous juste à l'égard de Dieu ? Vous me permettrez de vous dire que non. En effet, Dieu est notre Père à tous ; nous le disons dans la prière : *Notre Père qui êtes aux cieux.* Eh bien ! vous lui désobéissez, vous ne faites pas ce qu'il vous commande. Combien y a-t-il que vous ne vous êtes pas confessé et que vous n'avez pas communié ? Pourtant je ne vois que deux choses qui puissent vous retenir : la première, c'est qu'il y a longtemps que vous ne vous êtes pas confessé, que vous auriez de la peine à savoir faire et que vous avez trop de péchés. Justement, c'est une raison pour vous confesser plus tôt, car plus vous attendrez, plus vous aurez de péchés, plus vous oublierez la manière de vous confesser ; d'ailleurs, le prêtre, à qui vous vous adresserez, ne vous aidera-t-il pas ? Croyez-

vous qu'il n'en a pas confessé de plus coupables que
vous ? Que cette considération-là ne vous arrête donc
pas. La seconde chose que je crois capable de vous
retenir, c'est la honte. Vous vous inquiétez trop de ce
qu'on dira de vous ; vous avez peur que tels et tels,
qui n'osent pas non plus se confesser, se moquent de
vous. Comment ! cher oncle, vous n'êtes pas un lâche
cependant, vous avez de l'énergie ; et vous vous lais-
seriez arrêter par une parole ? Vous avez assez d'esprit,
est-ce que vous ne sauriez pas répondre à ceux qui
vous plaisanteraient ? Après tout, que sont-ils ceux
qui parlent mal de la confession et de la communion ?
Ce sont des gens qui ne savent pas ce que c'est, car
ils ne se confessent jamais. Ces gens-là, devez-vous
les croire ? Dites-moi, si vous aviez besoin d'un beau
cabinet, à qui vous adresseriez-vous pour faire examiner celui qu'on vous offrirait ? à un marchand de
bœufs, qui ne s'y entend pas, ou à un bon menuisier
qui travaille tous les jours sur cet article ? Au contraire, si vous vouliez acheter une paire de bœufs, à
qui vous adresseriez-vous ? Ce ne serait plus au menuisier ; chacun se connaît à son article. Il en est de
même pour la confession et la communion ; personne
ne peut vous en dire les avantages, s'il ne sait pas ce
qu'il en est. Pour moi, voilà bien longtemps que
je communie et me confesse fréquemment, et à toutes
les fois que je le fais comme il faut, j'éprouve un
nouveau charme, un nouveau plaisir, un véritable
bonheur.

« Je vous le demande maintenant, cher oncle, qui devez-vous plutôt croire, moi qui communie souvent et qui n'ai fait qu'étudier depuis l'âge de cinq ans, ou bien ces personnes qui ne le font jamais et qui n'ont étudié qu'un peu ou point du tout ? D'ailleurs ces personnes peuvent vous tromper ; et moi pourrais-je vous tromper, moi votre neveu, moi qui vous aime ainsi que ma marraine ? Vous êtes-vous aperçu que je vous aie menti quelquefois, surtout lorsqu'il s'agit d'affaires sérieuses comme celle-ci ? »

Et le jeune apôtre continuait, rappelant à son oncle les promesses de son baptême, renouvelées à sa première communion, la nécessité d'appartenir à l'Eglise par la pratique de tous les devoirs de la vie chrétienne, la nécessité de ne pas être seulement un *honnête homme*, mais d'être encore un *bon chrétien*. Puis il conclut ainsi :

« Je vous ai parlé peut-être avec un peu trop de liberté, mon cher oncle ; je vous prie bien de m'excuser. J'ai cru cela nécessaire ; depuis la conversation que j'ai eue ces vacances avec vous, j'ai cru que je serais coupable si, après vous avoir appris les vérités de la religion, je vous laissais dans l'ignorance de vos devoirs. Maintenant j'ai fait ce que je devais, je suis content ; mais je le serais encore bien plus si vous me donniez mes étrennes. Savez-vous qu'elles sont ces étrennes ? C'est de me promettre qu'aux environs de Pâques, ou même avant, dès cette semaine si vous voulez, le plus tôt ne sera que le meilleur, c'est, dis-je, de me promettre que vous remplirez vos devoirs de chrétien. Je ne dis pas que vous deviendrez un saint dès que vous vous serez confessé et que vous aurez communié ; mais une communion vous aidera à faire mieux la suivante ; et peu à peu vous goûterez le bonheur que l'on éprouve en recevant dans son cœur notre divin Jésus, qui seul peut nous rendre parfaitement heureux. Oh ! croyez-le bien, mon cher oncle, je vous aime, j'ai de la reconnaissance pour vous et je désire votre bonheur : voilà pourquoi j'ai pris la peine de vous écrire une si longue lettre. Puissiez-vous me comprendre et comprendre les sentiments d'amitié que j'ai pour vous.

« Ma chère marraine, vous pouvez m'aider en cette circonstance, en priant Dieu, en priant Marie, notre bonne Mère, d'ouvrir les yeux à mon oncle afin qu'il puisse voir la vérité, qu'il puisse être un véritable chrétien (1). »

Cette lettre, où M. Aumaître mettait en jeu toutes les ressources de son esprit et de son cœur, n'obtint cependant pas encore cette conversion si désirée. Il fallut ajouter aux années de supplication et d'attente déjà écoulées, plus de deux années encore. Mais il avait appris de saint Paul, ce modèle des missionnaires, que la charité est patiente et ne se lasse jamais (2). Il ne se découragea donc pas ; il continua

(1) A Mme Guibel, 31 décembre 1858.
(2) I Cor., xiii, 4, 7.

ses prières et ses lettres, comptant sur la grâce de Dieu au moment favorable. Nous verrons plus tard cette conversion si désirée.

M. Aumaître était simple tonsuré quand il écrivait la lettre que nous venons de lire. A l'ordination suivante, le 29 juin, jour de la fête de son illustre patron saint Pierre, il reçut de Mgr Cousseau les quatre ordres mineurs, et, avec eux un nouvel accroissement de grâce et d'union avec Dieu. Ces secours divins lui venaient à propos, car bientôt allait sonner pour lui l'heure solennelle, terrible, l'heure de faire à ses parents une première ouverture sur ses projets d'avenir et l'heure du départ.

Depuis longtemps il demandait à la Sainte-Vierge de donner à ses parents la force de le laisser partir, et à lui-même, des paroles assez douces et assez persuasives pour les déterminer à faire à Dieu ce sacrifice. Non pas qu'il voulût leur ouvrir tout son dessein. Son ambition se bornait à leur faire accepter de le savoir un peu plus éloigné d'eux, de le savoir à Paris et non à Angoulême. Il choisit pour leur parler et partir la fête de l'Assomption. Il lui semblait que Marie l'écouterait mieux en un pareil jour. La veille, il dit à M. le Curé, déjà dans son secret : « Demain, jour de mon départ, ma mère et ma sœur (1) viendront faire la sainte communion avec moi, c'est peut-être la dernière fois que nous aurons ce bonheur

____

(1) Son autre sœur était malade.

ensemble (1). » En effet ils communièrent ensemble. Puis, au sortir de la sainte table, il fit à ses parents sa première et unique ouverture. Lui-même l'a rapportée dans une lettre que nous avons sous les yeux. Nous voudrions la citer tout entière tant elle est saisissante ; le temps n'est pas encore venu de le faire. Au moins donnons-en quelques extraits.

« Madame,

« Vous ne serez pas fâchée sans doute de savoir comment j'ai mis à exécution le dessein que Dieu m'a inspiré (car je ne puis douter qu'il ne vienne de Dieu); je m'empresse de vous donner sur mon départ quelques détails.

« Après la messe de l'Assomption, j'ai donné une gravure à mes parents et à chacun de mes frères, en leur annonçant que je ne retournais point à Chalais, ni même au séminaire d'Angoulême, mais que je partais pour un séminaire de Paris afin d'y terminer mon cours de théologie. Cette manière d'annoncer mon départ me semblait et me semble encore la meilleure, je vous remercie, Madame, de me l'avoir suggérée. Malgré toutes ces précautions mon père avait déjà deviné. »

On devine sans peine aussi quelle douleur dut susciter une pareille déclaration. M. Aumaître l'avait prévu, il n'en fut pas ébranlé. Avec quelle ferveur

(1) Lettre de M. Dusser, 28 novembre 1876.

ne pria-t-il pas aux vêpres qui suivirent ! Avec quelle piété surtout ne chanta-t-il pas ces paroles, dont il avait déjà fait sa devise et qui devaient inspirer tout le reste de sa vie : *Lætatus sum in his quæ dicta sunt mihi : In domum Domini ibimus.* Je me suis réjoui quand on m'a dit : Nous irons dans la maison du Seigneur ! Après les vêpres, nouvelle scène plus déchirante encore que la première.

« Arrivé à la maison, continue-t-il, j'ai trouvé tout le monde en sanglots : ma pauvre sœur Eugénie qui était au lit, et mon autre sœur m'ont fait beaucoup de peine; elles ne pouvaient pas se décider à m'embrasser. Nous voici maintenant au plus triste ; comment faire mes adieux à ma mère ? Je l'ai embrassée, elle pouvait à peine parler. Il me serait impossible, Madame, de vous redire ici tous les reproches qu'elle m'a adressés ; c'étaient des reproches amers mêlés à des sentiments de tendresse, vous les devinez mieux que je ne pourrais vous les dire. Vous êtes mère, Madame, et vous avez beaucoup de foi; il vous est, par conséquent, assez facile de vous imaginer quelles peuvent être les paroles d'une mère chrétienne en cette circonstance. J'ai essayé de la consoler en lui parlant des souffrances de Marie au pied de la croix : « Je comprends tout cela, me disait-elle, je voudrais bien faire mon possible pour supporter ce malheur, mais je ne le pourrai pas ; moi qui ai tant souffert sans jamais témoigner ma douleur qu'à Dieu..... Moi qui espérais me consoler en toi, comment ferai-je maintenant, moi qui n'ai rien qui m'appartienne en ce monde..... *Et pourtant je devais bien m'y attendre puisque je le savais avant que tu fusses né !!!* Je serai bien malheureuse toute ma vie, moi, mon Dieu..... » Oh ! Madame, ces paroles me perçaient le cœur, je n'aurais pu y tenir plus longtemps, et cependant je n'ai versé que quelques larmes ; jamais, je crois, je ne me suis senti tant de courage. Je me suis mis aux genoux de ma mère en lui demandant sa bénédiction qu'elle m'a donnée. Oh ! jamais je n'oublierai ce jour, ce moment ni ce lieu, au pied d'une crèche où l'un de mes frères couchait, pendant que je passais mes vacances avec mes parents !.... Ma mère s'est appuyée sur la couche qu'elle préparait à mon frère et je suis sorti. »

Il demanda, mais vainement, à son père, la même bénédiction. Et, après avoir embrassé ses frères et ses sœurs, il franchit le seuil de ce foyer que ses pieds ne devaient plus toucher, mais où son cœur devait si souvent revenir. « J'ai été, continue-t-il, dire adieu à mon frère Alexis qui était au champ tout près de là. Mon frère Jean, le plus jeune, s'y trouvait aussi à environ cinquante pas, mais j'étais tellement troublé que je ne l'ai pas vu ; je l'avais bien embrassé avant les vêpres pour le consoler, mais cela ne suffisait pas, je ne lui avais point fait mes adieux, et je n'y ai pensé qu'en arrivant à Aunac ; je croyais l'avoir vu en même temps que mes sœurs, et ce n'était pas vrai. Arrivé à Bayers, je n'ai point trouvé M. le Curé, et je suis allé jusqu'à Mansle, où je suis arrivé vers les dix heures du soir (1). »

Le lendemain, à Mansle, où son père vint le rejoindre dans l'espérance de le retenir, il obtint cette précieuse bénédiction si obstinément refusée la veille. Quelques heures après, il était à Angoulême. Il y fut bien consolé par les bons directeurs du séminaire, et aussi par le bonheur inespéré de passer une demi-journée avec un de ceux qu'il aima le plus ici-bas.

N'est-il pas remarquable de voir comment Dieu sait mêler la goutte de miel à la coupe des plus grandes amertumes? Ces quelques heures, passées dans les épanchements de l'amitié, furent pour M. Aumaître, cette goutte de miel. Sa joie eût été complète s'il eût pu revoir Richemont. Il partit quand même pour Paris, disant adieu à ce diocèse, à ce séminaire où les grâces de Dieu avaient été pour lui si abondantes.

(1) A Mme Desmiers de Chenon, 29 août 1859.

CHAPITRE V

M. AUMAÎTRE AUX MISSIONS ÉTRANGÈRES

Etablissement de la Propagande à Rome, et du Séminaire des Missions Étrangères à Paris. — Affection de M. Aumaître pour sa famille. — Lettre de quinze pages : *Donne-moi ton fils ; j'en ai besoin.* — Le Séminaire des Missions Étrangères : directeurs, salle des martyrs, séminaristes, amis. — Discours de N. S. J.-C. à M. Aumaître pour consoler ses parents. — M. Aumaître diminue sa correspondance. — Contrat *Jesu dulcis.* — Son obligeance pour ses confrères. — Il cherche à consoler ses parents. — Souhaits de bonne année. — Demande de prières pour sa famille. — Zèle pour la conversion de son oncle. — Il est appelé au sous-diaconat. — Demande de prières. — Sa résignation pendant la maladie de son père. — Il prépare ses parents à son départ. — Il est ordonné sous-diacre.

Fondre tous les individus et tous les peuples dans l'unité de l'amour, tel a été le but sans cesse poursuivi par la bonté de Dieu depuis qu'il a mis des hommes sur la terre. C'est qu'il les veut à son image et ressemblance. Lui il est *un* dans sa Trinité féconde. Lui il est heureux ; il les veut heureux aussi, il les veut *un*, non pas seulement dans leur nature, mais dans leur vie du temps et de l'éternité. L'Incarnation et toutes les merveilles qui la suivent, n'ont point d'autre objet. Jésus l'a tant à cœur cette fusion de tous les hommes dans l'unité de l'amour, que dans sa suprême prière, à la veille de sa mort, il semble avoir oublié tout le reste pour ne penser qu'à cela. « Mon Père saint, dit-il, conservez en votre nom « ceux que vous m'avez donnés, afin qu'ils soient *un* « comme nous... Que tous ils soient *un*; comme vous « mon Père, êtes en moi et moi en vous : ainsi qu'ils « soient *un* en nous... Je leur ai donné la gloire que « vous m'avez donnée, afin qu'il soient *un* comme « nous sommes *un*. Je suis en eux et vous en moi, « afin qu'ils soient consommés dans l'*unité* (1). »

Et cependant, malgré cette prière du Fils de Dieu, combien n'y a-t-il pas encore d'âmes errantes, de nations même qui n'ont jamais connu celui en qui seul est le salut et la vie, parce que seul il peut unir les individus et les peuples ! Combien d'âmes qui périssent pour l'éternité !

C'est de cette pensée qu'est née au xviie siècle la Congrégation de la Propagande, destinée à envoyer des missionnaires aux peuples infidèles. Créée par Grégoire XV, en 1622, elle fut organisée définitivement en 1628, par Urbain VIII, qui lui adjoignit le Séminaire de la Propagation de la Foi. C'était comme une pépinière d'apôtres établie au centre de la catholicité pour toutes les contrées infidèles.

Voici comment l'historien de la papauté, dans les xvie et xviie siècles, le protestant Ranke, parle de cette institution : « Qui ne connaît les services immenses

_____

(1) Joan. XVII, 21, 22, 23.

que la Propagande a rendus à la philosophie générale des langues ? Mais elle s'est surtout appliquée à remplir, avec énergie et grandeur, sa mission principale, celle de la propagation catholique, et, dans les premiers temps, elle réalisa les plus magnifiques résultats (1). » De nos jours, pouvons-nous ajouter, les résultats et les services de la Propagande ne sont pas moins magnifiques.

La France, le bras droit de Dieu pour l'exécution de ses desseins, devait avoir l'honneur de fournir comme Rome, et plus que Rome, des apôtres au monde. Pour cela Dieu suscita un saint missionnaire, le P. Bernard-de-Sainte-Thérèse, qui fonda à Paris, en 1663, le Séminaire des Missions Étrangères. C'était comme une succursale de la Propagande établie au cœur même de la France. Dans le principe on n'y reçut que des prêtres religieux ou séculiers ; mais on ne tarda pas à y admettre des élèves de théologie.

De là, comme d'un centre brûlant de zèle apostolique, partent plusieurs fois chaque année, ces hommes, ces jeunes gens de grand cœur, capables d'affronter les glaces du Nord, les ardeurs dévorantes de l'Afrique, la dent des bêtes féroces, et la cruauté plus grande encore des hommes, plongés dans les ténèbres du vice et de l'erreur, sous tous les climats.

Plein du désir de continuer la glorieuse chaîne des apôtres et des martyrs, M. Aumaître arriva à

____

(1) Ranke, t. III, p. 79, édit. in-8°, Sagnier-Bray.

Paris le 18 août 1859. L'accueil si cordial des vénérables directeurs du séminaire et de ses nouveaux confrères, fit sur son âme la plus douce impression et le consola un peu de la peine du départ et de la déchirante séparation d'avec sa famille. Sa famille ! comme elle était présente à son cœur, malgré la distance qui l'en séparait ! Dès son arrivée il écrivit à ses parents. Malheureusement sa lettre a été perdue depuis. Mais nous pouvons juger des sentiments qu'elle renfermait par la lettre suivante écrite, huit jours après la première, à M. le curé de Couture. Nous la recommandons à la plus sérieuse attention de nos lecteurs, ils y verront s'il est vrai que ceux qui se séparent de leur famille, pour un motif de la religion, sont, comme on le répète souvent, des *gens sans cœur.*

« Séminaire des Missions Etrangères, le 29 août 1859.

« Monsieur le Curé,

« Je n'avais d'abord l'intention de vous écrire qu'après avoir reçu des nouvelles de mes parents, à qui j'ai écrit il y a plus de huit jours. Le chagrin sans doute, ou peut-être quelque fâcheuse nouvelle qu'ils n'osent m'annoncer, les a empêchés de me répondre tout de suite, ce qui m'inquiète beaucoup et me fait trouver le temps long. J'espère de votre bonté, Monsieur le Curé, la fin de cette inquiétude.

Si vous daignez avoir l'obligeance de m'informer au juste de ce qui se passe, je ne pourrai que vous en être fort obligé.

« Pour ce qui me regarde, il n'y a point à se tourmenter : mon voyage a été très-heureux, et les quelques jours que j'ai passés ici, ont été fort agréables, autant que peuvent l'être des jours qui suivent une pénible séparation. J'ai passé toute la semaine qui vient de s'écouler, à la maison de campagne du séminaire, située à Meudon, à deux lieues environ de la rue du Bac ; je passerai cette semaine-ci à Paris. La maison de campagne est trop petite pour loger toute la Communauté, composée d'environ soixante élèves et de MM. les directeurs. Nous sommes donc obligés de demeurer une moitié à Paris, tandis que l'autre va à Meudon, et ainsi alternativement chaque semaine jusqu'à la fin des vacances.

« Tout autre que moi éprouverait du plaisir à visiter les beaux monuments de Paris, j'en éprouverais moi-même en toute autre circonstance, mais maintenant tout cela m'est fastidieux, jusqu'à ce que j'aie reçu de bonnes nouvelles de mes parents. J'ai visité le palais du Luxembourg, les antiquités de Cluny, les immenses galeries du Louvre, quelques salles des appartements de l'Empereur à Saint-Cloud, les galeries du palais de Versailles, etc. Toutes ces merveilles me disaient bien moins de choses, parlaient bien moins à mon cœur que ne fera, j'ose me le persuader, votre aimable lettre. Le seul véritable plaisir que j'aie éprouvé, ou plutôt la seule véritable joie que j'aie goûtée, c'est en visitant les églises. Dans ces superbes monuments, bien inférieurs cependant à ce qu'ils devraient être pour égaler la majesté du Dieu qui les habite, j'ai pu au moins trouver une consolation, j'ai pu faire quelques petites prières pour mes parents, mes bienfaiteurs et les autres personnes qui me sont chères. En passant devant la statue de N.-D. des Victoires, surtout, et au souvenir des nombreux miracles qu'elle avait opérés, j'ai senti un rayon d'espérance réchauffer mon cœur et me persuader que mes parents, que j'avais laissés, le jour de l'Assomption, sous la protection de Marie, ne seraient point abandonnés. La tristesse les accable maintenant, il faut espérer que cela ne durera pas. Je n'ai pas besoin, Monsieur le Curé, de vous prier de leur adresser, de temps à autre, quelques paroles pieuses pour les consoler, votre charité et votre bienveillance ne me permettent pas de croire que vous puissiez agir autrement, et rendent inutile la prière que je vous adresserais.

« Veuillez, s'il vous plaît, Monsieur le Curé, présenter mes hommages à MM. les curés d'Aunac, de Saint-Front et de Bayers, quand vous en aurez l'occasion.

« Je suis, avec un affectueux respect, votre très-humble serviteur.

« AUMAÎTRE. »

Cette lettre réfute d'une manière victorieuse le

triste préjugé, si répandu dans le monde, à savoir que ceux qui abandonnent tout pour se faire missionnaires, religieux ou religieuses, n'aiment pas leurs parents. M. Aumaître a tout quitté pour suivre sa sublime vocation, tout, même sa famille : et M. Aumaître, dans sa vie de séminariste et de missionnaire, n'a pas eu de peine plus grande que celle de savoir ses parents dans le chagrin à cause de son départ. Il les aimait donc ; mais il les aimait en chrétien, non en idolâtre. Dans son cœur la première place était pour Dieu, la seconde pour eux. Cette histoire le démontrera surabondamment et la lettre qu'on vient de lire commence cette démonstration. Le passage suivant tiré d'une autre lettre, écrite le même jour, confirme ce que nous disons :

« Et maintenant, je n'ai qu'une inquiétude, c'est de n'avoir pas de nouvelles de mes parents ; il y a huit jours que je leur ai écrit et je ne reçois aucune réponse (1). » Dans la suite nous verrons M. Aumaître revenir toujours sur les mêmes regrets.

Enfin des nouvelles lui arrivèrent de Couture, nouvelles,bien tristes, on le conçoit. A la lettre de ses parents, il répondit aussitôt par une lettre de *quinze pages*, d'une écriture fine et serrée. Quelle est la valeur de cette lettre ? Le lecteur en jugera. Nous la donnons tout entière. La parole des apôtres

____

(1) A Mme Desmiers de Chenon, 29 août 1859.

est féconde même après leur mort. Qui sait le bien que celle-ci peut faire !

« Paris, le 2 septembre 1859.

« Bien chers parents,

« J'ai reçu votre aimable et triste lettre et je me hâte d'y répondre. Votre sensibilité naturelle, votre affection pour moi, les soins dont vous m'avez toujours environné m'avaient déjà depuis fort longtemps laissé deviner combien votre chagrin serait grand et votre douleur amère quand vous me verriez partir. Plus d'une fois j'y ai songé, plus d'une fois j'y ai sérieusement réfléchi devant Dieu ; plus d'une fois je me suis demandé aussi : Est-ce possible que Dieu exige de moi un tel sacrifice ? Et je puis vous assurer que si j'eusse été seul pour obéir aux ordres de Dieu, si j'eusse été seul pour mettre ce dessein à exécution, jamais il ne m'aurait été possible. Ma nature est trop faible ; l'amour sincère, l'affection tendre que j'ai pour de si bons parents, et dont vous n'avez pu douter, sont trop grands pour que j'aie jamais pu, avec un caractère comme le mien, conduire tout seul une semblable entreprise. Rien qu'en y pensant, je sentais mes forces tomber et mon courage s'abattre. Mais la main de Dieu était avec moi, il ne m'est pas permis d'en douter. Marie, cette bonne protectrice, sous la garde de qui je vous ai laissés le jour de l'Assomption, me secourait ; mon bon ange gardien était là aussi pour me soutenir.

« Comment, en effet, s'il en eût été autrement, m'aurait-il été possible de résister aux larmes d'une mère désolée, d'un père, dont les yeux rougis à l'égal du sang le plus vif, à force de pleurer, ne pouvaient plus me regarder et dont la bouche ne pouvait même plus s'ouvrir pour m'adresser des reproches ? Comment aurais-je pu partir en voyant en pleurs une sœur sur le lit de la souffrance, une autre sœur et des frères que je voyais ou que j'avais vus naguère inconsolables ? Pensez-vous, chers parents, que j'eusse pu demeurer insensible en face d'un tel spectacle, si Dieu ne m'avait donné de la force et du courage ? Vous croyez donc que j'ai le cœur plus dur qu'un rocher, vous croyez donc qu'il n'y a pas en ma poitrine une seule fibre d'affection qui soit capable de vibrer pour vous ? Vous croyez donc que je n'ai pas une seule larme à répandre ? Oh ! soyez-en bien persuadés, je vous aime autant que vous êtes capables de m'aimer, je vous aime peut-être plus que vous ne m'aimez. Je ne veux point dire par là que les espérances que vous fondiez sur mon avenir pour votre bonheur, fussent la cause de votre amour. Dieu me garde d'un tel soupçon ! Votre affection pour moi est bien plus noble. Mais je ne puis m'empêcher de vous dire qu'elle n'est ni aussi parfaite ni aussi grande que celle que j'ai pour vous.

« Pourquoi m'aimez-vous ? Qu'aimez-vous en moi ? Est-ce le corps ou l'âme ? C'est à vous de répondre. Par le corps nous ressemblons aux animaux même les plus immondes. Comme eux, nous nous nourrissons d'une substance qui vient de la terre, et qui se transforme en notre chair, parce que cette chair elle-même a été formée de la terre, et qu'elle retournera en terre ; comme eux, nous sommes exposés aux souffrances, aux maladies, à la mort. Par notre âme, au contraire, nous ressemblons à Dieu. Ce n'est point notre corps qui a été créé à l'image de Dieu, car Dieu n'a point de corps, il est un pur esprit, nous ne lui ressemblons donc que par notre âme, par notre esprit doué de raison, qui nous fait connaître le beau, le bien, la vertu et Dieu lui-même, l'auteur de tout cela. Dieu ne mourra point, il n'aura jamais de fin, et notre âme créée à son image, ne mourra point non plus, tandis que notre misérable corps ne peut vivre que quelques années. Lequel est donc le plus aimable ? le corps ou l'esprit ? La première personne venue me répondra : C'est l'esprit, c'est l'âme. Dites en effet à quelqu'un qu'il est boiteux ou bossu, il se fâchera un peu ; dites-lui au contraire qu'il a l'esprit de travers, vous verrez comme il sera bientôt en furie.

« Oh ! que Dieu me préserve donc, chers parents, d'aimer plus votre corps destiné dans cinquante ans, plus tôt peut-être, à devenir un hideux cadavre, la nourriture des vers, de l'aimer, dis-je, plus que votre âme qui peut, si vous avez soin de la conserver pure, habiter à jamais les célestes régions avec les anges et les saints. Oui, je vous aime, je vous aime d'une amitié pure et véritable ; si je ne vous aimais point, comme je le fais, je ne vous aurais point abandonnés ; je ne vous ai quittés que pour vous rendre heureux, je ne dis pas seulement au ciel, mais même sur cette terre, ainsi que Jésus-Christ nous l'a promis : « En vérité, je vous dis, il n'y a personne qui n'abandonne sa maison, ou ses parents, ou ses frères, ou son épouse, ou ses enfants pour le royaume de Dieu, sans recevoir une récompense beaucoup plus grande sur cette terre, et après sa mort la vie éternelle. » Ainsi, chers parents, si vous offrez à Dieu cette séparation de votre fils, ainsi chers frères et chères sœurs, si vous vous séparez de votre frère avec résignation, vous obtiendrez de grandes consolations dès ici-bas et de bien plus grandes au ciel. Et ne croyez pas que ce soient là de vaines paroles : elles ont été prononcées par Notre Seigneur Jésus-Christ, qui est incapable de mentir ; ce sont des paroles d'Évangile, ainsi que vous pouvez le voir vous-mêmes dans le Nouveau Testament, en S. Luc, chap. 18, vers. 29 et 30.

« Si vous ne croyiez pas à ces paroles, vous seriez obligés de ne pas croire à la sainte Église qui les enseigne ; vous seriez obligés de regarder comme insensés les plus grands hommes, les plus grands génies qui aient jamais paru, Bossuet, Bourdaloue et tant d'autres ; vous seriez obligés de regarder comme des insensés tous les hommes les plus vertueux qui ont cru à ces paroles, les plus grands saints et les apôtres, qui, non-seulement les ont mises en pratique, mais les ont enseignées et ont été jusqu'à donner leur vie pour en attester la vérité ; vous seriez obligés de regarder comme inutile l'instruction que j'ai reçue depuis quinze longues années, puisque, après tant de travail, je me trouverais moins instruit que vous, qui n'avez jamais ou presque pas étudié. Que dis-je ? Vous seriez obligés de vous regarder comme insensés vous-mêmes, puisque jusqu'ici vous avez cru à ces paroles, jusqu'ici vous vous êtes montrés bons chrétiens. Il vous est donc impossible de douter de la réalité des promesses de Notre Seigneur Jésus-Christ, de ne pas mettre ses conseils en pratique et de ne pas espérer en lui.

« Sans doute, vous ne voyez pas maintenant tous les avantages qu'il y a pour vous à en agir ainsi ; je sais bien que la nature réclame sa part. La douleur vous empêche de raisonner juste. Vous êtes, pour me servir encore des paroles de Notre Seigneur Jésus-Christ, comme cette femme dont parle l'Evangile : « Quand une femme enfante, elle est dans la tristesse, parce que son heure est venue ; mais, lorsqu'elle a enfanté un fils, elle ne se souvient plus des douleurs de l'enfantement, parce qu'elle est dans la joie d'avoir mis un homme au monde. Et vous aussi, vous êtes maintenant dans la tristesse, mais votre tristesse se changera en joie. » C'est alors seulement, chers parents, que vous pourrez comprendre la vérité de ce que je vous dis.

« Vous êtes accablés de douleur en me voyant accomplir mon projet. Qu'eussiez-vous donc fait, s'il vous eût fallu l'accomplir vous-mêmes ? Pensez-vous que je sois d'une autre nature que vous ? Pensez-vous que je n'aie pas de la sensibilité comme vous ? Avez-vous donc passé avec moi tant de temps sans me connaître ? J'ai éprouvé de la peine, moi aussi, et j'en éprouve encore. Mais quand je sens une larme venir mouiller ma paupière, quand la nature veut l'emporter sur la foi, je ne me laisse point aller aux désirs de cette nature, j'offre cette larme à Dieu, à Jésus, à Marie, et, d'un acte naturel, je fais un acte surnaturel. Alors, je sens peu à peu d'autres larmes venir, elles coulent en abondance, mais ce sont des larmes d'une autre espèce, des larmes de joie. Une douce consolation descend dans mon cœur. Oh ! que mes prières, quoique souvent ce ne soient que des demi-mots, sont agréables à Dieu ! Qu'elles sont douces pour moi ! C'est comme un arôme précieux, comme un parfum suave. Je me trouve heureux d'avoir éprouvé de la peine, quand elle a été pour moi la cause d'une telle consolation. Il est à remarquer que ces instants de félicité m'arrivent d'ordinaire lorsque j'ai fait la sainte communion. Ainsi, mon bon Jésus semble prendre plaisir à me rendre triste pour avoir l'occasion de me consoler. Il m'arrive bien d'éprouver cela en d'autres circonstances, mais c'est beaucoup plus rare.

« Oh ! mes chers parents, ayez donc aussi, je vous en prie, ayez donc recours à Jésus et à Marie. Ce doux Sauveur vous appelle lui-même ; écoutez ses paroles rapportées dans l'Evangile : « Venez à moi vous tous qui êtes fatigués, et je vous soulagerai ; prenez mon joug sur vous et apprenez de moi que je suis doux et humble de cœur, et vous trouverez le repos de vos âmes. » Je sais que vous n'avez pas le bonheur de le recevoir aussi fréquemment que moi ; mais vos prières ne seront pas moins entendues, si vous les lui adressez avec foi, avec amour et avec un désir sincère de les voir exaucées. Il exauça bien les prières de Madeleine, qui était une grande pécheresse, et qui depuis est devenue une si grande sainte ; vous n'êtes pas aussi coupables à beaucoup près que Madeleine.

« Je sais aussi que la douleur et le chagrin qui vous accablent en ce moment, loin de vous porter à la piété et de vous exciter à la ferveur, ne servent peut-être qu'à vous en éloigner. En ces moments là, on n'a pas de courage ; on n'a de goût pour rien ; il semble qu'on aimerait mieux n'avoir jamais existé ; on sent qu'on a besoin d'être distrait, et l'on fuit les distractions. Enfin c'est un état que je comprends parfaitement ; je n'y suis pas étranger ; mais je ne puis le décrire. Comment avec cela peut-on se disposer à prier ? C'est bien difficile. Aussi, chers parents, je ne vous dis point de faire de longues prières. Au contraire, évitez-les. Je ne vous dis pas même de prononcer des paroles ; il suffit de désirer. Dieu connaît les pensées que nous formons dans notre esprit. Quand Zachée était monté sur un sycomore pour voir passer Jésus, il ne lui avait point dit qu'il l'aimait, et cependant Jésus l'avait compris. Il vous comprendra également, chers parents. Il ne vous consolera pas tout de suite ; il commencera par exciter en vous un plus grand amour pour lui, une plus grande confiance en sa bonté ; peu à peu vous trouverez du plaisir à lui adresser une petite prière ; enfin vous sentirez le calme et le bonheur renaître insensiblement dans votre âme. Peut-être aussi vous dira-t-il comme à Zachée : « Il faut que je loge aujourd'hui chez vous.» Oui, chers parents, il pourra se faire qu'après votre prière, Dieu suscitera en vous le désir d'aller le recevoir à la sainte table. Vous pourrez alors vous dire sûrement : Dieu veut enfin me consoler. Si une telle pensée vient en vous, regardez-la, je vous prie, comme une inspiration de Dieu, et gardez-vous d'y mettre obstacle. Le démon, cet esprit de ténèbres, s'efforcera peut-être de la détruire et de vous persuader que vous n'avez pas besoin de cela pour vous consoler, n'écoutez point sa voix.

« Mais pourquoi passer du temps à écrire des conseils que vous ne voudrez peut-être pas accepter, ou que le regret vous empêchera de comprendre ?... Ce que j'ai de mieux à faire, est de prier moi-même pour vous. Puisse le ciel exaucer mes prières !

« Peut-être écouteriez-vous des conseils que la raison explique plus facilement que la foi, quoiqu'on ne veuille ordinairement entendre aucune raison quand on a le cœur aussi oppressé. Je vais m'y prendre de toutes les manières. Si vous ne voulez pas vous rendre à ce que je vous dirai, au moins puisque vous aimez à lire mes lettres, ce sera un moyen de vous distraire un peu plus longtemps.

« Dans votre lettre je trouve ces paroles : « Un fils qui abandonne ses parents et les laisse se désoler !... Comme si cette religion, dont il va être le ministre, ne l'obligeait pas à les assister dans leur misère et leur dénûment ! » C'est une question qui m'est bien souvent venue à l'esprit avant que vous y ayez pensé, et avant que j'aie exécuté mon dessein d'obéir à la voix de Dieu. Toujours des raisons auxquelles je ne pouvais trouver d'objection, se présentaient et applanissaient les difficultés. Sitôt que j'imaginais une objection, la solution venait en même temps et souvent plus tôt qu'elle. Je pourrais ici vous donner des milliers de raisons, qu'il me faudrait trop de temps à écrire : qu'il vous suffise donc, chers parents, d'écouter celles-ci et tâchez de les comprendre.

« Que penseriez-vous d'un serviteur qui dirait à son maître : Je veux bien faire votre ouvrage, mais je veux faire celui qui me plaira et non celui que vous m'ordonnerez ; ne mériterait-il pas d'être mis à la porte de la maison ? — Si un instrument doué de la parole, je suppose, disait à celui qui le manie : Je ne veux pas être employé à ceci, j'aime mieux cela ; ne devrait-il pas être brisé et jeté au feu ? — Si après avoir péniblement labouré et ensemencé votre champ, le grain de blé, que vous avez arrosé plus d'une fois de vos sueurs, se levait pour vous dire : Je ne veux pas être broyé par la meule du moulin, j'aime mieux être réservé pour la semence : ne lui imposeriez-vous pas aussitôt silence ? N'en êtes-vous pas les maîtres puisqu'il vous a tant coûté ?

« Nous aussi, chers parents, vous comme moi, nous sommes les serviteurs de Dieu. Il nous a créés pour le connaître, l'aimer et le servir, *et le servir comme il lui plaît*, et non pas comme nous le voulons. Le prix qu'il réserve à notre travail est la vie éternelle. Si donc nous refusons de lui obéir, nous serons à jamais chassés de la maison de Dieu, le ciel notre belle patrie. — Entre les mains de Dieu nous ne sommes que des instruments dont il peut disposer à son gré. Et si nous refusons d'être employés aux ouvrages auxquels il nous destine, il nous brisera et nous jettera pour toujours dans les ardentes flammes de l'enfer. — Nous sommes le froment de Dieu. Le Père céleste nous a donné la vie et le Fils nous a conservés. Le souffle empesté de Satan nous avait donné la mort, et Jésus-Christ nous a rendus à la vie non seulement en répandant pour nous une sueur abondante au jardin des Oliviers, mais en versant pour nous jusqu'à la dernière goutte de son sang. Soit donc qu'il veuille nous employer à la propagation du genre humain, soit qu'il veuille nous employer à nourrir les âmes de la parole divine dans un pays ou dans un autre, nous n'avons absolument qu'à obéir sans répliquer.

« Des parents ignorants, des parents sans foi et sans religion me diraient : C'est nous qui t'avons donné la vie, c'est nous qui t'avons élevé et nourri, c'est à nous que tu appartiens et que tu dois obéir. Pour vous, chers parents, je sais que vous avez de la foi et que vous ne pensez pas de la sorte. Ce n'est point vous qui m'avez donné la vie, puisque vous ne savez pas même ce que c'est que la vie. Ce n'est point vous qui avez formé mon âme, puisque vous ne l'avez jamais vue. Ce n'est point vous qui avez formé mon corps, puisque vous ne savez point quelles en sont les différentes parties, quel en est le nombre et l'assemblage. « Je ne sais, disait à ses sept enfants la mère des Machabées, pour les encourager à souffrir le martyre plutôt que de manger des viandes défendues, je ne sais comment vous avez paru dans mon sein : ce n'est point moi qui vous ai donné l'esprit, l'âme et la vie, ce n'est point moi qui ai réuni les membres de chacun de vous. Mais le créateur du monde qui a formé la naissance de l'homme et qui a trouvé l'origine de tout, vous donnera de nouveau, dans sa miséricorde, et l'esprit et la vie en récompense de ce que vous vous méprisez vous-mêmes pour obéir à ses lois. » Vous n'avez point le courage de cette femme héroïque, chers parents ; mais je suis persuadé qu'au fond du cœur, vous pensez comme elle. Vous savez que je ne vous appartiens pas. Vous n'êtes que des instruments dont Dieu s'est servi pour me donner l'existence. Il m'a confié à vous comme un dépôt, afin que vous eussiez soin de moi comme vos parents ont eu soin de vous-mêmes. Les soins dont vous m'avez comblé sont grands, ils sont dignes d'une belle récompense. Vous ne vous êtes pas contentés de m'élever comme les autres personnes élèvent leurs enfants ; vous m'avez donné et fait donner une instruction chrétienne ; vous m'avez appris à pratiquer la vertu ; vous méritez donc une récompense plus grande que les autres personnes qui ont eu moins de soin de leurs enfants. Mais la vertu n'a pas de véritable récompense en ce monde. Les choses qui passent ne peuvent payer ce qui est d'un prix inestimable. Dieu pouvait vous donner la joie de quelques services que j'aurais pu vous rendre sur la terre, mais c'eût été si peu de chose, qu'il aime mieux vous récompenser au ciel. D'ailleurs s'il a besoin de mes faibles services pour lui-même, s'il a besoin du dépôt qu'il vous avait confié pour l'employer à autre chose, il est maître de son bien, il peut en disposer comme il le veut.

« Vous n'êtes pas riches, il est vrai ; mais vous n'en êtes que plus heureux, votre récompense n'en sera que plus grande. Vous me blâmez de vous avoir quittés parce que vous êtes pauvres. Croyez-vous que si vous eussiez été riches, vous m'eussiez laissé partir avec moins de regret ? Vous n'eussiez pas dit que je vous laissais dans la misère, mais que je déshonorais ma famille, que j'abandonnais de grands biens dont je pouvais jouir à mon aise, et vous m'eussiez accusé d'être insensé. Dieu ne considère pas tout cela ; il prend ceux qu'il lui convient. Ainsi quand il fit choix de ses apôtres, il rencontra deux frères qui s'occupaient à pêcher, et il leur dit : « Suivez-moi, » et aussitôt ils quittèrent tout et le suivirent. Un peu plus tard il rencontra un pauvre vieillard, nommé Zébédée ; c'était un homme qui n'avait pour vivre que le fruit de sa pêche, il était occupé à raccomoder ses filets avec ses deux enfants. Jésus dit à ces derniers de le suivre, et ces deux hommes laissent sur le champ leur barque, leurs filets et leur père pour marcher à sa suite. Quelques jours après il passa devant le bureau d'un riche publicain nommé Mathieu, qui était occupé à recevoir l'argent des impôts. Il lui dit : « Venez et suivez-moi. » A l'instant même le publicain abandonne son comptoir et son argent et marche à la suite de Jésus. Que peut donc avoir cette voix de Jésus pour attirer ainsi les gens ? Est-ce une voix qui promet de grandes richesses, de grands biens ? Oh ! non. Ecoutez ce qu'il répond lui-même à un homme riche qui voulait tout quitter pour aller avec lui, mais que Jésus n'avait point appelé : « Les renards ont des tanières et les oiseaux du ciel, des nids ; mais le Fils de l'Homme n'a pas même où reposer la tête. » Est-ce une voix redoutable, une voix impérieuse qui se fait obéir au premier son ? Est-ce une voix imprimant la crainte et l'épouvante dans les cœurs, de manière que personne n'ose lui résister ? Oh ! non, chers parents, il n'en est point ainsi. La voix de Jésus est une voix pleine de douceur et de tendresse ; c'est un son plus mélodieux que celui d'une lyre ; c'est une parole qui va droit au cœur ; et quand on a le bonheur de l'entendre, il est impossible de résister à ses charmes. Toutes les joies, tous les plaisirs de la terre, toutes les richesses, tous les biens ne sont rien quand on entend cette aimable voix. La musique la plus harmonieuse, fut-elle aussi douce que celle des anges, n'est pas capable d'entraîner comme cette voix divine. C'est une voix qui ne fait point de bruit ; elle est modeste ; elle est paisible ; mais elle sait toucher les fibres du cœur, et il faut lui obéir. Quoi ! les apôtres ont tout abandonné aussitôt qu'ils l'ont entendue, ainsi que vous pouvez le voir vous-mêmes dans le Nouveau Testament ; elle a conduit les martyrs à la mort, les religieux dans les cloîtres, les saints anachorètes au milieu des plus affreux déserts, ainsi que vous pouvez le voir dans l'histoire de l'Église de mon bon frère Jean ; et moi, qui l'entends depuis ma plus tendre jeunesse, moi à qui mon doux Jésus parle depuis si longtemps, moi qu'il appelle sans cesse, j'hésiterais un instant à le suivre ? A Dieu ne plaise que je tarde davantage ! Et vous, chers parents, vous qui m'accusez en ce moment d'ingratitude et de cruauté, vous ne voyez donc pas que si je resistais à cette voix je ferais pour toujours votre malheur et le mien ?

« En effet, je suppose que je fusse de nouveau entré au Grand-Séminaire d'Angoulême ; puisque ce n'est pas là que Dieu me veut, il m'aurait été impossible d'y demeurer. J'aurais eu toute ma vie cette voix de la conscience qui s'élève en chacun de nous, qui n'aurait cessé de me tourmenter et de me dire : « Tu as manqué ta vocation, Dieu ne t'appelle pas ici, tu seras réprouvé puisque tu n'obéis pas aux ordres de Dieu ; tu seras damné pour toujours. » Croyez-vous qu'avec cela il m'eût été possible de réussir ? Un prêtre ne peut travailler à la théologie, qui est la science de Dieu, sans un secours particulier de la grâce divine ; il lui est même impossible, sans cette grâce, de travailler avec fruit à quelque ouvrage que ce soit. Eh bien! puisque je n'aurais pas écouté la voix de Dieu, puisque je ne lui aurais pas obéi en demeurant au Grand-Séminaire d'Angoulême, il ne m'aurait point donné cette grâce. Il m'aurait donc fallu quitter la soutane pour retourner dans le monde. Mais dans le monde, il faut aussi le secours de Dieu pour être vertueux. J'aurais donc encore été abandonné à moi-même ou plutôt aux remords de ma conscience, et je n'aurais pu devenir qu'un mauvais sujet. C'est ainsi qu'il n'est pas rare de voir des jeunes gens qui ont été autrefois dans les séminaires, et qui en sont sortis malgré l'appel de Dieu, devenir cent fois pires que les autres. Il n'y a point de milieu : il faut être à Jésus-Christ ou au démon. Dès qu'on abandonne Dieu, on tombe sous l'empire de Satan. Et si j'étais devenu prêtre dans la Charente malgré la volonté de Dieu, voyez ce qui serait arrivé : sans l'aide de Dieu dans ma paroisse, je n'aurais pu être qu'un prêtre de Lucifer. Combien d'âmes j'y aurais perdues ! combien par ma faute auraient été précipitées dans l'enfer ! Comptez-les, si vous pouvez ! Pour moi cette pensée me fait frémir !... Et dans un tel état, aurais-je été bien disposé à vous secourir ? J'en doute fort. J'aurais au contraire été le déshonneur d'une famille, qui, jusqu'ici a pratiqué la vertu, d'une famille que Dieu aime. Si je n'avais manqué ma vocation que pour vous contenter, jugez combien vous auriez dû éprouver de chagrin et de repentir d'avoir été ainsi la cause de tant de malheurs.

« Il est donc bien important d'examiner ma vocation. Jusqu'ici j'ai cru que Dieu m'appelle dans les missions étrangères. Si je ne craignais pas d'être trop long, je vous raconterais comment cela s'est fait. Ce sera pour une autre lettre. Je suis venu à Paris pour achever d'étudier ma vocation et savoir décidément quelle est la volonté de Dieu sur moi.

« Si dans deux ou peut-être trois ans (car je recommencerai cette année ma théologie par le commencement), il faut que je parte, je partirai. Ne vous effrayez point de cela. On se représente en général les missions tout autrement qu'elles ne sont en réalité. Il y a un peu plus de peine, il est vrai, que dans son propre pays, parce qu'il faut s'habituer à parler une nouvelle langue, à vivre d'une autre manière. Il faut souvent passer des journées tout entières à confesser des personnes qui n'ont pas vu de prêtre depuis fort longtemps. Il faut tâcher d'instruire les nouveaux chrétiens à qui les catéchistes souvent n'ont pu apprendre que fort peu de chose, et de là, aller plus loin en faire autant. Quelquefois il arrive bien qu'on est insulté ou maltraité par ceux qui ne sont pas chrétiens; mais cela n'est-il pas partout? Si Napoléon ne gouvernait pas comme il fait, croyez-vous que les prêtres seraient bien plus en sûreté en France? Il est vrai que dans la Chine, avant que la paix fût faite, les gouverneurs s'opposaient à la prédication de la religion catholique. Il y a eu même quelques missionnaires tués. On en a beaucoup parlé, et l'on ne dit rien de ceux qui demeurent en vie. Il en est comme des chemins de fer où les ignorants ne veulent point monter, parce qu'il est arrivé quelquefois à deux locomotives de se rencontrer. On ne parle point de la joie avec laquelle un missionnaire en faisant sa ronde est reçu dans les familles des chrétiens. Il est vrai que le plus souvent tout y est pauvre; on n'a point de belle église; souvent on n'en a pas du tout, on est obligé de se servir des ornements qu'on apporte avec soi, en voiture, à cheval, sur un chameau ou à pied, comme l'on peut; mais cela n'empêche pas d'éprouver de la consolation en instruisant des personnes qui vous regardent comme un ange, et vous aiment de tout leur cœur, tant elles sont affligées de vivre au milieu d'un peuple qui ne pratique pas la religion, faute de ministre. Encore une fois, chers parents, ne vous effrayez pas. Lorsqu'on parle d'aller en Chine il semble que l'on va droit à la mort. Ce n'est pas du tout cela, on y va pour instruire un peuple ignorant, gagner des âmes à Dieu et voilà tout. D'ailleurs le séminaire des Missions Etrangères établi à Paris n'a que quelques contrées dans la Chine. Le Souverain-Pontife ne lui en a accordé, je crois, que deux ou trois. Il en a dans la Corée et dans d'autres pays, mais surtout dans les Indes. Ainsi, quoique destiné aux missions, il pourrait bien se faire que je n'allasse pas en Chine. Si j'étais entré dans une autre Maison, par exemple chez les Jésuites, chez les Lazaristes, chez les Dominicains, chez les Oblats de Marie, etc. etc., vous auriez été peut-être plus contents. Ce n'est que le nom de *Missions Etrangères*, qui vous fait de la peine. C'est justement le séminaire des Missions Etrangères que j'ai choisi parce qu'il doit au contraire vous faire moins de peine, et voici pourquoi : dans ces maisons de religieux on fait le vœu d'obéissance. On est obligé d'aller où le supérieur commande, prêcher en France si on en reçoit l'ordre, dans les pays étrangers si le supérieur le veut, enseigner dans un établissement, collége ou séminaire, enfin faire toujours ce que le supérieur ordonne. De plus, on y fait le vœu de pauvreté, tandis qu'ici on ne fait point d'autres vœux que ceux que font ordinairement les prêtres. Si pendant son séminaire on ne se croit pas appelé à être missionnaire, on retourne chez soi. Si après dix ou douze ans de travaux dans les missions on veut revenir, on est encore libre. On peut rentrer dans son diocèse ou rester au service de la Maison. Nos directeurs sont tous d'anciens missionnaires revenus des pays étrangers. Si donc je reconnais dans deux ou trois ans que Dieu me veut réellement dans les missions, je suis prêt à partir. Si au contraire, je reconnais que ce n'est pas ma vocation, je retournerai prêtre dans le diocèse d'Angoulême, ainsi que Mgr Cousseau me l'a dit lui-même. Vous allez peut-être me dire : « Mais Dieu n'est pas menteur. S'il t'a inspiré depuis si longtemps l'idée d'être missionnaire, s'il t'a déclaré que c'est ta vocation, il veut bien que tu le sois ; ce n'est pas pour te tromper, tu peux donc savoir dès maintenant si c'est ta vocation ou non. » C'est vrai, chers parents, ce que vous dites là est juste. Dieu est bon et ne saurait tromper. Par conséquent je devrais me fier à ses inspirations même sans attendre plus longtemps et sans consulter d'autres directeurs particuliers. Mais qui vous dit que ce n'est pas pour m'éprouver que Dieu agit de la sorte ? Il m'a peut-être demandé de venir ici afin de voir si je l'aimais mieux que vous, si j'étais prêt à vous abandonner pour obéir à ses ordres, si j'étais prêt à renoncer non pas aux biens de la terre, puisque je n'en ai pas, mais à l'espoir d'en acquérir ? Il a peut-être voulu voir si j'aurais assez de confiance en lui pour vous abandonner aux soins de sa Providence et le laisser vous rendre heureux ou malheureux selon qu'il sera meilleur pour vous. Ne savez-vous pas qu'il éprouve ceux qu'il aime ? Job, qui était si riche, perdit ses biens par des malheurs successifs envoyés par la main de Dieu. Il était devenu tellement pauvre qu'il n'avait plus rien. Ses amis l'insultaient, ses proches l'abandonnaient. Cessait-il pour cela de mettre sa confiance en Dieu ? « Je suis sorti nu du sein de ma mère, dit-il, je retournerai nu dans le sein de la terre. Le Seigneur m'avait tout donné, il m'a tout ôté. Que son saint nom soit béni ! » Aussi sa foi fut-elle largement récompensée non-seulement au ciel, mais même sur la terre, puisqu'il devint beaucoup plus riche qu'il n'était auparavant. — Abraham n'avait qu'un fils, l'espoir de sa race ; il l'aimait plus que lui-même. Dieu lui ordonna de le tuer sur un bûcher. Quelque pénible et quelque dénaturée que parût cette action, quelque dur que fût cet ordre, Abraham ne raisonna point, et il se hâta d'obéir à la voix de Dieu. Il avait déjà levé le poignard pour égorger son fils, quand un ange lui arrêta le bras et lui dit que c'était assez, que Dieu connaissait sa fidélité et le récompenserait par une longue postérité.

« Qu'y aurait-il donc de surprenant, chers parents, que Dieu ne m'eût envoyé ici que dans le dessein de m'éprouver ? S'il m'arrête au moment où je me disposerai à partir, si mon sacrifice lui suffit avant d'être achevé, et s'il me faut revenir dans la Charente, je bénirai sa souveraine bonté. En un mot, quoiqu'il arrive, je lui dirai toujours : *Que votre volonté soit faite sur la terre comme au ciel.* Tels doivent être aussi vos sentiments, chers parents. Vous ne pouvez peut-être pas comprendre ce que je vous dis, maintenant que la douleur vous accable ; j'espère que vous le comprendrez plus tard. Je vous le répète donc, je ne désire qu'une chose c'est que vous vous efforciez de prendre cela en esprit de foi et de résignation.

« Vous m'avez témoigné le désir de trouver mes lettres plus longues. Celle-ci, je l'espère, ne vous paraîtra pas trop courte : elle le sera cependant si je songe à tout ce que j'aurais encore à vous dire. Jusqu'à ce que les vacances soient terminées j'aurai le temps de vous écrire de longues lettres. Mais ensuite il ne me sera pas aussi facile de le faire. Et même pendant les vacances, je ne puis guère vous écrire que lorsque je suis à Paris, car à la maison de campagne où nous allons à tour de rôle passer une semaine entière, il n'est guère facile d'écrire longuement. Enfin, je ferai toujours mon possible ; ce ne sont pas les pensées qui me manquent.

« Veuillez s'il vous plaît remettre à M. le curé le petit mot que vous trouverez ci-joint.

« Adieu, chers parents, adieu, chers frères, soyez persuadés que je vous aime toujours avec la plus vive et la plus véritable affection.

« Votre tout affectionné fils.

« AUMAÎTRE. »

Voici le billet adressé à M. le curé de Couture :

« Monsieur le Curé,

« J'ai reçu de mes bons parents une lettre que j'attendais avec impatience et dans laquelle ils me disent qu'ils ne voient presque personne, tant ils sont chagrins. Je vous en supplie, daignez donc, s'il vous plaît, leur faire quelques visites, afin de les distraire un peu, et de les habituer à ne pas fuir les gens, de peur d'être obligés de leur parler de moi. Dieu vous récompensera de ces visites pénibles pour vous sans doute, et fort peu agréables à mes bons parents peut-être, mais elles ne laisseront pas que de leur être fort utiles.

« Je suis avec respect, Monsieur le curé, votre très-humble serviteur.

« AUMAÎTRE. »

« Je vous prie d'avoir la bonté de m'excuser si je vous écris de la sorte (1). »

On se tromperait grandement si on allait croire que ces chagrins domestiques ôtassent à M. Aumaître sa paix et sa joie intérieure et l'empêchassent de se bien habituer à sa nouvelle vie. Il avait l'âme trop fortement trempée pour se laisser abattre. Aussi, peu de temps après, pouvait-il écrire à sa marraine : « Je suis parfaitement habitué, et, pour le moment, je n'ai d'autre inquiétude que l'état de mes chers parents, et surtout de mon père qui a été malade (2). »

Et d'ailleurs les exemples qu'il avait sous les yeux

_____

(1) A M. Dusser, sans date.
(2) 31 décembre 1859.

étaient bien de nature à fortifier son cœur. Ces exemples lui venaient d'abord de ses maîtres. Quelques-uns, vétérans des missions, portaient sur leur corps les traces glorieuses des maux endurés pour la foi. Quelle éloquente prédication ! C'était ensuite le souvenir de cette phalange de martyrs élevés au séminaire des Missions Étrangères ; puis les instruments de leur supplice, leurs ossements si humiliés par les bourreaux, mais commençant à tressaillir de l'honneur qu'on leur rend déjà, et de la gloire qui se prépare pour eux dès ici-bas. Que d'éloquence dans cette salle des martyrs ! Comme le futur missionnaire s'y sent à l'aise ! M. Aumaître y trouvait ses délices. Plus d'une fois il y conduisit les amis qui venaient le voir. Un jour, ce fut madame de Saluces ; un autre jour, ce fut un de ses condisciples de Richemont, comme lui venu à Paris, mais pour y achever ses études de droit. Après lui avoir montré les différents instruments de supplice, dont la vue seule fait frémir : « Que je serais heureux, mon cher Monsieur Trouillier, lui dit-il, si de pareils instruments pouvaient un jour me servir ! » Et son visage, à cette espérance du martyre, rayonnait d'une céleste joie.

Les reliques de la salle des martyrs n'étaient pas les seules qu'il aimât à visiter. La châsse de saint Vincent-de-Paul l'attirait également. C'était comme une affection de famille. « J'ai sucé à Angoulême, nous écrivait-il, le lait de cet aimable saint, et ce n'est pas assurément ici que je cesserai de le faire ;

car saint Vincent est un modèle achevé du missionnaire, comme de l'homme de charité (1). »

Voilà le milieu dans lequel allait vivre M. Aumaître
au séminaire des Missions Étrangères. Le règlement
et les études sont à peu près les mêmes que dans
tous les séminaires. On n'y étudie point les langues
étrangères. Rien d'étonnant qu'il s'habituât vite à sa
nouvelle vie. Puis il se trouvait avec des condisciples
si bien faits pour l'attacher ! Ecoutons-le nous les
faire connaître lui-même :

« En arrivant ici, je pensais ne trouver que de
nouveaux confrères forts, robustes, entreprenants,
des soldats plutôt que des prêtres, et j'ai été tout
surpris de rencontrer en eux une aimable douceur
jointe à une grande gaîté. Il y en a parmi eux qui
sont très-avancés dans la spiritualité et que je tiens
pour de grands saints. Au premier abord, ce sont
ceux que j'aurais cru les moins pieux. Ils ne font au
dehors presque aucun acte qui les fasse remarquer
parmi les autres, aucune mortification extérieure.
L'esprit du règlement est, en effet, qu'on soigne bien
son corps et encore plus son âme. Pour les mortifications intérieures, en font-ils beaucoup ? Je n'en sais
rien, mais leur conduite ne permet pas d'en douter.
Je me plaisais bien au séminaire d'Angoulême, j'aimais beaucoup mes confrères. Je vous avouerai, mon
cher ami, que je me plais encore mieux ici. Il y a,

____

(1) 25 juin 1862.

parmi nous, plus de fraternité, plus de cordialité, plus de simplicité dans les rapports. Il faudrait qu'un confrère eût été bien blessé pour paraître fâché. Cela s'explique facilement, si l'on considère que tous ceux qui sont ici n'y sont venus qu'après avoir vaincu bien des difficultés de la part de leur famille et s'être particulièrement exercés à la pratique de la vertu, aux petites contrariétés, aux petites mortifications, dans la pensée qu'ils en auront de plus grandes en mission. Il est même à remarquer que ceux qui ont éprouvé le plus de peines sont les plus fermes. Un de nos bons directeurs accueillait un nouveau séminariste : « Vos parents ont-ils mis opposition à votre départ, lui demanda-t-il ? » — « Oh ! beaucoup, Monsieur, ils auront bien de la peine à s'y faire. » — « Bon ! tout n'en ira que mieux. » Cette règle, mon cher Monsieur Sarrazin, est presque générale. Il y a quelque fois des séminaristes qui viennent ici avec l'imagination exaltée, parlant beaucoup, ayant l'air décidés à tout, prêts à donner pour les âmes jusqu'à la dernière goutte de leur sang. Dieu, je n'en doute pas, tient compte de leur bonne volonté ; mais je crois qu'il les envoie plus pour leur propre instruction que pour le besoin des Missions Étrangères ; car, n'ayant pas l'esprit de la maison, n'ayant point comme le demande M. le Supérieur, *l'énergie et la bravoure du soldat cachées sous la simplicité et la modestie d'une jeune fille*, ils ne tardent pas à se faire une tout autre idée du ministère qu'ils avaient rêvé et à nous tourner les talons. Ces beaux mots de *missionnaire* et d'*apôtre* sonnent bien de loin ; de près, c'est autre chose (1). »

Outre les vénérables directeurs et les bons confrères dont nous venons de parler, M. Aumaître eut, pour adoucir son séjour aux Missions Etrangères, des visites fort agréables. Mgr Cousseau ne manqua jamais, lors de ses passages à Paris, de l'aller voir. Puis, quelques-uns de ses anciens condisciples lui donnèrent la même joie. En sorte qu'il put écrire en toute vérité à Madame Desmiers de Chenon : « Je croyais ne voir personne de ma connaissance à Paris, et je reçois plus de visites qu'à Angoulême. Outre un séminariste de mon cours, qui est chez les Lazaristes, M. Richette, je vois quelquefois le neveu de M. Dubuis-sonnet, M. Bardon, qui est dans le commerce, et a, je crois, l'intention de reprendre la soutane. Je vois encore M. Maratu, le frère de l'ancien secrétaire de Mgr l'évêque d'Angoulême et deux autres condisciples de Riche-mont, eux aussi étudiants en droit, MM. Trouillier et Cavrois, l'un d'eux vient se confesser fréquemment à notre professeur de morale. Ainsi, je vois de mes camarades sans sortir du séminaire (2). »

Les vacances étaient un temps propice à la corres-pondance de M. Aumaître. La longue lettre qu'on a lue plus haut fut bientôt suivie d'une autre non moins

(1) A M. Sarrazin, 18 septembre 1860.
(2) 29 avril 1860.

intéressante. On y voit les pieuses industries de son cœur pour instruire et consoler sa famille.

« Paris, le 2 octobre 1859.

« Chers parents,

« J'ai reçu la lettre que vous m'avez envoyée en date du 26 septembre, et dans laquelle vous m'exprimez combien vous êtes encore tristes et combien vous souffrez. J'espérais que vous me donneriez de meilleures nouvelles que dans votre précédente lettre, et c'est tout le contraire. Je suis sans cesse à me demander pourquoi Dieu vous afflige tant, pourquoi vous n'êtes pas encore consolés. Et jamais je ne puis me faire d'autre réponse que celle-ci : Dieu agit comme un ami sage et prudent, il se plaît à éprouver ceux qui l'aiment, afin de voir s'ils l'aimeront toujours, si leur amitié n'est point fausse ou du moins imparfaite. Oui, chers parents, il veut voir si vous l'aimez seulement quand il vous fait du bien, ou si vous l'aimez réellement parce qu'il est aimable. Vous ne savez donc pas ce que c'est que l'amitié ?

« Quand je veux prier d'une façon particulière pour vous, je ne puis plus me décider à demander à Dieu de vous envoyer une prompte consolation, parce que chaque fois que je fais cette demande, il me semble entendre Jésus-Christ me répondre : « Mon fils, vous ne savez pas ce que vous me demandez en me priant de rendre vos parents heureux dès aujourd'hui. Vous êtes comme ces petits enfants qui voudraient toujours

5.

avoir des bonbons et des sucreries, quoique tout cela soit nuisible à leur santé. Laissez-moi, je sais ce que je dois faire. Un soldat qui a passé tout son temps à chanter, rire et boire avec ses camarades, et qui connaît mieux le cabaret que le champ de bataille, mérite-t-il d'être décoré ? Non. Pour avoir de l'honneur, il faut avoir de la peine. Pour obtenir une croix, il faut avoir combattu vaillamment, il faut avoir méprisé le feu et fait peu de cas des petites blessures. Plus on s'est exposé, plus on a eu de peine et de courage, et plus on est digne de récompense. S'il n'y avait pas eu de guerre, Mac-Mahon serait-il maintenant Maréchal ? Il en est ainsi de vos parents. S'ils n'avaient pas à combattre la douleur et à souffrir pour moi, je ne pourrais pas leur accorder une couronne. Si je le faisais, ce serait injustement, puisqu'ils ne l'auraient pas méritée. Ne me priez donc plus, afin que je leur envoie une prompte consolation ; mais priez afin qu'ils puissent croire que c'est moi qui les afflige, parce que je les aime. Priez afin qu'ils cherchent en moi, et seulement en moi, leur consolation et que leur douleur tourne à leur avantage. Votre père ne veut pas croire que je sois capable de le guérir de son chagrin ; priez afin qu'il puisse venir à moi. Il n'en est point ainsi de votre mère. Votre séparation la fait grandement souffrir, mais elle cache sa douleur et n'en parle qu'à moi. Elle cherche même à consoler ceux qui paraissent plus tristes qu'elle. Aussi, sa récompense sera grande. Pour vos frères et vos sœurs, quelques-uns me prient avec quelque confiance ; mais pas assez. Quand tous seront disposés à m'aimer parfaitement, ô mon fils, alors ils éprouveront moins de tristesse. J'ai bien souffert pour eux du froid en naissant dans une crèche, des peines en suant sang et eau au jardin des Oliviers, des tourments en portant sur ma tête une couronne d'épines et sur mes épaules une lourde croix ; j'ai été même jusqu'à mourir pour eux. Pourquoi donc, s'ils sont un peu reconnaissants, s'ils ont un peu d'amour pour moi, refusent-ils de supporter l'affliction que je leur envoie ? Mon fils, ne vous inquiétez donc plus si je fais souffrir vos parents en vous séparant d'eux ; j'aimais bien Marie, ma mère, et Joseph, mon père nourricier, et cependant, voyez si j'ai voulu les rendre heureux ? Moi qui changeais l'eau en vin aux noces de Cana, moi qui guérissais les malades, faisais voir les aveugles, marcher les boiteux et parler les muets, moi qui rendais même la vie aux morts, il m'eût été facile d'enrichir ma sainte Mère et saint Joseph, il m'eût été facile de les combler de joie pendant toute leur vie. Voyez cependant si je l'ai fait. Après avoir pris bien de la peine à m'élever, après avoir été obligés de fuir en Egypte, afin que le roi de la Judée ne me fit pas périr, après m'avoir ramené à Nazareth et m'avoir instruit, ils ont eu la douleur de me voir quitter leur pauvre maison pour aller prêcher et souffrir. Quand Marie m'a vu couvert de crachats et succombant sous le poids de ma croix, quand elle a vu mon corps en lambeaux, quand elle m'a vu expirer sur le mont du Calvaire, devait-elle être bien joyeuse ? Elle souffrait de me voir souffrir, chaque coup qu'on me donnait, elle le ressentait dans son cœur. Et cependant elle a été ferme et courageuse. Elle a pleuré beaucoup ; mais elle m'offrait ses larmes : et ainsi elle a pu trouver la consolation. Au milieu de tant de souffrances, ai-je fait quelque chose pour remédier à ses douleurs ? Non. J'ai voulu permettre ces souffrances, afin que Marie et Joseph, qui prirent part à mes maux, eussent aussi part à mon bonheur et à ma gloire. Oh ! comme ils sont heureux aujourd'hui d'avoir eu quelque chose à souffrir ! comme ils sont joyeux au ciel ! comme ils sont glorieux ! Pendant qu'ils vivaient, ils étaient inconnus ; et maintenant toute la terre chante leurs louanges, toute la terre les invoque et est pleine d'admiration pour eux ! Ainsi, mon fils, ne me demandez donc point de consoler tout de suite vos parents. Je sais le moment propice pour le faire. Demandez-moi plutôt de leur accorder la grâce de prendre leur affliction en esprit de foi et de résignation, et alors la douleur sera pour eux une véritable source de joie. »

« Dans mes prières désormais, chers parents, je dirai donc à Dieu de faire comme il lui plaira. Je répéterai toujours : *Que votre volonté soit faite sur la terre comme au ciel.* Je mets ma confiance en lui, et je suis sûr qu'il vous consolera, et que, de plus, vous serez contents que je sois entré aux Missions

Étrangères. Cela n'est point nouveau au séminaire. Hier, je m'entretenais encore avec un confrère qui est parti en laissant aussi toute sa famille dans la désolation. Il a invoqué saint Joseph, et il a été exaucé : tellement que son père, qui est venu, il y a trois semaines, à Paris, était non-seulement enchanté de le voir dans notre sainte maison, mais il aurait donné bien des choses pour y voir aussi un autre fils qu'il avait avec lui. Il en est ainsi de presque tous les parents. Quand cela arrivera-t-il pour vous ? Je n'en sais rien. Tout ce que je sais, c'est que vous vous consolerez, si vous aimez Dieu parfaitement, et que vous serez un jour contents de la vocation à laquelle Dieu m'appelle. C'est la prière que je fais pour vous avec quelques confrères qui s'unissent à moi, et nous prierons jusqu'à ce que Dieu nous exauce. S'il faut prier quinze jours, nous prierons quinze jours, s'il faut prier un mois, s'il faut prier un an, deux ans, dix ans, nous nous conformerons à sa sainte volonté, persuadés qu'un jour ou l'autre il nous exaucera, puisqu'il a dit : « Demandez, et vous recevrez ; frappez, et l'on vous ouvrira. — Tout ce que vous demanderez à mon Père en mon nom vous sera accordé. »

« Si tu trouves trop pénible de m'écrire, cher père, ne te gêne point, j'aime mieux être un peu dans l'inquiétude que de t'affliger davantage. Si quelqu'un de mes frères ou de mes sœurs m'écrivait à ta place, j'en serais bien content.

« Quand tu seras triste et désolé comme tu me le dis d'une manière si touchante, au lieu d'aller dans les champs, je t'engage à aller à l'église. Tu demanderas la clef à M. le curé. Là, tu commenceras par te persuader que Jésus-Christ est présent dans le Tabernacle, qu'il t'entend, qu'il t'écoute. Alors tu lui exposeras toutes tes raisons, tu te plaindras, tu lui demanderas pourquoi il m'inspire une telle idée, ce que tu as fait pour qu'il t'enlève ainsi un fils que tu aimes, et dont tu es aimé bien tendrement. En un mot tu feras comme si tu parlais à quelqu'un qui t'eût causé quelque dommage. Seulement il faut le faire avec respect. Puis tu demeureras tranquille comme pour écouter la réponse. Alors tu entendras ou plutôt tu n'entendras pas, mais il te viendra à la pensée de bonnes idées, qui répondront fort bien à ce que tu auras dit, et qui te consoleront. Tu crois peut-être cela difficilement, cher père ? Tu n'as qu'à essayer, et je puis t'assurer, surtout si ta conscience est tranquille, surtout si tu n'as aucune faute à te reprocher, je puis t'assurer que c'est la vérité. Je te parle, et tu peux croire que je ne voudrais pas mentir pour bien des choses. J'ai souvent fait pour moi l'expérience que je te propose, je le répète : *avant tout il faut croire.*

« Les vacances sont finies et nous commençons une retraite ce soir pour nous disposer à bien travailler. »

Sitôt après cette retraite, où M. Aumaître avait retrempé son âme, il se remit au travail. L'organisation des cours de théologie l'obligea à revoir ce qu'il avait étudié l'année précédente à Angoulême. Ce retard dans ses études devait se faire sentir dans son avancement aux Ordres et par conséquent aussi dans son départ pour les missions. Loin de s'en plaindre, il nous écrivait : « Ce retard me fait beaucoup de bien. Vous ne sauriez croire, mon cher ami, combien je trouve ce temps précieux, non-seulement pour ma théologie, que je revois avec un charme tout autre que la première fois ; mais encore et surtout pour mon avancement dans la vie spirituelle (1). »

A Paris pas plus qu'à Angoulême, ses occupations de bon séminariste ne lui firent oublier ni ses parents, ni ses amis. C'était pour lui un sacrifice bien pénible de ne pas recevoir de leurs nouvelles comme il l'eût désiré ; d'être des mois entiers, une fois plus de huit mois, sans qu'il lui en vînt, au moins directement, de sa famille (2). Il avait soif aussi d'écrire à ses amis d'Angoulême, et la nécessité l'obligeait à y renoncer presque entièrement. Pour se consoler, il renouvelait son contrat de l'hymne du saint Nom de Jésus ; il envoyait quelques images à ses chers confrères, et s'offrait à être leur commissionnaire à Paris. « Considérant moi-même, nous disait-il, et d'après quelques avis reçus, *qu'en général* j'écrivais beaucoup trop, j'avais pris la résolution en entrant ici de n'écrire

(1) 27 mars 1861.
(2) A ses parents, 25 août 1861.

que le moins possible. Quelques confrères m'ayant donné de leurs nouvelles, je les ai priés de ne point faire connaître mes réponses, afin que d'autres n'eussent pas aussi l'envie de m'écrire. C'est bien malgré moi que j'ai agi de la sorte. Bien des fois j'aurais été heureux de recevoir et de donner des nouvelles, de m'entretenir à cœur ouvert avec tant et de si bons condisciples et confrères. Vous devez comprendre, mon bien-aimé Léandre, que mes études en auraient souffert et qu'il m'aurait été difficile de trouver assez de temps pour faire un grand nombre de lettres. Le temps cependant n'est pas encore le plus grand obstacle. Quelque pressé que l'on soit, on peut toujours trouver un petit instant pour épancher son cœur dans le cœur d'un ami. La plus grande difficulté pour moi, qui ne reçois point d'argent de mes parents, c'est l'affranchissement des lettres. Ici on nous donne tout ce qui nous est nécessaire, sauf des timbres-poste, pour éviter l'abus qu'on pourrait en faire. Et l'on a raison ; car, pour mon compte, j'en dépenserais bien plus que je ne fais s'ils nous étaient donnés. Veuillez donc, s'il vous plaît, exposer ces raisons aux bien-aimés confrères qui se plaindraient de mon silence. Persuadez-les que je ne les en aime pas moins pour cela. C'est pour moi un petit sacrifice que de ne pas m'entretenir avec eux ; mais ce sacrifice est pour le bon Dieu. J'en aurai bien d'autres à lui offrir ; puissent-ils lui être agréables !

« Je prie aussi pour vous de temps à autre, pour

mes confrères d'Angoulême et mes condisciples de Richemont, ainsi que pour tous mes professeurs et directeurs. Je vous avouerai, cependant, mon cher ami, que je prie bien moins pour chacun en particulier que je ne le faisais autrefois. Jadis je me promettais monts et merveilles, je voulais garder jusqu'au plus profond de mon cœur le souvenir et l'amitié de tout le monde. Je reconnais bien aujourd'hui, mieux que jamais, la vérité de cette divine parole : *spiritus quidem promptus* (1). Le temps, la distance, me font voir que je suis comme les autres hommes. Je veux bien penser encore à tel et tel ; mais peu à peu j'y pense plus rarement, et quelquefois pas du tout. C'est donc une bonne idée que vous avez de me proposer l'hymne *Jesu dulcis*, afin que, la récitant par une quasi-obligation, je prie avec vous au moins tous les ans ; j'accepte avec plaisir cette proposition, pourvu que M. Landreau en soit aussi. Toutefois, connaissant la faiblesse humaine, je ne m'y engage pas comme à un vœu.

« Je vous remercie de la belle gravure que vous avez bien voulu m'envoyer. Ce sont de petites choses en elles-mêmes que les gravures, cependant elles servent beaucoup à soutenir la pauvre mémoire et le sentiment dans leur faiblesse. Je vous envoie aussi une petite image de la Sainte-Vierge, avec les noms de quelques-uns de nos vénérables martyrs et quatre

____

(1) L'esprit est prompt.

gravures de M. Schœffler. Vous les partagerez entre MM. Landreau, Perissac, Delage (1) et vous. Je voudrais en avoir davantage et en donner à tous ceux de ma connaissance ; mais je n'ai que celles-ci pour le moment.

« Si vous ou quelques autres confrères vous désiriez acheter des gravures ayant rapport aux vénérables martyrs, je vous indiquerais où elles se trouvent. Je me chargerais même de les acheter, et de vous faire profiter des remises plus fortes que nous avons.

« Ce que je dis pour les gravures non-seulement des martyrs, mais de toute espèce, je le dis aussi *pour toute autre commission* que vous ne pourriez pas faire aisément par lettre. Je serai heureux d'être utile à mes chers confrères, et, si je ne puis pas écrire à tous comme je le voudrais, au moins j'aurai la consolation de leur prouver que je ne les oublie pas malgré mon silence. Je ne poserai qu'une condition, c'est que je ne voudrais pas être obligé de faire la dépense d'un sou, par une raison fondée sur un axiome philosophique ainsi conçu : *Nemo dat quod non habet* (2). »

Malgré les peines que nous venons de dire, M. Aumaître ne perdait point sa paix intérieure. C'est qu'il savait aller au foyer qui la produit, l'amour de Dieu

(1) M. Delage, maintenant curé de Saint-Angeau.
(2) Nul ne donne ce qu'il n'a pas. — 27 mars 1861.

alimenté par la prière et la communion. Si « une étincelle d'amour de Dieu est capable de soutenir un cœur durant toute l'éternité (1), » comment le feu qui consumait le sien, ne l'eût-il pas rendu heureux et fort contre la peine ? Tous ses efforts tendaient aussi à procurer à ses parents le même bienfait de la consolation et de la paix. « Si je ne puis, leur écrivait-il, vous être utile en essayant de vous consoler par mes paroles, je puis l'être d'une autre manière : c'est en priant pour vous. Dieu sait mieux que moi ce qu'il vous faut. Je suis persuadé qu'il exaucera les prières que je lui adresse pour vous chaque jour, et plusieurs fois le jour, et que vous vous trouverez à la fin guéris sans savoir pourquoi ni comment ; ou plutôt, comme je le désire, en reconnaissant que c'est Dieu qui vous soulage et qui permet tout ce qui vous arrive afin de le faire tourner à votre plus grand bonheur.

« Nous voici à la fête de tous les saints, j'invoquerai donc pour vous toutes ces âmes bienheureuses qui nous attendent au ciel, et j'invoquerai surtout les vénérables martyrs qui sont morts pour la foi de Jésus-Christ dans les pays étrangers, et dont on a rapporté les ossements ici. Chaque soir nous allons vénérer ces saintes reliques dans une chambre du séminaire, où elles sont exposées. Mais le jour de la Toussaint je prierai d'une façon toute particulière pour vous et pour tous mes parents qui sont morts,

(1) Bossuet, lettre 50ᵉ au maréchal de Bellefonds.

afin que nous puissions nous réunir tous dans la céleste patrie (1). »

Les derniers jours de l'année ne tardèrent pas à arriver. En bon fils qu'il était, il ne manqua point d'écrire à ses parents pour leur souhaiter bonne année. Nous n'avons pas cette lettre. Mais en voici une autre de la même époque : on ne la lira pas sans intérêt.

« Monsieur le Curé,

« Je ne veux point envoyer ma lettre de bonne année à mes chers parents sans vous exprimer aussi mes vœux. Que Dieu vous accorde une bonne et heureuse année et toutes les grâces qui vous sont nécessaires pour lui gagner des âmes. Pour tout dire en un mot, qu'il vous accorde ce qui peut vous être nécessaire pour sa gloire et pour votre salut. Après cela, je ne vois pas ce que je pourrais avoir encore à vous souhaiter. Si Dieu juge à propos de vous accorder le bonheur et la tranquillité sur cette terre, s'il veut qu'on vous fasse bâtir prochainement une fort belle cure, c'est son affaire. Comme cela n'est que secondaire, je ne le demande qu'en second lieu.

« Je n'écris pas à Donzac pour souhaiter la bonne année, parce que ce serait un peu agir contre ma pensée : j'aurais l'air de prier beaucoup plus qu'à

____

(1) A ses parents, 31 octobre 1859.

l'ordinaire pour cette pieuse et charitable maison (1) pendant ces premiers jours de l'an, et c'est tout le contraire. Je l'oublie un peu afin de prier davantage pour ceux auxquels je pense le moins pendant le courant de l'année.

« D'ailleurs elle ne perdra rien à cette espèce d'oubli ; car, pour elle et pour quelques autres maisons qui me sont chères, tous les jours de l'année sont des premiers jours de l'an. Cependant, Monsieur le Curé, si vous avez occasion d'aller à Donzac avant longtemps, vous voudrez bien être assez bon pour y offrir mes affectueux hommages et mes sentiments de reconnaissance. Je ne nomme personne, afin de n'être pas obligé de nommer tout le monde.

« J'ai été fort affligé en apprenant combien mon cher père avait été malade ; mais aussi j'ai été fort content d'apprendre qu'il avait eu le bonheur de recevoir la sainte communion.

« Je suis avec respect, Monsieur le Curé, votre très-humble serviteur.

« AUMAÎTRE (2). »

Pour procurer un peu de consolation à ses chers parents il ne se contentait pas de leur écrire ses bonnes et longues lettres, et de prier M. le Curé de les voir souvent, il mettait à contribution la piété de ses confrères d'Angoulême. Après avoir souhaité sa

____

(1) La famille Desmiers de Chenon.
(2) A M. Dusser, 31 décembre 1859.

4

fête à l'un d'eux, il ajoutait : « Dimanche prochain nous serons donc intimement unis, surtout au moment de la communion où la divine Eucharistie sera notre lien. Saint François-de-Sales, j'ose l'espérer, écoutera nos prières, il écoutera surtout les vôtres, mon cher ami, vous qui êtes particulièrement sous sa protection. Demandez-lui donc, s'il vous plaît, quelque chose pour moi aussi. Je désirerais, mon bon Monsieur Landreau, que vous lui demandassiez de consoler mes chers parents, qui sont encore affligés, et surtout d'accorder la guérison de mon cher père, qui est malade depuis quatre mois. C'est bien par l'intercession de votre saint patron qu'il convient de demander ces grâces à Dieu, puisqu'il sait par expérience combien il en coûte à un père de se séparer de son fils. Et, puisqu'il a supporté lui-même la maladie avec tant de patience, il doit aimer à obtenir cette même patience pour les autres (1). »

Il ne négligeait pas non plus la grande affaire de la conversion de son oncle, et, pour l'obtenir, il employait encore les mêmes armes.

« Cher oncle et chère marraine,

« L'année dernière je vous écrivais une lettre fort longue pour vous faire comprendre où se trouve le véritable bonheur, le seul que je dusse vous souhaiter au premier jour de l'an. Je priais Dieu de vous le faire connaître, et de vous le faire trouver pendant

(1) A M. Landreau, 27 janvier 1860.

le courant de l'année qui vient de s'écouler. Ce n'était point pour vous que je parlais, chère marraine, puisque vous avez quelquefois le bonheur de goûter les charmes dont j'indiquais les sources dans ma lettre de bonne année. Je m'adressais particulièrement à mon cher oncle. J'espérais qu'il me comprendrait. J'espérais que lui, qui se pique d'être juste envers les hommes, cesserait d'être injuste à l'égard de Dieu. Hélas ! mes espérances ont été trompées, et je suis encore à attendre, cher oncle, je suis encore à attendre avec le plus vif désir les étrennes que je vous demandais. Cependant je ne me décourage pas. Souvent je prie Dieu de vous éclairer, et surtout de vous donner assez de courage pour vaincre les difficultés et surmonter les obstacles que vous pourriez rencontrer dans l'accomplissement de votre devoir. Je ne vous écrirai point longuement cette année. Je crois que tout ce que je pourrais vous dire serait inutile. Il y a un moyen plus simple et plus efficace pour arriver à mon but : c'est de prier pour vous. Dieu, en exauçant ma prière, fera beaucoup plus que toutes mes paroles (1). »

Comment ne pas citer ce petit trait lancé comme à la dérobée, à la fin d'une autre lettre, et d'autant plus sûr d'atteindre son but : « Adieu, mon cher oncle, nous sommes au temps pascal ; du courage ! Adieu (2). »

(1) A Mme Guibet, 51 décembre 1859.
(2) A Mme Guibet, 25 avril 1860.

Au mois d'avril 1860, ses supérieurs le trouvèrent digne de se consacrer d'une manière irrévocable au service des autels. Ils l'appelèrent donc à recevoir le sous-diaconat. Grande joie pour lui, mais aussi aiguillon bien puissant pour sa ferveur et sa piété. Comprenant l'importance du pas qu'il allait faire, il demanda partout des prières. On est frappé de voir comment il savait pour cela stimuler le zèle de ses parents et de ses amis. A ses parents, par exemple, il disait : « Je crois, chers parents, vous avoir déjà expliqué ce qu'est le sous-diaconat : c'est un Ordre par lequel on se donne tout au service de Dieu en faisant vœu de ne jamais se marier et de réciter tous les jours le saint office du Bréviaire. Lors même qu'on ne serait jamais prêtre et que l'on quitterait la soutane après avoir fait ces vœux, on serait tenu de les accomplir comme si l'on demeurait dans l'état ecclésiastique. Vous devez comprendre par cela, chers parents, combien cette décision doit être prise avec réflexion. Priez donc pour moi, s'il vous plaît, afin que je ne reçoive pas cet Ordre indignement. Je serai heureux de réciter quelquefois pour vous le Bréviaire. Peut-être que lorsque je me serai consacré à Dieu, il écoutera mieux mes prières et m'accordera enfin, cher père, ta guérison que je désire si vivement. Priez pour moi, vous surtout, chère sœur et cher frère, qui allez recevoir bientôt le sacrement de la Confirmation. Le Saint-Esprit qui sera en vous, trouvera vos prières plus agréables que celles des autres, si vous avez soin de le recevoir avec de bonnes dispositions, avec un cœur pur et sans tache. Il en sera ainsi, j'espère, et c'est la demande que je fais pour vous à Dieu, spécialement pendant les neuf jours qui précèdent votre Confirmation. Le petit soufflet, qui vous sera donné, indique, vous le savez, que vous devez être disposés à souffrir toute sorte d'affronts et de tourments pour la défense de notre sainte foi. Ces tourments, j'ose l'espérer, ces affronts, ne seront pas grands pour vous, car vous n'aurez guère à supporter que les insultes des mauvais chrétiens, qui se moqueront de vous, en vous voyant mieux remplir vos devoirs qu'ils ne les remplissent eux-mêmes. Pour moi, il peut se faire que j'aie un jour à supporter plus de souffrances que vous, tant de la part des mauvais chrétiens, auxquels je serai obligé de rappeler leurs devoirs envers Dieu, que de la part des infidèles et des païens, auxquels j'annoncerai l'Évangile. J'ai donc plus que vous besoin du secours de Dieu. Priez, priez encore pour moi afin que je fasse honneur à la Confirmation que j'ai aussi reçue autrefois; que je puisse être bientôt un bon sous-diacre; plus tard un saint prêtre, gagnant des âmes à Dieu, priant pour vous et pour moi. Ainsi nous pourrons tous nous réunir au ciel, et y recevoir la récompense de nos prières (1). »

____

(1) 25 avril 1860.

A sa marraine, après avoir expliqué ce qu'on entend par *appel aux ordres* et au sous-diaconat en particulier, il ajoutait : « Priez, s'il vous plaît, ma bonne tante, afin que j'en approche dignement. Vous le voyez, c'est une affaire importante, puisque de là dépend non-seulement toute ma vie, mais encore mon sort dans l'éternité ; et non-seulement le mien, mais encore celui de plusieurs autres personnes. Car si je suis fidèle aux promesses et aux vœux que je vais faire à Dieu, si je suis plus tard un bon prêtre, combien d'âmes seront par moi conduites dans le paradis ! Si, au contraire, j'avais le malheur de ne pas vivre comme je le dois, combien seraient par ma faute privées de ce bonheur ! Ne vaudrait-il pas cent fois mieux que je ne fisse aucun vœu que d'en faire inconsidérément ? Encore une fois, priez donc, s'il vous plaît, pour moi (1). »

A Madame Desmiers de Chenon il demandait la même faveur : « Je suis appelé à participer à l'ordination qui aura lieu le 2 juin, samedi avant la Trinité. Plein de confiance en votre bonté et encouragé par la bienveillance que vous m'avez toujours témoignée, j'ose espérer, Madame, que vous ne m'oublierez pas en un moment où vous pouvez m'être si utile par le secours de vos prières. Je suis content que le mois de Marie se trouve juste avant l'ordination cette année. C'est une belle occasion pour me préparer. Si

______

(1) 25 avril 1860.

vous vouliez avoir l'obligeance de prier quelquefois pour moi cette bonne Mère, je vous en serai fort reconnaissant. Mlle Cécile et Mlle Marthe disent avec vous, je crois, l'office de l'Immaculée-Conception. Je désirerais bien que cet office fût dit quelquefois à mon intention pendant le mois de mai, afin que, recevant dignement l'ordination, je puisse être un sous-diacre selon le cœur de Dieu. Je serai alors heureux de réciter pour vous, Mesdames, le saint office du Bréviaire et de m'acquitter ainsi d'une dette que j'aurai contractée envers vous (1). »

Ses instances n'étaient pas moins vives auprès de ses amis. « Vous vous faites de moi, mon cher ami, une idée merveilleuse. Je suis dans votre pensée, sinon *plus que parfait*, du moins un modèle achevé de perfection. Je n'essayerai pas de vous désillusionner, si cette illusion peut vous être utile, surtout si vous essayez de vous former sur le type imaginaire que vous vous représentez en pensant à moi. Priez, s'il vous plaît, mon cher Monsieur Delage, afin que Dieu puisse me juger tel que vous me jugez. Ma vocation est bien belle, en effet, mais cette beauté pourrait bien être la cause de ma perte plutôt que de mon salut. D'ailleurs, mon cher ami, la vôtre n'est pas moins belle que la mienne. Ce n'est pas le pays qui rend une vocation plus ou moins belle. Gagner des âmes, c'est l'essentiel ; que

(1) 29 avril 1860.

ce soit ici ou là, peu importe, pourvu qu'on fasse la volonté de Dieu. Vous allez recevoir la tonsure et prendre le Seigneur pour la portion de votre héritage et de votre calice. Si vous êtes fidèle à observer cet engagement, ce que j'espère et ce que je demande à Dieu pour vous, vos mérites seront peut-être plus grands que les miens. Tout dépend de la bonne intention.

« Quoique séparé de vous, je ne vous oublie point comme vous semblez le supposer. J'aime toujours beaucoup le souvenir de mes chers condisciples. J'avouerai toutefois que si ce souvenir n'était pas soutenu par la prière, il ne laisserait pas de s'affaiblir peu à peu. Telle est la pauvre nature humaine ! Que je plains les amis qui ne prient point les uns pour les autres ! Priez pour moi, mon cher ami, et soyez persuadé que je prierai aussi pour vous et mes autres confrères bien-aimés d'Angoulême (1). »

Peu de temps après l'entrée de notre futur missionnaire aux Missions Etrangères, son père, nous l'avons vu, était tombé malade. Les mois s'étaient écoulés et la maladie durait toujours. Que d'inquiétudes dans le cœur d'un si bon fils ! et que de prières envoyées au ciel pour obtenir la guérison de ce père tant aimé ! « Il s'est passé bien des choses, Madame, depuis que je vous ai écrit : l'arrivée de M. le curé

____

(1) A M. Delage, 16 mai 1860.

de Saint-Gourson, la mort de M. le curé de Mansle, et bien d'autres choses que je ne sais pas ; par exemple, si vous avez des religieuses. Mais aucun de ces événements ne m'a tant surpris que la longueur de la maladie de mon cher père. Je ne dis pas la maladie en elle-même, je m'attendais bien à cela avant mon départ ; mais là longueur de cette maladie. L'épreuve est un peu forte. Puisque Dieu le veut ainsi, je ne puis, en en demandant la fin, que bénir sa Providence. D'ailleurs, si Dieu n'avait fait que ce à quoi je m'attendais, ce n'aurait pas été une épreuve. Je désirerais bien cependant savoir au juste ce qu'est cette maladie. Peut-être que ma sœur a peur, en me la déclarant ouvertement, de trop m'inquiéter. Si je ne craignais d'abuser de votre complaisance, Madame, je vous prierais de vouloir m'en informer exactement. Quoi que vous me disiez, je ne penserai que ce que Dieu veut que je pense (1). Je prie pour sa guérison ainsi que plusieurs de mes confrères. J'ai fait à cette intention une neuvaine à N.-D. des Victoires, et Dieu, malgré cela, ne paraît pas vouloir encore exaucer mes prières. Il juge sans doute cette maladie utile. Je me soumets avec respect à sa sainte volonté, en continuant à prier (2). »

C'était plus que la guérison du corps qu'il désirait pour son père. Il voulait guérir et fortifier son cœur. Il voulait préparer ce pauvre père, frémissant tou-

(1) A Mme Desmiers de Chenon, 29 avril 1860.
(2) A Mme Guibet, 25 avril 1860.

*

jours au souvenir du départ pour Paris, à un autre départ plus cruel encore. La mort d'un missionnaire arrivée à Bordeaux au moment où il allait s'embarquer pour porter l'Evangile aux Japonais, son admirable résignation pour faire à Dieu le sacrifice de sa vie et des ambitions si légitimes de son zèle, les départs successifs d'autres missionnaires, lui en fournirent l'occasion, et il était trop habile pour ne pas la saisir. « Pour moi, disait-il, je ne sais pas encore quand je partirai ni si je partirai. Ce qui est certain, c'est que, si je pars, ce ne sera pas avant un an pour le moins, car je ne serai pas prêtre avant la Trinité de l'année prochaine. A la Trinité de cette année, ou plutôt la veille de la Trinité, c'est-à-dire le 2 juin, je serai ordonné sous-diacre (1). »

Le mois de Marie arriva. Comme M. Aumaître, que nous avons vu à Richemont si zélé pour le culte de la Très-Sainte-Vierge, dut bien commencer ce mois béni ! Il l'acheva dans le recueillement de la retraite de son sous-diaconat. Depuis longtemps déjà il avait pesé devant Dieu la grandeur de l'engagement qu'il allait prendre : aussi, quand l'évêque lui dit : « S'il vous plaît de persévérer dans votre saint propos, au nom du Seigneur, avancez (2), » il n'hésita pas un instant. Bientôt après il appartenait par de nouveaux liens à Dieu et à son Eglise pour toujours.

(1) A ses parents, le 25 avril 1860.
(2) Pontif. Rom. *De ordin. Subdiac.*

CHAPITRE VI

Les vacances à Meudon. — M. Aumaître et son père malade. —
Souhaits de fête à un ami. — Union des cœurs. — *Lætatus sum...*
— M. Aumaître appartient toujours au diocèse d'Angoulême. —
Affection pour Richemont et Angoulême. — La bonne Providence.
— Conseils à sa marraine : utiliser ses souffrances pour le ciel. —
Origine des diacres, leurs fonctions. — M. Aumaître est ordonné
diacre. — Souhaits de fête à ses parents. — Conduite d'un séminariste dans le monde : *Sanctum Dei.* — Vacances à Meudon. —
Pèlerinages, promenades. — M. Aumaître chez les Petites Sœurs
des Pauvres. — Appel à son oncle. — Les Pâques sont faites :
hymne de reconnaissance. — M. Aumaître annonce son ordination au sacerdoce. — A quelles intentions il dira ses trois premières
messes. — Il est ordonné prêtre.

Deux mois après vinrent les vacances. De même
que M. Aumaître nous a initiés à sa vie des jours de
travail, de même il va nous faire connaître sa vie
des jours de repos.

« Séminaire des Missions Étrangères, le 28 juillet 1860.

« Chère marraine,

« Nous venons de passer les examens ordinaires de
la fin de l'année, et nous commençons nos vacances
lundi. Puisque je ne suis pas pressé par l'ouvrage
en ce moment, je profiterai du temps que j'ai pour

vous parler un peu de la manière dont se passent nos vacances.

« Nous avons à Meudon, à deux lieues environ du séminaire, une maison de campagne où nous allons en promenade tous les mercredis pendant l'année ; c'est là que nous passons une partie de nos vacances. Je dis *une partie*, parce que la maison n'étant pas assez grande, nous ne pouvons pas y coucher tous à la fois. La moitié des séminaristes y passe donc une semaine tout entière, tandis que l'autre moitié y vient en promenade le mardi et le jeudi. Puis, la semaine suivante, la moitié qui était restée à Paris y va à son tour, et ainsi pendant les mois d'août et de septembre. Quand nous sommes à Meudon nous pouvons nous lever à l'heure que nous voulons, dès trois heures s'il nous plaît ; mais jamais après six heures. Puis nous faisons notre prière et assistons à la sainte messe. La messe terminée, nous sommes libres de faire notre méditation à la maison ou dans les bois, selon notre volonté, pourvu que nous soyons revenus pour le déjeûner à dix heures. Après le déjeûner jusqu'au dîner, à cinq heures du soir, nous pouvons encore aller nous promener dans les bois ; et de même après le dîner jusqu'à la prière, qui se fait à neuf heures. Nous avons quelques exercices de piété à faire tous les jours, tels que la récitation du bréviaire pour ceux qui sont dans les ordres, une lecture spirituelle, la récitation du chapelet et plusieurs choses semblables ; mais nous sommes libres de les faire à la maison ou dans les bois. Chacun fait aussi au Saint-Sacrement une visite d'une demi-heure à l'heure qu'il veut. Nous travaillons aussi un peu, soit à repasser ce que nous avons appris pendant l'année, soit à quelque autre étude ; mais tout cela est long ou court, comme nous le voulons.

« Pour ceux qui sont à Paris le règlement n'est pas le même. Ils se lèvent à cinq heures. Pendant la journée ils font au séminaire tous les exercices de piété et ont quelques heures d'étude.

« Il y a peu de jours, Mgr l'Evêque d'Angoulême est passé à Paris, allant prendre des bains en Belgique pour rétablir sa santé. Il est venu me voir. J'ai vu aussi trois de mes directeurs du séminaire d'Angoulême. »

M. Aumaître mit à profit les loisirs des vacances pour écrire à ses parents et à ses amis de longues et intéressantes lettres. Nous avons déjà fait bien des emprunts à cette correspondance ; mais nous voulons y puiser encore pour le plaisir et le bien de nos lecteurs.

« Séminaire des Missions Étrangères, 29 juillet 1860.

« Cher père,

« Ta lettre, quoique bien triste encore, m'a cependant fait plaisir. Je suis content que tu ailles mieux. Je comprends qu'après une si longue maladie, que Dieu a sans doute envoyée pour t'éprouver, tu n'aies guère de forces. Il faut espérer qu'avec le secours du ciel elles reviendront peu à peu. Si j'ai quelque conseil à te donner, c'est de ne point te forcer à travailler. L'ouvrage doit être pressant en ce moment, j'en conviens, mais encore vaut-il mieux pourvoir à sa santé avant tout.

« Quant à l'autre maladie dont tu me parles, cher père, je la comprends, je me l'explique parfaitement. Ce n'est pas une maladie de corps, c'est une maladie de l'âme, ce qui est bien plus dangereux ; car les maladies de l'âme, outre la douleur qui leur est propre, sont très-souvent cause des maladies du corps. Elles sont aussi beaucoup plus difficiles à guérir, et la raison en est bien simple. Pour les maladies du corps, on prend tous les soins possibles, on écoute attentivement et on exécute avec une grande fidélité toutes les prescriptions faites par le médecin. Pour l'âme, au contraire, on se croit plus savant que ceux qui ont fait les plus grands travaux sur cette science, on n'écoute aucun conseil, on ne veut croire que soi. Bien plus, il arrive souvent qu'on ne veut pas s'écouter soi-même, on ne veut pas employer le plus petit remède. Qu'arrive-t-il ? L'âme ainsi négligée languit, elle devient triste, sombre, mélancolique, elle désire toute sorte de chose et n'est jamais contente de rien. Si, à force de peines et d'inquiétudes, elle parvient à obtenir ce qu'elle désire, elle s'en dégoûte presque aussitôt, pour désirer autre chose. Ce dégoût de l'âme se fait ensuite sentir au corps et

le rend malade. La tête souffre, les joues se des-
sèchent peu à peu, les membres n'ont plus de force
et l'estomac ne trouve de goût à aucune nourriture,
les nerfs se contractent et les mille pensées qui
fatiguent le cerveau, empêchent la tête de se reposer
et le sommeil de venir, enfin tout le corps est abattu.
Je sais ce qu'il en est de ces maladies, cher père, je
les ai aussi quelquefois éprouvées ; mais elles n'ont
pas duré, parce que j'ai tout de suite apporté le
remède convenable. Le bon Dieu a sans doute voulu
m'envoyer ces maladies de l'âme afin que j'apprisse
à les connaître, et à guérir les autres, après m'être
guéri moi-même. Les prêtres, en effet, sont les mé-
decins des âmes, comme les chirurgiens le sont des
corps. Si je n'avais fait qu'étudier cette médecine de
l'âme dans les livres, je n'aurais pas été assez bien
instruit; et je vois maintenant que Dieu a eu raison
de me faire quelquefois souffrir. Quoique je ne le
comprisse pas au moment de la souffrance, cela n'a
pas empêché cette souffrance de m'être d'une grande
utilité. Je pourrai m'en servir pour donner des conseils
et des remèdes aux âmes que Dieu voudra bien me
confier soit dans les missions, soit dans la Charente.
Je suis loin d'être encore habile dans cette science,
cher père, cependant je connais beaucoup de remèdes
qui te seraient utiles. Je me garderai bien toutefois
de te les dire, il suffit que je sois ton fils pour que
tu ne voulusses pas croire à mes paroles. D'ailleurs,
j'ai trop de respect pour toi, je t'aime trop pour

m'élever au-dessus de toi et te donner des conseils : ce n'est pas à un fils à conseiller son père. »

Voici maintenant des souhaits de fête :

« Bonne fête, mon bien-aimé Monsieur Landreau, bonne fête, soyez rempli d'une pieuse joie, d'une sainte allégresse comme il convient à ceux qui ont le cœur droit, *rectos decet collaudatio*. Que le Seigneur répande sur vous sa grâce et vous en fasse sentir les effets autant qu'à votre auguste patron. C'est, je crois, tout ce que j'ai de mieux à vous souhaiter à l'approche de la saint Augustin. Je serais heureux, mon bien cher ami, de pouvoir célébrer cette fête auprès de vous ; Dieu ne le veut pas. Que sa sainte volonté soit faite ! Cela ne m'empêchera pas de m'unir d'intention à vous et de prier pour vous. J'espère aussi avoir part à vos bonnes prières. Cette union spirituelle vaudra bien, je pense, autant qu'une union corporelle. Ce n'est pas, mon cher Monsieur Landreau, que je trouve cette dernière inutile. J'en vois au contraire chaque jour de plus en plus les avantages. Sans elle la première perd beaucoup de sa force, et, quoi que fasse la pauvre nature humaine, elle est si faible, que je la crois presque incapable d'exercer longtemps des actes spirituels sans en faire de temps à autre quelques-uns de matériels. Je sais bien que j'ai pour vous des sentiments d'une vive, sincère et sainte amitié. Cependant, malgré toute ma bonne volonté, je vous l'avouerai simplement, je sens que ces sentiments diminuent et qu'ils s'en iraient même peu à peu, si je ne m'empressais d'y mettre obstacle par des relations plus fréquentes avec vous. Soyons donc unis, mon bien-aimé Monsieur Landreau, d'une manière très-étroite, et cela, non pas seulement le jour de votre fête, mais le plus que nous pourrons. Je n'ose dire *toujours*, car, je le répète, je commence à connaître un peu trop la faiblesse de notre pauvre nature. Priez, s'il vous plaît, mon cher ami, afin que je devienne un prêtre saint et dévoué, que je puisse sauver mon âme avec celles de plusieurs autres. J'en ferai autant de mon côté pour vous. Enfin, si Dieu voulait que, par la difficulté des relations, notre pauvre cœur perdît tout souvenir de notre première amitié, *fiat ejus voluntas*, nous n'avons rien à dire. Mais tâchons au moins de tendre, sans nous en écarter d'une ligne, au but qui nous est commun, en nous occupant sérieusement de notre salut. Tâchons de nous réunir au ciel, cela ne sera jamais contraire à la volonté de Dieu, et c'est ce qui me réjouit, car, *Lætatus sum in his quæ dicta*, etc..... — J'aurais bien des choses à vous dire, mais cela me détournerait de mon principal but qui est de m'unir intimement à vous le jour de votre fête. Adieu donc, bonne fête, je suis toujours en J. M. J. votre sincère ami.

« AUMAÎTRE (1). »

(1) 24 août 1860.

Citons une autre lettre à l'un de ses anciens confrères du grand séminaire d'Angoulême.

« Meudon, le 18 septembre 1860.

« Bien-aimé Monsieur Sarrazin,

« Je n'irai point chercher de longues phrases pour vous expliquer le motif de mon silence, vous le comprenez assez. Vous semblez avoir deviné toutes mes pensées. Ma correspondance au séminaire d'Angoulême était déjà trop grande ; si je l'avais continuée ici, elle n'aurait pas manqué de s'accroître encore. Il m'a donc fallu obvier, ainsi qu'on me l'avait conseillé avant mon départ, aux inconvénients qui auraient pu en résulter. J'aurais bien désiré témoigner à mes aimables confrères les sentiments que j'ai toujours pour eux, j'aurais bien écrit à celui-ci et à celui-là ; mais pourquoi n'aurais-je pas aussi écrit à cet autre ? Il me restait un moyen, c'était de faire une lettre commune, je m'en suis bien gardé. Je sais, par expérience, quel effet produisent de semblables lettres, et combien celle que j'avais écrite à Richemont avait fait causer les gens. D'ailleurs, je suis persuadé que mes bien-aimés confrères auront été, comme vous, assez bons pour bien interpréter mon silence. Si j'agis ainsi, je ne les en aime pas moins tous pour cela, et c'est le principal.

« J'oublie d'autant moins le diocèse d'Angoulême que j'y ai plus goûté de bonheur et que je lui dois tout ce que je suis. Je lui appartiendrai toujours, même quand je serai en mission, parce qu'au séminaire des Missions Etrangères on demande toujours un dimissoire pour recevoir les ordres. L'*exeat* n'est demandé que lorsque l'évêque ne veut pas donner de dimissoire, ce qui arrive très-rarement (1). Dans ce cas, on serait ordonné *sub titulo missionis* (2). »

M. Aumaître donne ensuite des détails que nous avons transcrits déjà, sur le séminaire des Missions Etrangères, et sur les impressions qu'il avait ressenties en y entrant, sur l'emploi de sont temps pendant l'année et pendant les vacances. Puis il ajoute : « Nous ne sommes pas très-nombreux actuellement. Dix-huit missionnaires qui sont partis après la Trinité, ont fait dans nos rangs une brèche assez difficile à réparer. Cependant vers la fin des vacances, il est venu quelques nouveaux confrères qui ont fait monter notre nombre à quarante-deux. Ce nombre nous permet de coucher tous à Meudon, à l'exception de six d'entre nous qui restent à Paris pour les besoins du séminaire. Le samedi nous rentrons tous à Paris pour le dimanche. Je prie pour que le bon Dieu fasse croître ce nombre, ainsi que celui

---

(1) Le *dimissoire* est l'acte par lequel l'évêque permet à l'un de ses diocésains de recevoir les saints ordres dans un diocèse étranger. L'*exeat* est la permission qu'il lui donne de quitter son diocèse pour s'incorporer à un autre. M. Aumaître reçut un dimissoire de Mᵍʳ Cousseau. Il est donc toujours *prêtre du diocèse d'Angoulême.*

(2) A titre de mission.

des séminaristes d'Angoulême, et pour que je ne sois pas le seul charentais ici ; car on juge ordinairement de la foi d'un diocèse par le nombre des séminaristes qu'il fournit aux Missions Étrangères..... Pour moi, si je ne suis pas resté dans la Charente, ce n'est pas que j'eusse peur de n'y point trouver d'ouvrage. C'aurait été une grave erreur. Mais j'ai voulu obéir à la voix intérieure qui m'appelle, il me semble, aux missions, persuadé que Dieu saura pourvoir la Charente de bons et saints prêtres, quand il le jugera à propos. Peut-être même que dans l'intention de ce divin Maître je serai plus utile à ce cher diocèse, en faisant le sacrifice de le quitter qu'en y demeurant... Enfin, je bénis la divine Providence qui m'a ainsi conduit. Priez, s'il vous plaît, pour moi, afin que je ne lui résiste jamais. Je prierai aussi pour vous et pour votre paroisse....

« Soyons toujours unis, mon bien-aimé Monsieur Sarrazin, dans les Sacrés Cœurs de Jésus et de Marie, en attendant que nous arrivions dans la céleste demeure, avec les quelques âmes que nous aurons pu y conduire. — Je vous chargerais bien de mes compliments pour Richemont, où j'ai de si précieux souvenirs ; je vous prierais aussi de présenter mes amitiés à votre aimable voisin, aumônier à la Providence de Cognac, M. Chaubet (1), pour lequel j'ai une estime et une affection toute particulières ; mais comme je

____

(1) Maintenant curé de Saint-Christophe de Chalais.

ne désire pas qu'on sache que je vous écris, afin de ne pas augmenter ma correspondance, je ne crois pas devoir le faire.

« Outre M. l'économe, que j'ai été charmé de voir et auquel j'ai servi la sainte messe, j'ai aussi vu deux fois M. Rosset et lui ai servi la messe à chaque fois. Ce m'a été un sensible plaisir.

« Vous m'avez envoyé un timbre-poste, je suis loin de vous en blâmer. Ici on ne nous en donne pas, pour éviter des abus possibles. Il pourrait bien se faire qu'il me fût parfois impossible d'affranchir mes lettres. Cependant jusqu'ici, quoique mes parents ne me donnent point d'argent (comment le feraient-ils ? ils en ont plus besoin que moi), je l'ai pu toujours. La divine Providence m'a aidé et j'espère qu'elle m'aidera quand il le faudra. Je ne me mets en peine de rien et Dieu prend soin de moi. J'aurais bien des choses à vous raconter sur ce sujet et sur d'autres, mais je n'ai plus de place.

« Adieu, mon bien-aimé confrère, soyons toujours unis en J. M. J.

« Votre tout dévoué ami.

« AUMAÎTRE. »

Ainsi se passèrent les vacances de M. Aumaître, puis il rentra dans sa petite cellule du séminaire et y reprit sa vie de l'année précédente. Il sut encore trouver le temps d'écrire de bonnes lettres à ses parents et à ses amis.

Peu après sa rentrée au séminaire, rendant compte à sa marraine de la prise d'habit d'une jeune carmélite, il montrait tout ce qu'il y a d'héroïsme dans la vie de ces vierges chrétiennes, et prenait de là occasion de lui donner d'utiles conseils.

« Vous n'avez pas eu, vous, ma bien-chère marraine, le bonheur de vous consacrer à Dieu comme les carmélites, et de lui témoigner votre amour par une souffrance volontaire. Notre Seigneur Jésus-Christ ne vous a pas oubliée pour cela ; il vous a envoyé des souffrances, des peines et des afflictions au milieu de nombreux travaux. Hélas ! vous n'y pensez peut-être pas toujours, vous attribuez peut-être tout cela au hasard, à une destinée, au beau et au mauvais temps. De cette manière, ces souffrances ne sont d'aucun prix pour vous ; ce sont comme des louis d'or dans la bourse de quelqu'un qui ne connaît que le cuivre ou le fer ; si vous offriez ces peines à Notre Seigneur, elles seraient pour vous d'un prix infini. Si, lorsque vous souffrez ces violents maux de tête, auxquels vous êtes si sujette, vous pensiez à la douleur qu'a dû éprouver Notre Seigneur Jésus-Christ quand on lui a enfoncé une couronne d'épines sur la tête ; si vous pensiez à tout ce qu'il a bien voulu souffrir pour nous, comme il vous aimerait ! Il ne vous en coûterait pas beaucoup de lui dire : « Mon divin Jésus, mon aimable Sauveur, je souffre bien ; mais vous avez encore bien plus souffert. Je voudrais bien avoir la patience de souffrir avec joie pour vous. Donnez-moi donc, s'il vous plaît, cette grâce. Oui, mon Dieu, puisqu'une souffrance offerte vous est aussi agréable qu'une fervente prière, acceptez ma douleur comme un témoignage de l'amour que j'ai pour vous. » Ces paroles ou de semblables, ma chère tante, n'augmenteront point votre mal, elles vous aideront au contraire à le prendre en patience, sans vous plaindre devant qui que ce soit, si ce n'est devant Dieu ; et vous acquerrez par là de grands mérites pour le ciel. Offrez aussi tous ces maux à Dieu pour qu'il daigne se faire connaître à tant de peuples qui ne le connaissent pas dans les pays étrangers et Dieu vous récompensera (1). »

Les mois se passèrent : mois d'étude et de prière pour notre jeune séminariste, mois de préparation à son glorieux apostolat. Vint l'époque de la grande ordination de la Trinité. Il en informa sa marraine en ces termes :

« Le samedi après la Pentecôte je recevrai l'ordre de Diacre. Je vous engage à prier un peu le bon Dieu ce jour-là, afin que je puisse être bien préparé. Comme vous ne savez probablement pas en quoi consiste cet ordre, je vais vous en dire quelques mots.

« Dans les premières années qui suivirent la mort et l'Ascension de Notre Seigneur Jésus-Christ, les Apôtres avaient rassemblé à Jérusalem tous les chrétiens qui étaient très-peu nombreux en ce temps-là.

(1) A Mme Guibet, 15 octobre 1860.

Ils leur annonçaient la parole de Dieu et leur enseignaient tous les mystères de la religion. Puis ils distribuaient la sainte Eucharistie ; car les premiers chrétiens étaient beaucoup plus fervents que ceux d'aujourd'hui. Quoiqu'ils eussent beaucoup de travaux et qu'ils fussent raillés, tourmentés et toujours insultés par les païens et les juifs, ils trouvaient cependant assez de temps pour communier tous les jours ou presque tous les jours. Aujourd'hui, quand on voit quelqu'un s'approcher de la sainte table les jours de fête, on croit que c'est un prodige. Il y a même des chrétiens indignes de ce beau nom qui ne communient jamais et vivent comme de véritables païens. Les apôtres donc étaient occupés à donner la sainte Eucharistie. En outre, ils distribuaient aux pauvres les aumônes que les riches leur confiaient dans ce but. Comme tout cela leur donnait beaucoup de travail, et qu'ils n'avaient presque pas de temps pour remplir leurs autres devoirs, tels que : dire la sainte messe, prêcher, visiter les malades et le reste, ils établirent des ministres inférieurs aux évêques et aux prêtres. Ces nouveaux ministres devaient donner la sainte communion quand les apôtres auraient consacré le corps de Notre Seigneur Jésus-Christ. Ils devaient ensuite, non pas dire la messe puisqu'ils n'étaient pas prêtres, mais assister le prêtre pendant qu'il la dirait, distribuer les aumônes aux pauvres, lire l'Evangile et l'expliquer, et enfin baptiser les nouveaux chrétiens. »

M. Aumaître explique ensuite les fonctions des diacres à notre époque et il continue ainsi sa lettre : « C'est cet ordre sacré, cher oncle et chère marraine, que je vais bientôt recevoir. J'offrirai le saint sacrifice de la messe avec le prêtre ; à la bénédiction du Saint-Sacrement, j'aurai le bonheur de porter la sainte Eucharistie. Lors même que j'aurais la pureté d'un ange, la sainteté, l'amour d'un archange, ce ne serait pas trop pour remplir une fonction pareille. Priez donc, s'il vous plaît, afin que le bon Dieu m'accorde tout ce qui m'est nécessaire.

« Adieu, cher oncle et chère tante, votre tout dévoué neveu en J. M. J.

« AUMAÎTRE. »

« Je désirerais bien aussi, cher oncle, apprendre de votre part une nouvelle que je vous demande depuis plusieurs années à Pâques, vous devinez ce que c'est (1) ? »

M. Aumaître fut ordonné diacre, le samedi 25 mai 1861, veille de la Trinité et jour de la fête de saint Grégoire VII, le vaillant défenseur de la liberté de l'Eglise. Dans une pareille journée et sous de tels auspices, la prière de l'évêque et les vœux ardents du jeune sous-diacre devaient être entendus. Aussi, quand le pontife posa la main droite sur la tête de M. Aumaître et lui dit : « Recevez l'Esprit-Saint qui vous rendra fort contre le diable et invincible à toutes

____

(1) A Mme Guibet, 9 mai 1861.

ses attaques (1), » cet Esprit, nous n'en doutons pas, descendit dans sa force, sur celui qui devait un jour résister jusqu'au martyre, et tomber accablé, mais non vaincu, par les satellites de l'enfer.

En attendant ce développement si glorieux de la grâce de son diaconat, M. Aumaître continuait à travailler à sa sanctification personnelle et à la sanctification de ses parents par ses prières et ses lettres. Il écrivait, à la date du 21 juin 1861 : « Ce n'est pas une fête seule que je souhaite aujourd'hui, mais trois à la fois. Le 24 prochain sera la saint Jean, Est-ce saint Jean Baptiste ou saint Jean l'Evangéliste que mon frère a pris pour patron ? Je ne sais. Peut-être lui-même n'a-t-il pas encore fait son choix. Quoi qu'il en soit, je lui souhaite une bonne fête pour le 24.

« Le 29, j'en souhaite une bonne aussi à mon cher père. Puisse-t-il comprendre la sainteté de saint Pierre, admirer l'amour qu'il a eu pour Notre Seigneur Jésus-Christ au point de tout quitter pour le suivre ! Puisse-t-il surtout commencer à ne plus désapprouver ma conduite, si je cherche un peu à imiter la vertu de ce grand apôtre, qui est aussi mon patron !

« Madame de Saluces m'a bien dit, cher père, que tu étais un peu revenu à mon égard ; ce qui m'a fait grand plaisir. J'ose espérer que la protection de saint Pierre, ton patron et le mien, finira par calmer ta

____

(1) Pontif. Rom. *De ordin. Diac.*

douleur ; c'est là tout mon désir. Le 17 juillet sera la fête de mon frère Alexis, je la lui souhaite bonne également. C'est peut-être un peu tôt, mais afin de ne pas être obligé d'écrire une autre lettre, je lui exprime ici tout mon amour. Je ferai la sainte communion pour chacun de vous ces jours-là, c'est-à-dire le 24 pour mon cher frère Jean, le 29 pour mon cher père et le 17 pour mon cher frère Alexis.

« L'histoire de saint Jean-Baptiste et celle de saint Pierre vous étant assez connues, puisqu'elles se trouvent dans le Nouveau Testament, je ne vous en parlerai pas. Je dirai seulement quelques mots sur saint Alexis. » Il raconte alors à ses parents la vie si intéressante de saint Alexis, puis il continue ainsi sa lettre : « Puisses-tu, mon cher Alexis, je ne dis pas faire tout ce qu'il a fait, mais comme lui faire tout ce que tu feras, pour Dieu. Puisses-tu, en travaillant, ne te proposer comme lui qu'une seule fin, servir le bon Dieu et aller au ciel, puisque ce n'est que pour cela que Dieu nous a créés et mis au monde. C'est tout ce que je puis te souhaiter de mieux pour ta fête. C'est aussi tout ce que je puis souhaiter de mieux à mon cher père et à mon frère Jean. »

Les vacances de cette année furent pour M. Aumaître plus agréables que celles de l'année précédente, et il en profita pour écrire encore de belles et bonnes lettres. En voici une où il donne les conseils de la plus haute prudence à un jeune séminariste pour sa conduite dans le monde.

« Meudon, le 18 septembre 1861.

« Quoique le beau temps nous fasse paraître cette année les vacances plus courtes qu'à l'ordinaire, elles me paraîtraient, ce me semble, encore bien longues, mon cher abbé, si je les passais entièrement sans m'entretenir un instant avec vous.

« Je remercie le bon Dieu de vous avoir fourni l'occasion de ne point passer dans une dangereuse oisiveté, comme tant d'autres, le temps que vous êtes hors du séminaire. Votre position présente, mon cher ami, n'est point sans quelque danger. Et, quelque pieuses que puissent être les personnes chez lesquelles vous vous trouvez, je ne crois pas votre ferveur aussi en sûreté qu'au séminaire. Je ne doute pas que vous n'ayez en cette maison de nombreux exemples d'édification de la part de ceux qui l'habitent. Par cela seul qu'ils prennent un ecclésiastique pour instruire leurs enfants, il doit en être ainsi. Vous devez toutefois vous tenir en garde contre l'esprit du monde, qui se glisse insensiblement et sous les couleurs les plus gracieuses et les plus pures en apparence, dans les visites qu'on rend à Monsieur ou à Madame, et quelquefois à M. l'abbé. Souvent on vous louera ; les défauts qu'on trouvera en vous seront mis de côté ; on feindra de ne voir que ce qui est susceptible de quelque éloge. C'est à vous d'examiner devant Dieu si vous êtes tel qu'on vous suppose. Du reste, mon bien cher ami, je pense que vous aurez aussi à gagner dans ce séjour au milieu du monde ; car, dans le monde, tout n'est pas digne de blâme. Vous y remarquerez des manières plus polies, d'aimables prévenances à l'égard des autres, des moyens ingénieux pour se faire estimer et aimer, et mille autres choses que je n'ai point le temps de vous énumérer. Si vous avez soin de saisir toutes ces formes et ces apparences, car bien souvent ce ne sont que des apparences, et si vous savez les appliquer à la réalité, je veux dire à une véritable charité, à une douce humilité (ce qu'il vous sera facile de faire en comparant dans vos méditations toutes les actions de Notre Seigneur Jésus-Christ avec la manière d'agir des personnes du monde, dans les mêmes circonstances) ; si vous acquérez le talent, non de vous faire estimer et aimer, mais de faire estimer et aimer en vous un futur ministre de notre divin Sauveur ; si, en vous voyant agir, on peut lire sur votre front, comme autrefois sur celui du Grand-Prêtre, les mots *Sanctum Dei* (1) ; oui, cher ami, je dirai qu'il vous a été très-utile de vivre dans cette société. Votre élève gagnera plus aux leçons que vous lui donnerez par votre conduite, que par toutes les phrases de latin et de grec que vous pourriez lui faire admirer.

« Il est temps maintenant, mon cher ami, que je vous dise un peu la manière dont je passe mes vacances. Elles sont assez agréables. Je ne vous parle point du

(1) Le Saint de Dieu.

charme que nous pouvons trouver dans les bois de Meudon, où nous allons communément étudier notre Écriture Sainte, faire nos méditations, nos lectures spirituelles et maintes autres lectures. Je crois que je vous en ai déjà parlé l'année dernière, ainsi que des belles promenades que nous pouvons faire chacun à notre gré, du matin au soir, dans ces bois longs de près de deux lieues. Je vous dirai seulement que cette année je suis allé, avec quelques confrères, faire deux petits pèlerinages, l'un à Long-Pont, situé à environ sept lieues de Paris. On y vénère une statue de la sainte Vierge, très-ancienne et très-renommée sous le nom de Notre-Dame de Bonne-Garde. A vingt minutes de là, se trouve la tour de Montlhéry, d'où Boileau, je crois, fait venir son chat-huant dans *le Lutrin*, et où l'on a fait, pour la première fois, l'expérience de la vitesse de la lumière et du son. Nous y sommes allés déjeuner après avoir fait la sainte communion à Long-Pont, et nous sommes ensuite revenus à Meudon.

« L'autre pèlerinage est celui d'Argenteuil, où l'on conserve la sainte Tunique *(tunica inconsutilis)* de Notre Seigneur Jésus-Christ. L'empereur Charlemagne, qui la reçut de Constantin, en fit présent à la princesse Gisèle, religieuse au monastère d'Argenteuil. De là, nous avons été à Saint-Denis voir l'église et les tombeaux des rois de France, qu'on fait restaurer. Puis nous sommes revenus à Meudon. Un autre jour, nous sommes allés à Saint-Germain-en-

Laye, où naquit Louis XIV, et de là à Poissy. Nous avons visité la vieille église où fut baptisé saint Louis. Le baptistère n'y est plus ; on l'a porté au musée du Louvre à Paris. Une autre fois, cinq de mes confrères et moi nous sommes allés de Meudon à Vincennes. Nous avons vu la belle chapelle gothique bâtie par saint Louis, et le tombeau du duc d'Enghien, que Napoléon Ier fit tuer dans les fossés du château. Nous sommes montés sur le donjon, qui est fort remarquable. Si je ne me suis trompé, il y a deux cent quarante-deux marches pour arriver au sommet. Je ne sais si l'on conserve encore le souvenir du chêne où saint Louis rendait la justice ; nous n'avons pas eu le temps de nous en informer. Ces promenades de douze à seize lieues, nous donnent des jambes et nous disposent à gravir peut-être plus tard les sommets de l'Himalaya. Puissions-nous y conquérir des âmes à notre bon Jésus (1) ! »

Un autre charme que lui fournirent ces vacances, ce fut celui de la charité. « Cette année, dit-il à sa marraine, je reviens chaque semaine avec un de mes confrères à Paris, pour aller visiter les vieillards soignés par les *Petites Sœurs des Pauvres*. » Il raconte alors l'origine de cette admirable institution, et continue : « Nous arrivons vers les trois heures après midi, et nous allons dans la cour où les vieillards sont occupés, les uns à causer, les autres à travailler.

(1) A M. Perissac.

Les femmes sont dans une cour séparée de celle des hommes, et nous ne les voyons point. De trois heures à quatre heures nous causons avec les hommes. Nous parlons de leurs maladies, de leurs affaires, de la religion, etc. A quatre heures, nous allons avec eux dans une salle où nous leur faisons une petite lecture et une petite instruction, après avoir récité le chapelet. Puis tous se rendent à la chapelle. Nous ne voyons les femmes qu'à c· moment. L'un de nous fait la prière. Tous retournent ensuite dans leurs salles respectives. Chacun prend son couvert, son assiette et se met à sa place. Une sœur fait apporter sur une table une grande soupière et un plat de viande, ou de légumes, ou de quelques autres mets, qui ont été ramassés dans les cafés, les hôtels et les maisons bourgeoises. Nous lui présentons successivement les assiettes qu'elle garnit et nous servons ainsi les pauvres pendant tout le repas. Nous causons encore un instant avec les hommes que nous venons de servir, et nous repartons pour Meudon. Nous ne voyons point les sœurs, excepté celle qui sert les hommes avec nous. Toutes les autres sont occupées soit à faire les lits, soit à coudre les habits, soit à faire la cuisine, ou à laver le linge, ou à aller par les rues et les maisons chercher de quoi faire vivre tout ce monde. Les hommes sont plus de quatre-vingts. Les femmes, que nous voyons à la chapelle, doivent être aussi nombreuses. Enfin, quand tous ont fini de manger, les sœurs se réunissent et mangent ce que les pauvres ont eu de reste. Mais comme c'est alors que nous partons, nous ne pouvons pas les voir.

« Vous voyez, chère marraine, qu'en venant ainsi une fois par semaine partager le travail de ces pauvres sœurs, mes vacances sont un peu plus variées et j'ai plus de plaisir. Pour vous, vous n'avez pas ainsi de pauvres à servir, ou du moins les pauvres ne vous manquent pas, mais il ne vous est guère facile de les secourir. Vous avez cependant un moyen de leur faire l'aumône, c'est de prier quelquefois pour eux, et d'offrir pour eux à Notre Seigneur Jésus-Christ les maux de tête et les souffrances que vous endurez. Ce sera une bonne œuvre dont Dieu vous tiendra compte. Vous imiterez par là l'exemple des Petites Sœurs des Pauvres, qui sacrifient pour eux tout ce qu'elles ont et tout ce qu'elles peuvent acquérir (1). »

Plusieurs fois déjà nous avons vu le zèle de M. Aumaître s'échapper en paroles brûlantes dans ses lettres, surtout quand il parlait au mari de sa marraine. Longtemps cet oncle avait fait la sourde oreille. Mais que ne peut un zèle persévérant doublé de prières et de sacrifices ! A l'approche de Pâques de 1862, M. Aumaître lui écrivit encore dans les termes les plus pressants : « C'est à vous, mon cher oncle, que je m'adresse. Nous sommes au temps de Pâques. Notre Seigneur Jésus-Christ nous a tant aimés, qu'il a voulu se faire homme comme nous ; il a voulu souf-

(1) 26 août 1861.

frir pour que nous fussions sauvés ; il a voulu mourir pour nous ; il a été jusqu'à changer du pain en son corps et du vin en son sang, afin de se donner tout à nous ; de plus, il a conféré aux prêtres le pouvoir de changer du pain et du vin en son corps et en son sang jusqu'à la fin du monde, afin qu'il ne se passât pas un seul instant sans qu'il ne fût avec nous, tant il nous aime encore ! Eh bien ! ce divin Jésus dans l'Eucharistie, avez-vous le bonheur de le recevoir maintenant, ou continuez-vous à lui fermer l'entrée de votre cœur ? Qui vous arrête ? Manquez-vous de renseignements sur la manière de remplir ce devoir ? Adolphe, qui a fait ses pâques jeudi, sera, j'en suis sûr, content de pouvoir vous aider. Manquez-vous de bonne volonté ? Je ne puis pas le supposer ; puisque je sais qu'il y a trois ans, vous aviez été sur le point d'aller vous confesser. Peut-être y êtes-vous allé depuis ; peut-être remplissez-vous parfaitement vos devoirs de chrétien maintenant. C'est ce que je ne sais pas, et je serai bien content d'apprendre que tout va comme je le désire.

« Adieu, cher oncle et chère tante, je ne cesse d'être en Jésus, Marie, Joseph, votre tout dévoué neveu.

« P. AUMAÎTRE (1). »

Ce fut le dernier coup de la grâce : l'oncle n'y tint plus et fut enfin reconquis à Notre Seigneur Jésus-

____

(1) A Mme Guibet, 14 avril 1862.

Christ. Quelle joie pour notre jeune apôtre ! « Je m'empresse aujourd'hui de vous écrire, cher oncle, non pour vous faire des compliments ;... mais pour vous témoigner ma joie de vous voir enfin uni à Notre Seigneur Jésus-Christ par la sainte communion... Merci, mon Dieu, merci mille fois ! Notre divin Sauveur assure qu'il y a plus de joie au ciel pour la conversion d'un seul pécheur que pour la persévérance de quatre-vingt-dix-neuf justes. Je pense à votre bon ange gardien, si longtemps triste de vous voir laisser votre pauvre âme sans nourriture ; comme il doit être heureux maintenant !... Et Notre Seigneur Jésus-Christ si longtemps forcé de rester à la porte, comme il est content de reposer enfin dans votre cœur !... O divin Jésus, habitez ce palais, que vous désiriez depuis si longtemps, et ne le quittez plus ! Ne permettez pas que le vent y porte des feuilles mortes, ni de la poussière ! Ne permettez plus que le fumier du péché vienne le salir encore !... Et vous, ma bonne marraine, vous qui, connaissant déjà la consolation que procure notre divin Jésus dans le sacrement de l'Eucharistie, désiriez vivement voir mon cher oncle jouir du même bonheur, voilà enfin vos désirs remplis ! Oh ! que vous devez être joyeuse ! Remerciez donc le Seigneur ! Mais cela ne suffit pas. Il faut maintenant aider les autres. Pensez à ceux qui n'ont pas le même bonheur que vous. Assistez-les par vos prières et vos souffrances. Allez les consoler. Engagez-les à ne pas perdre confiance.

Vous voyez bien ce que je veux dire ? A l'exemple de la Sainte-Vierge, qui visitait sainte Elisabeth, allez faire une sainte visite à J. L***, dites-lui de ne point perdre courage, de prier chaque jour. Et le Seigneur, dont la puissance infinie peut changer les rochers les plus durs et en faire sortir une huile très-douce, exaucera aussi sa prière et la rendra joyeuse comme vous. Peut-être ne sera-ce que dans deux, trois ou quatre ans. Peut-être y faudra-t-il dix ans. Mais qu'elle ne se décourage pas. Ce qui coûte le plus, c'est de nettoyer l'étable dont on veut faire un palais pour recevoir Notre Seigneur Jésus-Christ. Oui, ce qui coûte le plus aux hommes, c'est de purifier leur cœur, d'enlever le fumier du péché par une bonne confession. Mais avec le temps, la patience et la prière on peut les y décider... Voyez encore, en ce point, la bonté de Notre Seigneur Jésus-Christ, cher oncle et chère tante. Le péché est un si grand mal, qu'il nous fait perdre le ciel. Quand nous offensons le bon Dieu, nous ne méritons plus qu'il nous reçoive dans son saint Paradis, puisque nous nous déclarons ses ennemis. Il pourrait donc, quand nous l'avons offensé une seule fois, nous abandonner entièrement et nous précipiter dans l'enfer. Eh bien ! il est si bon qu'il veut nous pardonner, nous réconcilier avec lui et nous donner encore le moyen de gagner le ciel par nos bonnes œuvres. Il n'attend même pas que nous allions les premiers le trouver pour obtenir notre pardon. Il nous envoie des serviteurs, qu'il charge de nous faire toutes les avances. Ces serviteurs sont les prêtres, qui, chaque dimanche, crient aux pécheurs : Le bon Dieu vous pardonne si vous venez me dire, au confessionnal, que vous êtes fâchés de l'avoir offensé et si vous me dites vos péchés. — Voyez, c'est bien peu de chose, Dieu pourrait exiger bien plus ; il pourrait demander au pécheur de lui sacrifier désormais toute sa vie, toute sa fortune ; de venir se mettre pendant plusieurs années à genoux devant lui ; et ce ne serait pas encore assez, ce ne serait rien en comparaison du ciel à gagner et de l'enfer à éviter. Eh bien ! Dieu ne demande pas tout cela. Il n'exige pas même qu'on s'adresse à lui ou à ses anges ; parce que, si on le voyait, ou si on voyait ses anges, quand on est en état de péché, on mourrait de honte et de douleur. Il demande seulement qu'on se présente quelques minutes devant ses ministres, les prêtres, qui sont hommes comme nous. Oh ! que Dieu est bon ! Et encore il y a des personnes assez méchantes pour ne pas se réconcilier avec lui ! Mon cher oncle, que vous avez de bonheur de vous en être tiré à si bon compte, à si peu de frais ! Remerciez-en donc le Seigneur. Et s'il vous arrive encore malheureusement de l'offenser, ne restez pas longtemps son ennemi, puisqu'il est si facile d'obtenir votre pardon. Maintenant, tout ce que vous faites est agréable à Dieu, tandis que lorsque vous étiez son ennemi rien ne pouvait vous servir pour le ciel. Croyez-vous que les hommes, même ceux qui sont les meilleurs, vous eussent reçu aussi facilement en leur amitié, si vous les aviez offensés ? Dans quelques jours je serai moi-même un ministre de Notre Seigneur Jésus-Christ ; je pourrai pardonner les péchés en son nom ; je pourrai changer une petite hostie en son corps, quel honneur il m'accorde !... Priez, s'il vous plaît, afin que je ne sois pas un serviteur indigne d'un si bon Maître.

« Adieu cher oncle, adieu chère tante,

« Votre tout dévoué neveu,

« AUMAÎTRE (1). »

L'époque de son ordination au sacerdoce n'était pas, en effet, bien éloignée. La vivacité de sa foi lui disait la grandeur du don que Dieu lui allait faire. Aussi, afin d'y préparer son âme, redoubla-t-il de zèle pour l'étude et la prière. Il écrit à ses sœurs :

« Dimanche soir, nous allons commencer une retraite pour nous préparer à l'ordination, qui aura lieu le samedi avant la Trinité. Je vous engage toutes les deux à faire quelques petites prières pour moi pendant cette semaine, surtout le dernier jour, afin que le bon Dieu m'accorde la grâce d'être un bon et saint prêtre.

« Je dirai ma première messe le dimanche de la sainte Trinité, à huit heures, chez les Petites Sœurs des Pauvres. Puisque Notre Seigneur Jésus-Christ a

____

(1) A Mme Guibet, 7 mai 1862.

commencé par prêcher l'Evangile aux pauvres, qu'il est né pauvre, il est bien convenable que moi, qui suis né pauvre aussi, et qui dois, comme lui, prêcher l'Evangile d'abord aux pauvres, il est bien convenable que je dise ma première messe chez les pauvres.

« L'intention principale que j'aurai en disant ma première messe, sera le salut des pauvres âmes qui me seront un jour confiées. La principale intention de la seconde sera le salut de mes parents, proches ou éloignés. Enfin, l'intention principale de la troisième sera le salut de mes bienfaiteurs (1). »

Voilà dans quelles dispositions le trouvèrent la retraite de son ordination et la grande journée de sa consécration sacerdotale. Il fut ordonné prêtre la veille de la Trinité, le 14 juin 1862.

Le jour même de son ordination, il écrivit en latin une charmante lettre à son cousin Adolphe pour lui dire les merveilles que Dieu venait d'opérer en lui. Il la termine ainsi : « Partis du même village, puissions-nous, quoique par des routes diverses, arriver ensemble à la même patrie du ciel ! C'est mon espoir, mon bien cher cousin, c'est ma joie ; car je me suis réjoui quand on m'a dit : Nous irons dans la maison du Seigneur (2). »

Puis il se prépara pour le lendemain à célébrer sa *Première Messe !* Une veille de première messe !

(1) 5 juin 1862.
(2) 14 juin 1862.

N'essayons pas d'en dire les mystères. Ce jour-là, le jeune prêtre succombe sous le poids des bienfaits et des merveilles du Tout-Puissant, et le lendemain, à l'autel, dans ses mains consacrées, il prendra le calice qui contient le prix du salut du monde et le paiement de tous les bienfaits de Dieu. Qui pourrait peindre une telle journée ?

Il est des secrets, dit saint Paul, que nulle langue humaine ne saurait dire (1).

Taisons-nous et adorons.

(1) II Cor. XII, 4.

CHAPITRE VII

M. AUMAÎTRE PRÊTRE

Première messe de M. Aumaître. — Souvenirs. — Incident de sa première messe. — Il ne viendra pas à Angoulême avant de partir. — *Te Deum* pour un martyr. — Lettre de M. Aumaître à son père. Bonheur d'être prêtre. — **M.** Aumaître est désigné pour la Corée. — Il l'annonce à ses parents. — Désir de les voir à Paris. — Même annonce à son oncle et à ses amis. — Envoi de sa photographie. — Cérémonie des *Adieux : Chant du Départ.* — En chemin de fer — Séjour à Marseille. — Hospitalité. — Impatiences du zèle de M. Aumaître. — Envoi de reliques. — Consécration de Marseille à N.-D. de la Garde. — Pèlerinage à la Sainte-Beaume. — Heureuse rencontre. — Derniers adieux de M. Aumaître à ses parents. — Union par la prière et la sainte Eucharistie. — Dernière messe à N.-D. de la Garde.

M. Aumaître avait choisi pour célébrer sa première messe, la modeste chapelle des Petites Sœurs des Pauvres. Mais, si le sanctuaire et l'assistance étaient pauvres, son âme, qu'elle était riche ! Et comment n'en aurait-il point été ainsi ? Cette parole de l'évêque vibrait encore à l'oreille du jeune prêtre : « Désormais, je ne vous nommerai plus mes serviteurs, mais mes amis, car vous connaissez toutes les merveilles que j'ai opérées au milieu de vous (1); » et la sainte

(1) Pontif. Rom. *de ordin. Presbyt.*

liturgie, dans cette première messe, lui apprend les merveilles dont il va être le ministre : *Toute puissance m'a été donnée au ciel et sur la terre : Allez donc, instruisez toutes les nations : Baptisez-les au nom du Père, et du Fils et du Saint-Esprit; Apprenez-leur à observer tout ce que je vous ai commandé; Et voici : Je suis avec vous tous les jours jusqu'à la fin des siècles* (1).

Pour obéir à cette divine parole, il quittera maintenant cette terre de France, il datera ses lettres d'où il plaira à Dieu, mais toujours sa première ligne sera : « Que le nom du Seigneur soit béni par toute la terre. »

Revêtu de la puissance et de l'autorité de Jésus-Christ, il ira à ces peuples qu'il ne connaît pas encore, mais qu'il aime déjà ; il ira leur porter le salut. Cette pensée, on l'a vu, est si dominante chez lui, qu'il en fait l'intention principale de sa première messe (2). Dans cet ineffable moment, peut-être entrevit-il les tourments, la mort qui l'attendaient si vite. Dailleurs, cette vue, loin de l'attrister, l'eût mis au comble de la joie, en l'affermissant dans sa vocation et en lui faisant dire avec plus d'enthousiasme encore ces autres paroles de la liturgie : « O Dieu du ciel, je vous bénis; et devant tous les hommes, je porterai votre nom, car vous avez versé sur moi les trésors de votre miséricorde (3). »

(1) *Evangile* de la Sainte Trinité.
(2) V. lettre à ses sœurs, 5 juin 1862.
(5) *Communion* de la sainte Trinité.

Son ami Adolphe eut l'honneur de servir cette première messe. M. Aumaître lui donna en souvenir un beau Nouveau Testament en latin. Le même jour, il envoya à sa famille et à ses autres parents une image, symbole du grand sacrifice qu'il avait offert : c'est une main qui élève une hostie au-dessus d'un calice. Au revers de chaque image, il écrivit un petit mot. Nous sommes heureux de reproduire ici deux de ces bons souvenirs. Sur l'image destinée à sa mère, on lit :

« Séminaire des Missions Etrangères.

« Ma bonne mère,

« Hier, 14 juin 1862, j'ai été ordonné prêtre, et ce matin, fête de la Sainte Trinité, j'ai eu le bonheur d'offrir, pour la première fois, le saint sacrifice de la messe. Maintenant, je pourrai, quand je voudrai, offrir pour toi et pour toute ma famille cet auguste sacrifice. Quelle douce consolation ! Remercie pour moi le Seigneur d'une telle faveur. Mais pense aussi que bientôt j'aurai une nouvelle famille, j'aurai des enfants spirituels, je veux dire les pauvres âmes qui me seront confiées. Prie, s'il te plaît, pour ces âmes, afin que nous puissions tous nous retrouver un jour au ciel.

« Ton fils très-affectionnant.

« P. AUMAÎTRE. »

A son frère Jean il disait :

« Séminaire des Missions Étrangères.

« Très-cher frère Jean,

« En voyant cette image, tu penseras que j'ai été ordonné prêtre le 14 juin 1862. Tu en remercieras le bon Dieu. Tu penseras aussi que le meilleur moyen d'aller au ciel est de faire très-souvent la sainte communion, et j'espère que tu n'y manqueras pas, afin que si j'ai oublié de t'embrasser quand je suis parti, je puisse réparer cet oubli en t'embrassant deux fois pour le moins quand nous arriverons dans la céleste patrie (1). N'oublie pas dans tes prières les pauvres âmes qui seront confiées à mes soins.

« Ton affectionné frère.

« P. Aumaître. »

Après ses parents vinrent ses amis dans ses souvenirs pieux. Huit jours après sa première messe, voici comment il nous parlait :

« Que le nom du Seigneur soit béni sur toute la terre !

« Lorsque j'ai reçu votre aimable lettre, mon bien-cher Léandre, j'étais tout préoccupé de la manière d'apprendre à dire la sainte messe et de tout ce qui

(1) Cette joie ne devait pas se faire attendre longtemps. Pendant la guerre de 1870, M. Jean Aumaître est mort en parfait soldat et en parfait chrétien.

s'ensuit. Depuis l'ordination, j'ai été absorbé par mille petits riens, qui ne m'ont pas même laissé le temps d'étudier mon Écriture Sainte en particulier. Je remets de jour en jour à vous écrire, et enfin je trouve aujourd'hui un petit moment pour le faire.

« Après l'ordination, où il y avait probablement, et même certainement, plus de sous-diacres que vous ne serez ou n'avez été (1), même lorsque votre nombre serait multiplié (ils étaient cent-dix), j'ai eu le bonheur de célébrer ma première messe, dans la chapelle des Petites Sœurs des Pauvres. Né pauvre, appelé à vivre pauvre et à évangéliser principalement les pauvres, je ne pouvais mieux commencer. Les bonnes Petites Sœurs n'avaient peut-être pas assez bien compris cela ; et, afin de donner un peu d'éclat à cette solennité, elles avaient garni de leur mieux l'autel de diverses fleurs, et joint aux deux cierges requis un grand nombre de bougies (vous les excuserez, en considération de leur bonne volonté, d'ignorer le décret de la Sacrée Congrégation qui ne veut que de la cire à l'autel). Le bon Dieu, qui sait mieux que personne proportionner chaque chose, s'est chargé de régler lui-même l'ornementation. J'étais habillé, prêt à partir de la sacristie, lorsque j'entends dans la chapelle tous les vieillards, *même les plus près de la porte*, souffler de tous

____

(1) Mgr Cousseau étant à Rome pour la Trinité de 1862, l'ordination ne se fit que le 2 juillet, fête de la Visitation.

leurs poumons comme pour éteindre une chandelle. Le feu venait de prendre aux fleurs, l'autel fut bientôt dépouillé de sa parure. On parvint à éteindre l'incendie en quelques instants; les bougies furent remises en place; mais de fleurs il n'en est resté qu'une petite pour attester qu'il y en avait eu.

« Je ne saurais vous dire, mon cher ami, le bonheur que j'éprouve à dire la sainte messe. Je puis, en offrant la sainte victime, penser à mes parents, à mes bienfaiteurs, à mes amis, etc. C'est bien consolant. Je pense quelquefois à vous et à mes autres confrères et condisciples, avec d'autant plus d'attention que, très-probablement, je n'aurai pas le bonheur, comme vous l'espérez, de vous voir sur cette terre. Si j'allais à Angoulême avant de partir, ce ne serait que dans le cas où je m'embarquerais à Bordeaux; et encore, me faudrait-il une permission spéciale pour m'arrêter. J'obtiendrais du reste facilement cette permission, car Monseigneur qui a eu la bonté de venir pour moi ici plusieurs fois, m'a exprimé le désir de me voir à Angoulême. Néanmoins, cette visite ne me laisserait pas sans quelque inquiétude. Si je m'arrêtais à Angoulême, en effet, mes parents ne m'excuseraient jamais de ne pas aller les voir. Or je ne tiens pas à leur faire cette visite, parce que je sais le mal que je leur causerais en rouvrant une blessure à demi fermée, de plus, je ne suis pas sûr que le bon Dieu m'accordât alors des grâces extraordinaires, et une force qu'il ne me doit pas. S'il m'a

donné ces grâces le jour où j'ai quitté ma famille, je
dois l'en remercier, mais ne pas m'appuyer sur sa
bonté pour le tenter, quand ce n'est pas dans l'ordre
des choses. Ici, mon cher ami, la règle est très-difficile pour permettre ces visites à la famille, même
pour ceux dont les parents sont le mieux disposés. J'ai
vu quelques confrères qui sont allés dans leur pays
pour des affaires très-importantes, et je n'en ai vu
aucun qui ne se soit repenti d'avoir été régler ses
affaires lui-même. Tous reviennent ou malades ou
moins courageux. Le plaisir qu'ils se figuraient
trouver chez eux pendant quelques jours, s'est
presque toujours changé en peine. Vous me direz
peut-être, comment font donc les Lazaristes qui
vont ordinairement tous voir leurs parents avant
d'aller en mission ? Je vous répondrai : autre règle,
autre manière d'agir. Le principal est de se conformer
à la volonté de Dieu exprimée par la règle. — Et la
règle pourquoi est-elle donc ainsi faite ? — Cette
question n'est pas de ma compétence : je ne puis que
croire bonnes les raisons pour lesquelles on l'a établie.
En voici une qui vous suffira peut-être : aux Missions Étrangères nous ne faisons point de vœux
particuliers comme les enfants de saint Vincent-de-
Paul et tous les religieux. Nous demeurons toujours
attachés au diocèse d'où nous venons. Vous pouvez
tirer vous-même pour conclusion, qu'il est bien plus
facile aux Lazaristes et aux autres, attachés à une
maison par des vœux, de résister aux impressions des

sentiments excités par les visites à leur famille, qu'à nous qui nous sentirions encore quelque petite liberté, malgré les liens de convenance, de justice, etc., par lesquels nous sommes aussi liés. Si donc, mon cher Léandre, le bruit court à Angoulême que j'irai y faire un tour, exprimez mon regret de ne le pouvoir faire et donnez les susdites raisons, puisque vous n'en avez pas d'autre pour le moment.

« La nouvelle qui m'a fait le plus d'impression dans votre lettre, est la mort de mon bien cher confrère, M. Nau ; M. Richette n'en a pas été moins impressionné que moi.

« Je ne sais si j'ai beaucoup de nouvelles à vous apprendre, je me contente de celle qui suit : L'année dernière, j'écrivais à M. Perissac qu'après notre *Te Deum* de l'ordination, nous en avions chanté, et de tout cœur, un autre pour remercier le bon Dieu d'avoir accordé la grâce du martyre à M. Vénard. Cette année, même cérémonie s'est renouvelée après le *Te Deum* de notre ordination. Un mandarin civil vient de faire mettre à mort, le 17 février ou 17 mars, j'oublie le mois en ce moment, un missionnaire de notre maison, parti il y a quatre ans, M. Néel, du diocèse de Lyon, trois indigènes chrétiens et une vierge, pour cause de religion, et *cela, au Koui-Tchéou, en Chine, où il y a des traités de paix avec les Français.* Fiez-vous-y.

« Je voulais écrire à M. le Supérieur. A cause de mes occupations, je ne le ferai que lorsque je saurai où je vais, c'est-à-dire vers le mois d'août. Veuillez lui offrir mes affectueux hommages ainsi qu'à MM. Dubois et Rosset. Ne m'oubliez pas non plus auprès de tous mes chers confrères d'Angoulême auxquels vous voudrez bien présenter mes amitiés.

« Adieu, mon bien cher ami. Au ciel ! A Dieu ! Croyez-moi toujours en J. M. J. votre très-affectionnant confrère.

« P. Aumaître (1). »

Ecoutons maintenant en quels termes il exprime sa joie du présent, ses espérances et ses craintes pour l'avenir :

« Bien cher père,

« Que le nom du Seigneur soit béni sur toute la terre !

« Je suis prêtre maintenant. Mon âme est pleine d'amour pour son Dieu. Non-seulement elle est pleine, mais elle déborde. C'est comme un vase trop petit pour contenir une grande quantité de liqueur. Je sens le besoin de verser cette suave liqueur de l'amour de mon Dieu dans un autre vase, et je n'en puis trouver d'autre aussi à mon goût que ton âme. Ce vase n'est pas vide, je sais que tu as de grands sentiments de foi et de piété, mais il n'est pas rempli comme il le devrait, et je voudrais autant que possible le remplir...

(1) 25 juin 1862.

« Je suis prêtre maintenant. Chaque matin j'offre sur l'autel à Dieu le Père, Notre Seigneur Jésus-Christ, contenu sous les saintes espèces du pain et du vin. Tous les matins, j'ai le bonheur de nourrir mon âme de ce pain quotidien, de cette nourriture céleste. — Tu es donc un saint maintenant, me diras-tu peut-être ? Non, mon cher père, bien loin de là. Je comprends plus que jamais combien par moi-même je suis faible, combien je suis enclin au péché. Je me sens de la force, il est vrai, je me sens du courage, je me sens comme enivré de l'amour de Dieu, ainsi que je te l'ai dit plus haut, je me sens disposé à entreprendre pour lui plaire tout ce qu'il y a de plus pénible, s'il le faut ; je suis prêt à faire tout ce qu'il m'ordonnera. Mais ces dispositions, ce courage, ne prouvent point que je sois un saint, parce qu'elles ne viennent pas de moi, elles viennent de cet aimable Sauveur qui vit en moi. C'est lui qui m'inspire, et qui, par sa grâce, me fait ce que je suis. Si j'ai quelque mérite, il ne consiste que dans le consentement que je donne à ces inspirations, Jésus-Christ parle en moi, et au lieu de lui dire : je ne veux pas, je dis : *Que votre sainte volonté soit faite ;* voilà mon seul mérite. Si Dieu retirait de moi ces grâces précieuses un seul instant, je deviendrais peut-être le plus misérable des pécheurs. L'exemple de tant de prêtres qui étaient des anges dans le commencement, et qui sont devenus des démons dans la suite, m'effraye. Mon Dieu ne m'abandonnez jamais, je vous prie.

Accordez-moi la grâce de ne jamais vous désobéir, et d'être toujours comme ce serviteur fidèle auquel son maître dit : viens ici, et il vient ; va là, et il y va ; fais ceci, et il le fait. Mais puisse-t-il aussi, cher père, puisse-t-il, ce Dieu d'amour, t'accorder la grâce de ne pas lui être rebelle, de ne pas t'opposer à ses volontés. Quand il te dira : donne-moi le fils que je t'ai donné, j'en ai besoin pour faire connaître mon nom aux peuples qui ne me connaissent pas (ce qu'il t'a déjà dit probablement plus d'une fois), puisses-tu lui répondre avec amour et complaisance : mon Dieu, vous le voilà. Vous pouvez le prendre sans ma permission ; mais j'aime mieux vous le donner de bon cœur. Voilà, cher père, la grâce que je demande quelquefois à Dieu, quand au saint sacrifice de la messe, je tiens en mes mains la victime sacrée. Il ne m'a pas encore exaucé, il a sans doute jugé mieux de ne pas le faire tout de suite. Cela viendra plus tard, j'en ai la douce confiance. En attendant, je dis toujours avec patience et résignation : Mon Dieu, quand vous voudrez ! Aujourd'hui et toujours *que votre sainte volonté soit faite* (1). »

Voilà M. Aumaître en possession de son sacerdoce. Comme l'oiseau pourvu de ses ailes, il aspire maintenant à s'envoler. Mais vers quel peuple dirigera-t-il son regard ? Homme d'obéissance, s'il y a dans son cœur quelque pays préféré, il a soin de n'en rien

(1) 10 juillet 1862.

laisser paraître au dehors. Ses supérieurs connaissent ses aptitudes, d'eux il attend un ordre qui sera l'ordre de Dieu même. Or, ses supérieurs le désignent pour la Corée, « la terre par excellence des martyrs » comme la nommait un martyr, Mgr Berneux. Quel *Te Deum* intime ne dut-il pas chanter à cette annonce ! Aussitôt il s'empresse d'en faire part à sa famille et à ses amis. Mais quelles précautions pour ne pas alarmer ses pauvres parents !

« Bien cher père,

« Que le nom du Seigneur soit béni sur toute la terre.

« Tu me témoignes le désir de me voir, et ce désir est très-ardent. Voilà surtout ce qui m'a fait grand plaisir ; je reconnais là un père. Et moi aussi je désirerais très-vivement te voir, d'autant plus que désormais cela me sera bien difficile, quand je serai à près ou à plus de trois mille lieues de toi. Ce n'est pas toi seulement que j'aurais désiré voir. Je sens, en quittant la France pour aller gagner quelques âmes à notre aimable Sauveur et faire bénir son saint Nom dans une terre où il n'est guère connu, je sens quelque chose d'indéfinissable qui porte mon esprit et mon cœur à Aizecq et à Couture. Oui, je désirerais aussi très-vivement te voir, et non-seulement toi, mais ma bonne mère, mes chers frères et mes chères sœurs, ma chère marraine, mes oncles et tantes, en un mot, tout ce qui se présente à mon souvenir, et tu peux penser qu'il s'y présente bien des choses. Mais il m'est impossible maintenant d'aller dans la Charente. D'abord, c'est contre la règle du séminaire...

« Je ne vais point en Chine comme vous le craigniez, chers parents, je ne vais point non plus en Cochinchine, ni au Tong-King. Ainsi, que ce nom de Chine ne vous effraie plus. Le pays dans lequel le bon Dieu veut que je fasse aimer et bénir son saint Nom, se nomme la Corée. Il y a là une dizaine de missionnaires et deux évêques sortis de ce séminaire. J'en connais même deux qui sont partis il y a deux ans. Ainsi, j'ai des connaissances en Corée, avant d'y arriver. L'un d'eux (1) m'a donné un petit Nouveau Testament, que j'ai encore et que je pourrai lui montrer. Je partirai avec dix autres confrères, qui vont les uns en Chine, les autres en Malaisie et en Mandchourie. Nous nous embarquerons sur le même vaisseau le 20 de ce mois, et nous nous séparerons peu à peu quand nous serons chacun près du pays où nous devons aller. Quatre autres partent pour les Indes le 10 de ce mois. On fait ordinairement une cérémonie *d'adieux* assez touchante la veille d'un départ du séminaire. Comme les deux départs se trouvent très-rapprochés cette fois-ci, on ne fera qu'une seule cérémonie pour tous, dimanche prochain, le 10. Puis, les uns quitteront Paris le soir

(1) M. Calais.

même ou le lendemain, et nous autres onze, nous partirons, le soir de l'Assomption ou le lendemain matin, avec un confrère qui retourne en Cochinchine, d'où il était venu il y a deux ans. J'aimerais bien mieux que ce fut le soir de l'Assomption, parce que c'est une fête de la Sainte Vierge, qui m'est très-chère : c'est le jour de l'Assomption que je me suis mis sous la garde de cette bonne mère en prenant ma première soutane, c'est le jour de l'Assomption que je me suis mis sous sa protection pour mon voyage, et que je vous ai recommandés à elle lorsque je suis venu ici, il y a trois ans. Je serais donc content de pouvoir quitter Paris le jour de l'Assomption, et, plus tard, de pouvoir quitter la terre, cette terre de douleur et de misères, pour monter au ciel, avec ma bonne et tendre Marie, le jour de l'Assomption.

« Puisqu'il m'est impossible d'aller vous voir, je désirerais bien, cher père, que tu vinsses ici samedi prochain. Tu assisterais à la cérémonie dimanche, tu te promènerais avec Adolphe et moi dans Paris les jours suivants, puis tu repartirais avec Adolphe le soir ou le lendemain de l'Assomption, il s'en va à cette époque, je crois. Je sais que tu changerais entièrement de sentiments si tu passais ici quelques jours. Je le sais pour avoir vu d'autres parents dans le même état que toi, changer du tout au tout. Et M. le Supérieur, qui en sait plus long que moi là-dessus, m'a dit de t'engager fortement à venir, afin que tu aies une idée véritable du séminaire des

Missions Etrangères, et de tous les séminaristes qui y sont.

« Mais ce que je désirerais surtout, c'est que tu ne vinsses pas seul. Si cela ne coûtait pas trop cher, combien je serais content de voir ma bonne mère ou au moins quelqu'un de mes frères ou sœurs, ou bien ma marraine. Mais cela te coûterait beaucoup. Puis, si tu ne veux rester qu'un seul jour à Paris avec moi, je t'en prie, il vaut mieux que tu ne viennes pas : cela me ferait plus de mal que de bien et à toi aussi. Si tu veux venir, soit seul, soit avec d'autres, bien-aimé père, fais-moi savoir le jour et l'heure de ton arrivée, afin que je puisse aller au-devant de toi à la gare du chemin de fer. Ne perds pas de temps. Ecris-moi le plus tôt possible.

« Adieu, cher père, chère mère et chers frères, adieu, adieu. Aimons bien le bon Dieu. Adieu.

« P. AUMAÎTRE (1). »

M. Aumaître crut bon alors d'exposer à l'un de ses oncles (2) les motifs de son départ ; il le fit dans la lettre suivante :

« Séminaire des Missions Etrangères, le jour de saint Gaëtan, 7 août 1862.

« Bien cher oncle,

« Que le nom du Seigneur soit béni sur toute la terre !

(1) 5 août 1862.
(2) M. Bély, de Condac.

« Je viens de recevoir votre lettre et je m'empresse d'y répondre, ainsi que vous me le demandez. Je sais la date de mon départ et le lieu de ma destination, seulement depuis quelques jours. Je pars, le soir de l'Assomption ou le lendemain matin, avec dix autres confrères et un ancien missionnaire, qui vont aussi chacun dans le lieu qui leur est assigné par la divine Providence. Nous nous embarquons à Marseille, le 20, sur un vaisseau à vapeur qui passera à Gibraltar, au sud de l'Espagne, fera le tour de l'Afrique, et ira dans une ville, sur les frontières de Chine, appelée Hong-Kong. Ce vaisseau est destiné à faire avec d'autres le service de la malle française, quand elle sera établie. A Hong-Kong, on m'embarquera non plus avec des confrères, mais avec deux jeunes élèves d'un collége que les missionnaires de notre maison dirigent dans une île appelée Paulo-Pinang. Ces élèves m'attendent à Hong-Kong pour se rendre dans leur pays qui désormais sera le mien, et s'appelle la Corée.

« C'est pour ce pays-là, mon cher oncle, que le bon Dieu me fait quitter la France Il veut que je me joigne à une dizaine de missionnaires qui y sont déjà, et que nous y fassions connaître et bénir son saint nom. C'est bien pénible, je l'avoue, de quitter sa famille en pleurs, d'abandonner tous ses parents et amis. Mais aussi combien le bon Dieu saura récompenser largement ces petits détachements ! Vous lui dites chaque jour dans votre prière : *Que votre nom soit sanctifié sur la terre comme au ciel, que votre volonté soit faite* partout. Eh bien ! c'est pour faire connaître et bénir ce saint nom, faire respecter cette sainte volonté, que le bon Dieu m'envoie en Corée. Comment pourrais-je lui résister ? Comment pourrais-je lui désobéir, lui qui m'a créé, qui me fait vivre, qui m'a racheté par sa mort ? Comment pourrais-je laisser tomber et périr dans l'enfer de pauvres âmes qui sont dans l'ignorance, et qui, dès qu'elles connaissent la religion chrétienne, aiment bien le bon Dieu, remplissent leurs devoirs religieux, non pas toutes, mais un grand nombre, quelquefois mieux que des chrétiens de nos pays de France, qui connaissent le bon Dieu et ne l'aiment pas. Ne faudrait-il pas avoir un cœur de rocher pour laisser ainsi périr dans l'ignorance de pauvres gens qui ont un corps et une âme aussi bien que nous ? Ne faudrait-il pas être barbare pour les laisser sans secours, quand le bon Dieu nous ordonne d'aller les instruire ? Que serions-nous, nous-mêmes, si nous n'avions pas été instruits, et si des apôtres et des missionnaires n'étaient pas venus, dans les premiers temps du christianisme, nous faire connaître notre sainte Religion ? Nous vivrions comme des sauvages. Il faut donc faire pour les autres ce qui a été fait pour nous, et ne pas craindre, quand Dieu nous appelle, la peine, la fatigue, la douleur de la séparation d'une famille chérie. Pour vous, mon cher oncle, et vous, ma chère tante, ainsi que mes aimables cousines, puisque Dieu ne vous appelle point à quitter tout pour aller faire bénir son nom, au moins faites donc ce qu'il vous demande, c'est-à-dire vivez toujours en bons chrétiens, recevez souvent notre divin Sauveur dans la sainte Eucharistie, et nous aurons, je l'espère, le bonheur de nous revoir pour toute l'éternité dans le ciel.

« En offrant mes sentiments d'amitié à M. l'abbé Chambaud, témoignez-lui la douleur que j'ai ressentie, ainsi que M. Richette, lorsqu'on nous a appris la mort de notre bien-aimé confrère, M. Nau ; je pense quelquefois à lui, ainsi qu'à MM. Hérault, Bréchet, Tirado, etc., au *Memento* des morts. Puissions-nous tous nous retrouver un jour dans la céleste patrie !

« Veuillez, cher oncle, dire bien des choses de ma part à mes oncles, tantes, cousins et cousines de Condac et de Ruffec. Adieu, cher oncle, tante et cousines. Adieu pour cette vie, adieu. Faites en sorte que nous nous retrouvions tous dans le ciel.

« Votre dévoué neveu et cousin en J. M. J.

« P. AUMAÎTRE,

« Miss. apost. en Corée. »

A ses amis, plus à même d'apprécier la glorieuse part qui venait de lui échoir, il laisse voir davantage la joie de son cœur. Voici une de ses lettres écrite au galop de la plume. Elle renferme un grain passablement gros d'originalité. Mais comme elle peint au vif M. Aumaître, nous n'hésitons pas à la citer tout entière. On y verra que la tristesse n'est point le sentiment qui domine dans son âme, à ce moment si voisin du départ.

« Séminaire des Missions Étrangères, le jour de saint Laurent, 10 août 1862.

« Bien cher ami,

« Que le nom du Seigneur soit béni sur toute la terre !

« Le petit coin où je dois, autant que je pourrai, faire bénir ce saint Nom, est la Corée. C'est là désormais ma patrie, si nous devons nommer un coin de terre une patrie. Je pars, avec dix autres confrères, le soir de l'Assomption ou le lendemain matin ; et je m'embarque à Marseille, sur un vaisseau qui mettra à la voile le 20.

« Vous ne pouvez pas douter, mon bien-aimé Monsieur Landreau, que je n'aie peu de temps pour vous écrire. Les sentiments pour vous ne me manquent cependant pas, en ce moment que je suis sur le point de vous quitter. Mais je sais que vous y voyez assez clair pour lire dans mon cœur, quelque éloigné qu'il soit, sans avoir besoin de lunettes. Tâchez donc d'ouvrir en ce moment les yeux le plus que vous pourrez, et croyez que, autant que ma pauvre nature me le permettra, je garderai toujours devant Dieu le souvenir de mon aimable et bien-aimé Monsieur Landreau. »

Il nous écrit également pour nous annoncer sa

mission et son départ. Sa lettre se termine ainsi :
« Adieu, bien cher ami. Nous nous reverrons un jour
au ciel : adieu ! A Dieu ! Soyons unis par la pensée et
la prière. Et croyez-moi toujours, en J. M. J. votre
ami dévoué.

« P. J. P. AUMAÎTRE.
« Miss. apost. en Corée. »

A M. Sarrazin il disait :

« Je ne vous donne pas de détails sur ma mission,
je ne la connais pas encore. Je n'y connais que deux
confrères, l'un se nomme M. Ridel, l'autre M. Calais.
Sur la photographie, qu'a chez lui M. Merceron, des
dix-huit missionnaires partis en 1860, vous recon-
naîtrez M. Calais à son air angélique et riant. On ne
peut guère entrer en Corée qu'une fois par an. Ces
messieurs y sont entrés du premier coup, avec deux
autres missionnaires, qui attendaient depuis deux ans.
Je tenterai d'y pénétrer vers la fin de février. Priez,
s'il vous plaît, afin que je ne sois pas obligé d'attendre à la fin de l'année suivante... Soyons toujours
unis, bien cher Monsieur Sarrazin, vous dans votre
quasi-Chine, et moi dans ma pauvre Corée, par la
prière et les travaux faits pour la gloire du bon Dieu.
Adieu, bien cher ami, adieu ; pensez à ces paroles :
Lœtatus sum (1)... »

Avant de partir, il voulut laisser à ses parents un
souvenir qui leur parlât sans cesse de lui et leur

______

(1) 7 août 1862.

rappelât en même temps sa noble mission. Il se fit photographier debout (1) , en face de l'image de Marie, la Reine des Apôtres et des Martyrs. De la main droite il presse sur son cœur sa croix de missionnaire, et de la gauche il montre au pied d'une sphère terrestre les paroles suivantes : AU MOINS PRIEZ S. V. P. POUR LES PAUVRES AMES QUI ME SERONT CONFIÉES. Dans cette expression du zèle qui s'oublie soi-même pour ne songer qu'au salut des autres, ne dirait-on pas comme un écho des magnifiques paroles de l'Apôtre : *Optabam... ego ipse anathema esse a Christo pro fratribus meis*, je voudrais être anathème et séparé de la présence de Jésus- Christ, si à ce prix, je pouvais procurer le salut de mes frères (2).

Ainsi qu'il avait été réglé par les vénérables directeurs du séminaire des Missions Etrangères, la cérémonie des *Adieux* se fit pour tous les missionnaires, le dimanche 10 août, fête du glorieux martyr saint Laurent. Touchante cérémonie s'il en fût jamais, et capable d'émouvoir les cœurs les plus durs. Comment en effet voir, sur le marchepied de l'autel, quinze

(1) Après le martyre de M. Aumaitre, on a mis en vente à Paris son portrait en missionnaire Coréen. Il a les cheveux courts, deux moustaches tombantes et la mouche, le reste de la barbe rasé. — Ne disons rien des habits. — C'est tout simplement un portrait de fantaisie. Les Coréens ne coupent jamais ni leurs cheveux, ni leur barbe. Ils y tiennent trop pour cela. D'ailleurs les coutumes empêcheraient toute innovation en ce point.

(2) Rom. IX, 3.

jeunes prêtres à qui leurs maîtres d'abord, puis leurs condisciples et une foule toujours nombreuse de fidèles, viennent baiser les pieds ; comment entendre chanter le psaume *In convertendo*, puis le cri sublime d'Isaïe répété par saint Paul : *Quam speciosi pedes evangelizantium pacem, evangelizantium bona*, qu'ils sont beaux les pieds de ceux qui annoncent l'Evangile de la paix ! Qu'ils sont beaux les pieds de ceux qui annoncent les vrais biens (1), sans être remué jusqu'au fond de l'âme? Et pourtant ce n'est pas tout. A ces chants de l'Eglise, succèdent bientôt les chants de l'amitié. Quel enthousiasme dans ce *Chant du Départ* (2) !

> Partez, hérauts de la bonne nouvelle,
> Voici le jour appelé par vos vœux ;
> Rien désormais n'enchaîne votre zèle,
> Partez, amis, que vous êtes heureux !
> Oh ! qu'ils sont beaux vos pieds, missionnaires !
> Nous les baisons avec un saint transport,
> Oh ! qu'ils sont beaux sur ces lointaines terres
> Où règnent l'erreur et la mort.
>
> REFRAIN.
>
> Partez, amis, adieu pour cette vie,
> Portez au loin le nom de notre Dieu,
> Nous nous retrouverons un jour dans la patrie,
> Adieu, frères, adieu.

(1) Rom. X, 15.

(2) Paroles de M. Ch. Dallet, missionnaire, l'auteur de l'*Histoire de l'Eglise de Corée*. Musique de M. Ch. Gounod, l'auteur de la *Messe du Sacré-Cœur*.

Qu'un souffle heureux vienne enfler votre voile,
Amis, volez sur les ailes des vents,
Ne craignez pas; Marie est votre étoile,
Elle saura veiller sur ses enfants.
Respecte, ô mer! leur mission sublime,
Garde-les bien, sois pour eux sans écueil,
Et sous ces pieds qu'un si beau zèle anime,
 De tes flots abaisse l'orgueil.

 Partez, amis, etc.

Hâtez vos pas vers ces peuples immenses;
Ils sont plongés dans une froide nuit,
Sans vérité, sans Dieu, sans espérance;
Infortunés! l'enfer les engloutit :
Soldats du Christ! soumettez-lui la terre,
Que tous les lieux entendent votre voix,
Portez partout la divine lumière,
 Partout l'étendard de la Croix.

 Partez, amis, etc.

Empressez-vous dans la sainte carrière,
Donnez à Dieu vos peines, vos sueurs,
Vous souffrirez, et votre vie entière
S'écoulera dans de rudes labeurs.
Peut-être aussi tout le sang de vos veines
Sera versé; vos pieds, ces pieds si beaux,
Peut-être un jour seront chargés de chaînes,
 Et vos corps livrés aux bourreaux ?

 Partez, amis, etc.

Partez, partez, car vos frères succombent,
Le temps, la mort, ont décimé leurs rangs;

Ne faut-il pas remplacer ceux qui tombent
Sous le couteau de féroces tyrans ?
Heureux amis ! partagez leurs victoires,
Suivez toujours les traces de leurs pas ;
Dieu vous appelle, et du sein de la gloire
  Nos martyrs vous tendent les bras.

  Partez, amis, etc.

Soyez remplis du zèle apostolique ;
La pauvreté, les travaux, les combats,
La mort : voilà l'avenir magnifique
Que notre Dieu réserve à ses soldats.
Mais parmi nous il n'est point de cœur lâche ;
A notre appel tous nous obéirons,
Nous braverons et la cangue et la hache,
  Oui, s'il faut mourir, nous mourrons.

  Partez, amis, etc.

Bientôt, bientôt, nous courrons sur vos traces,
Cherchant partout une âme à convertir ;
Nous franchirons ces immenses espaces,
Et nous irons tous prêcher ou mourir.
Oh ! le beau jour, quand le Roi des Apôtres
Viendra combler les désirs de nos cœurs,
Récompenser vos travaux et les nôtres,
  Et nous proclamer tous vainqueurs !

  Partez, amis, etc.

En nous quittant, vous demeurez nos frères,
Pensez à nous, devant Dieu, chaque jour ;
Restons unis par de saintes prières,
Restons unis dans son divin amour.

O Dieu Jésus! notre roi, notre maitre,
Protégez-nous, veillez sur notre sort,
A vous nos cœurs, notre sang, tout notre être,
A vous, à la vie, à la mort.

Partez, amis, adieu pour cette vie,
Portez au loin le nom de notre Dieu,
Nous nous retrouverons un jour dans la patrie,
Adieu, frères, adieu.

Au sortir de cette cérémonie des *Adieux*, les quatre missionnaires destinés aux Indes quittèrent le séminaire pour se rendre à Bordeaux où ils devaient s'embarquer.

Quant à M. Aumaître, ainsi qu'il l'avait annoncé à sa famille, il dut attendre le jour fixé pour son départ et celui de ses compagnons de voyage. Ce départ devait avoir lieu le soir de l'Assomption ou le lendemain. Mais il fut retardé jusqu'au lundi suivant, 18 août. M. Aumaître alla dire sa messe chez les Carmélites, aux prières desquelles il se regardait comme très-redevable. Peu après, lui et ses onze compagnons s'envolaient vers Marseille. Les douze nouveaux apôtres y arrivèrent le mardi 19 août, vers les sept heures du soir. Ils comptaient s'embarquer dès le lendemain. Diverses circonstances retardèrent d'un mois entier leur départ. M. Aumaître avait besoin de sa foi pour se consoler de ce long retard imposé à son zèle. Au lieu de nous plaindre de cette disposition inattendue de la Providence, nous nous en réjouirons, car elle nous a valu les lettres que nous sommes si heureux de lire maintenant.

« Mes chers parents,

« ..... La nuit qui a précédé mon départ de Paris, je me suis mis à vous écrire. J'avais déjà passé deux nuits sans me coucher avant minuit ou deux heures ; ma fatigue était extrême. Impossible de mettre deux lignes l'une après l'autre. J'écrivais comme quelqu'un qui rêve, relisant sans cesse ma lettre, et ne me rappelant plus à la fin ce que j'avais écrit au commencement. J'avais ainsi barbouillé quatre pages que j'ai déchirées. Je me suis remis à écrire et j'ai fait la petite lettre que vous avez probablement reçue, par l'entremise d'un confrère auquel je l'avais confiée avec plusieurs photographies, n'ayant pas le temps de vous envoyer le tout avant mon départ.

« La fatigue, jointe aux émotions que cause naturellement un semblable voyage, m'ont fait me trouver mal. Mais deux ou trois gouttes d'éther m'ont remis sur pied à la gare. Quelques heures après, l'appétit m'étant revenu, un bon bouillon a effacé les restes de ma légère indisposition. Depuis lors je me porte à merveille. Arrivés à Marseille le mardi soir vers sept heures, nous avons appris que le vaisseau, au lieu de partir le lendemain, 20 de ce mois, ne partirait que dans les premiers jours de septembre. Ce retard m'a permis de me reconnaître un peu et de vous écrire ces lignes. Le 20 était la fête de mon frère Jean, j'ai dit la sainte messe pour lui. Que de choses n'aurais-je point encore à vous écrire, bien chers parents ! Mais je n'ai ni le temps ni le lieu favorable pour le faire tranquillement. Adieu donc, cher père, adieu bonne mère, adieu chers frères et sœurs, adieu, adieu. Priez pour moi et pour les âmes qui me seront confiées. Adieu, soyons unis par la prière. Pensons que bien que séparés, nous pouvons recevoir en même temps, un seul et même Dieu, qui sera notre trait d'union dans la sainte Eucharistie. Adieu (1). »

M. Aumaître donnait les mêmes détails à sa marraine et à son oncle, puis il ajoutait :

« Nous sommes logés à l'hôtel de Rome, où l'on nous fait le plus possible de concessions. Quelques personnes veulent, je crois, se charger de payer sinon tout, au moins une grande partie de nos dépenses... Ainsi Dieu nous pourvoit de ce qui nous est nécessaire, sans que nous soyons trop à charge au séminaire. Plusieurs familles chrétiennes, trop heureuses d'avoir chez elles des missionnaires, nous ont invités à leur table. C'est ainsi, ma bonne marraine, que la divine Providence se charge de ceux qui s'abandonnent à ses soins. Le missionnaire est appelé à vivre au jour le jour, sans trop s'inquiéter du lendemain ; il est comme l'oiseau sur la branche et le lis dans les champs. Et, vous le savez, Notre Seigneur, qui donne à ce petit oiseau sa nourriture, à cette

(1) Fragment de lettre sans date.

fleur sa couleur si belle, a promis de s'occuper bien plus de ceux qui le servent. Nous pouvons donc en toute confiance nous abandonner à ses soins. Je sais déjà, par expérience, qu'on ne s'en trouve pas plus mal..... Une seule chose serait capable de nous attrister, c'est que tout le temps passé ici est du temps de moins passé dans notre mission. Mais puisque Dieu le veut ainsi, nous nous en consolons facilement. Adieu, cher oncle et chère marraine, priez, s'il vous plaît, pour les pauvres âmes qui me seront confiées (1). »

Un lien non moins fort que celui du sang pour les âmes bien nées, le lien de la reconnaissance, unissait M. Aumaître à Mme Desmiers de Chenon et à Mme de Saluces. Sur le point de partir pour les missions, il n'eut garde d'oublier ses dignes bienfaitrices. A l'une et à l'autre il envoya comme souvenir de précieuses reliques ; à l'une et à l'autre il écrivit pendant son séjour à Marseille.

Voici en quels termes il parlait à Mme de Saluces :

« Madame,

« Que le nom du Seigneur soit béni sur toute la terre !

« Si vous n'avez pas déjà reçu, avec son authentique, un petit reliquaire contenant des reliques de nos vénérables martyrs que je vous ai fait voir, lors-

______

(1) 25 août 1862.

que vous êtes venue à Paris, vous le recevrez très-prochainement. N'ayant pas eu le temps de vous l'envoyer avant mon départ, j'ai chargé un confrère de cette commission. C'est moi-même qui ai monté ce petit reliquaire, qui ai cousu toute la soie, attaché toutes les reliques, etc., pendant mes quelques jours de vacances passées à Paris. J'ose espérer, Madame, que vous daignerez agréer ce petit témoignage de ma reconnaissance (1)... »

Il écrivit dans les mêmes termes à Mme Desmiers de Chenon.

La lettre suivante contient des détails fort intéressants sur la cérémonie de consécration de la ville de Marseille à la Très-Sainte Vierge. M. Aumaître et ses compagnons eurent la joie d'y assister. Elle rend compte aussi du pèlerinage qu'ils firent à la Sainte-Beaume et à Saint-Maximin.

« Marseille, hôtel de Rome, le jour de saint Etienne, roi, 2 septembre 1862.

« Bien cher Adolphe,

« Que le nom du Seigneur soit béni sur toute la terre !

« Tu me crois peut-être déjà vers les côtes d'Afrique, ou du moins près de Gibraltar. Il n'en est rien. Je t'avais dit qu'à Bordeaux on envoyait dépêche sur

____

(1) 25 août 1862.

dépêche pour faire partir de Paris, les missionnaires, et que, ensuite, on les retenait dans le golfe de Gascogne tant et plus. Il paraît que le système change un peu, puisque M. Prouillard et les trois autres missionnaires sont partis immédiatement, tandis que nous sommes encore à Marseille. Deux heures après notre départ de Paris, M. Tosson recevait une dépêche lui annonçant que le vaisseau, au lieu de partir le 20 août, ne partirait que vers le commencement de septembre. Ce n'était plus temps, nous étions déjà loin.

« Il faut en toutes choses, surtout dans les contre-temps, chercher les desseins de la divine Providence : ici, ils me semblent faciles à découvrir. Si nous nous étions embarqués aussitôt après notre arrivée, nous nous serions trouvés très-fatigués sur le vaisseau. Les choses s'étant arrangées autrement, nous avons vingt-quatre heures tous les jours pour nous reposer. Et ces vingt-quatre heures paraissent vouloir se répéter souvent, puisque on vient de nous annoncer que, après avoir été jusqu'à Gênes, pour essayer le vapeur, on a trouvé dans la machine quelque chose qui ne va pas. Ce sera probablement un retard de quinze jours. Heureusement que la Compagnie des Messageries se charge d'une portion de nos frais à l'hôtel.

« La raison de santé pour notre corps, mon cher ami, n'est point la seule pour laquelle le bon Dieu nous a retenus ici quelques jours : la santé de notre âme y est plus intéressée encore.

« Le dimanche, 24 août, Mgr Cruice, évêque de

Marseille, a consacré son diocèse à la Sainte Vierge, cela m'a valu d'assister à la plus belle procession que j'aie vue de ma vie. Représente-toi toutes les confréries de Marseille, tous les ordres religieux, tout le clergé des paroisses au nombre de vingt et une, puis Mgr l'évêque de Marseille et quatre autres évêques précédés du corps des vénérables chanoines et suivis de la musique militaire, tu auras une idée de cette admirable procession. Pour moi, j'étais dans le ravissement. Une foule immense de fidèles encombraient les trottoirs du boulevard sur lequel s'avançait, dans le plus bel ordre, cette procession magnifique. Lorsque la procession quitta le boulevard pour arriver, en serpentant par les jardins publics, jusqu'à N.-D. de la Garde, toute cette multitude se porta elle aussi sur la montagne, d'où la chapelle semble commander à la ville de Marseille et à la Méditerranée. Cinquante mille personnes, dit le journal, couvraient le côté de la montagne situé entre le nord et le couchant. Je ne saurais t'exprimer, mon bon Adolphe, quelle a été ma joie en face d'un tel spectacle. On avait dressé un autel devant la façade de la chapelle. Une belle et grande statue de la Sainte-Vierge semblait, avec le divin Enfant, bénir tout ce peuple. La joie débordait de tous les cœurs et se manifestait par des cantiques très-divers. Chaque groupe suivait d'abord les élans de sa foi et de son amour pour Marie. Bientôt le chœur de la procession ayant réussi à dominer toutes ces voix confuses, tout le monde alors a répété avec un ensemble, comme tu peux te le figurer, sur un air très-connu, les paroles suivantes :

Mère de Dieu, quelle magnificence,
Dans ta cité resplendit en ce jour !
Marseille entier, plein de reconnaissance,
Vient à tes pieds, te vouer son amour.

Tendre Marie !
O mon bonheur !
Toujours chérie,
Tu vivras dans mon cœur.

Anges, soyez témoins de ma promesse,
Cieux, écoutez ce serment solennel :
Oui, c'en est fait, mon cœur plein de tendresse,
Jure à Marie un amour éternel !

Tendre Marie ! etc.

« A plusieurs reprises on chanta aussi sur l'air du *Magnificat* cette invocation si agréable au cœur de notre Mère : *Maria sine labe originali concepta, ora pro nobis, qui confugimus ad te* (1). Enfin les cris de : *Vive Marie !* mille fois répétés par cette multitude, me transportaient. J'étais hors de moi. S'il fallait te dire, mon cher ami, quelles étaient, en ce moment, mes pensées, je serais fort en peine. Je chantais et criais comme tout le monde, j'ai même versé quelques larmes. Parmi toutes les pensées qui

____

(1) *O Marie, conçue sans péché, priez pour nous qui avons recours à vous.*

traversaient mon âme, celle-ci ma fait le plus d'impression : quelle est donc celle pour qui on voit un pareil enthousiasme ? C'est une pauvre femme, une enfant de quinze ans, pauvre aux yeux des hommes, mais riche en grâce devant Dieu. Elle s'est cachée durant sa vie, et maintenant, on la montre à tout le monde comme un modèle. Elle s'est faite petite, et voilà qu'elle est grande. Pourquoi ? *Parce que le Seigneur a jeté sur la bassesse de sa servante un regard de complaisance. Parce qu'il a fait en elle de grandes choses, lui le Tout-Puissant. Quia respexit humilitatem ancillæ suæ..... quia fecit mihi magna qui Potens est.* Et comme conclusion, mon bon Adolphe, je n'ai pu que prendre la résolution d'être de plus en plus pauvre, de plus en plus petit, pour gagner des âmes à mon Dieu, et participer au ciel à la gloire de ma bonne Mère.

« Pour toi, conclus ce que tu voudras.

« Plus haut que les fidèles, tout le clergé de la procession était déjà groupé au pied de l'autel, lorsque arrivèrent les cinq évêques, donnant à droite et à gauche leur bénédiction. Ils se placèrent sur le degré le plus élevé. Alors Mgr Cruice prononça l'acte de cette solennelle consécration, il donna ensuite la bénédiction papale. La musique militaire et le bourdon de la cathédrale couvrirent bientôt sa voix. Après les cris de *Vive Marie !* etc., lancés aux cieux par tous les fidèles, on commença les chants de la bénédiction du T.-S. Sacrement.

« Pendant ce temps, je pensais à tous mes parents, amis, bienfaiteurs, maîtres, condisciples, etc. Je les mettais sous la protection de N.-D. de la Garde ; je pensais surtout à notre vaisseau qui était dans le nouveau port, mais que je pouvais distinguer entre les autres.

« La cérémonie se termina, après quelques coups de canon, par la bénédiction simultanée des cinq évêques. Cinq mitres et cinq crosses aux pieds de Marie, bénissant tout le peuple d'une ville à leurs pieds ! Je te laisse à penser, mon cher Adolphe, si cela était imposant.

« J'aurais à te parler, mon bien cher ami, d'une autre faveur que Dieu nous tenait en réserve dans ce prétendu contre-temps de notre retard. Tout ce que j'ai vu à la procession de N.-D. de la Garde, n'a pas fait tant de bien à mon âme et ne lui a pas donné tant d'ardeur pour le salut des pauvres infidèles, que le pèlerinage dont je veux maintenant te parler : mais je suis obligé pour ne pas être trop long, de te le dire en quelques mots. »

Ce pèlerinage c'est celui de la Sainte Baume et de Saint Maximin. Dans ces sanctuaires peuplés de tant de souvenirs, M. Aumaître eut le bonheur de dire deux fois la sainte messe. Avec quelle ferveur son âme aimante ne s'épancha-t-elle pas devant son Dieu au souvenir de celle à qui *beaucoup de péchés avaient été remis parce qu'elle avait beaucoup aimé* (1) !

____

(1) Luc. VII, 47.

Comme il sentit son amour pour le salut des âmes s'enflammer encore au souvenir des amis de Jésus, devenus sur une terre étrangère les Apôtres de la Provence par la fécondité de leurs prédications et de leurs prières ! « Et nous, continue-t-il, nous qui abandonnons comme eux notre patrie pour faire bénir le nom de Notre Divin Sauveur, nous devons trouver ici de précieuses leçons. Sainte Madeleine, cette pécheresse, devenue par un miracle de la grâce une des plus grandes saintes, sera un des souvenirs les plus instructifs de mon pèlerinage (1). »

Dieu ménageait encore une autre joie bien douce au cœur de M. Aumaître en le faisant ainsi stationner à Marseille. « Je n'ai qu'un regret, avait-il dit en partant pour le séminaire des Missions Etrangères, c'est de ne pas voir Richemont encore une fois avant de partir. » Oh ! bonheur inespéré ! Ceux qu'il aurait tant voulu voir, avant de quitter la Charente, il les trouve sur le port de Marseille avant de quitter le sol de sa patrie. Avec quelle effusion ne passa-t-il pas des bras de M. Dumas, supérieur de Richemont, dans les bras de M. Augereau, dont il avait été deux fois l'élève en *quatrième* et en *seconde !* Il pouvait maintenant partir puisque ses yeux avaient vu ceux à qui il avait voué une reconnaissance éternelle.

Le départ fut irrévocablement fixé au 20 septembre. On ne lira pas sans attendrissement la dernière lettre

(1) A M. Adolphe Pichon. 2 septembre 1862.

qu'il écrivit de Marseille à ses parents pour leur annoncer cette heureuse nouvelle. C'est comme le testament de sa piété filiale.

> « Marseille, Maison des Pères et des Sœurs de la Retraite, le jour de saint Janvier, 19 septembre 1862, 10 h. 1/2 du soir.
>
> « Très-cher père, très-chère mère,
> « Très-chers frères, très-chères sœurs,

« Que le nom du Seigneur soit béni sur toute la terre !

« Il y a ce soir un mois, en arrivant à Marseille, vers les sept heures du soir, nous ne pensions pas que le bon Dieu dût nous y faire demeurer si longtemps. Mais il avait ses raisons pour cela, vous avez pu vous en convaincre en lisant ma lettre à Adolphe. Depuis lors, nous avons logé fort longtemps à l'hôtel, aux frais du Séminaire et de la Compagnie à laquelle appartient notre vaisseau. Puis, des personnes charitables, voyant que notre séjour se prolongeait beaucoup, ont voulu nous épargner quelques dépenses en nous prenant chez elles. Nous nous sommes donc divisés de côté et d'autre. Pour moi, depuis huit jours, je vis et loge chez les *Pères et les Sœurs de la Retraite*. Ces bons religieux sont excellents pour moi. J'ai une chambre à mon usage exclusif ; et, pour mes repas, je les prends avec le Père Général de l'Ordre et avec l'aumônier.

« Notre vaisseau est enfin prêt. Demain nous nous

embarquons à deux heures de l'après-midi. Nous irons avant de partir recommander notre voyage à N.-D. de la Garde. Mgr l'évêque de Marseille viendra, je pense, bénir notre vaisseau.

« Quand je serai au milieu de cette mer immense, entre le ciel et l'eau, chers parents, je penserai souvent à vous, j'adresserai à Dieu quelques prières pour vous. Veuillez aussi prier un peu pour moi, afin que mon voyage soit heureux, et que je puisse faire bénir le nom du Seigneur Jésus par ces pauvres peuples qui l'ignorent, mais qui le béniraient s'ils avaient le bonheur de le connaître.

« Ma bien chère mère, c'est surtout à toi que je me recommande, parce que le bon Dieu t'a donné une science, qu'il a refusée à bien des savants. Il t'a appris à faire ce qu'on appelle *méditation* ou *oraison*, sans que tu t'en doutes, et sans que tu saches même ce que veulent dire ces mots. Quand donc tu seras en *oraison*, c'est-à-dire, quand tu seras seule soit dans les champs en travaillant, soit au coin du feu en te chauffant, soit assise près de la porte, par un beau clair de lune, ou par une soirée tranquille, et que tu penseras aux bontés de Dieu, à sa grandeur, à la magnificence de ses ouvrages ; quand tu lui adresseras sans parler quelques paroles intérieures, quelques petites prières auxquelles tu songeras, sans même remuer les lèvres, comme je t'ai vu faire quelquefois, alors, ma bonne mère, pense un peu à ton pauvre fils; offre-le au bon Dieu, et offre-toi aussi tout entière ;

offre-lui tes actions, tes travaux, tes peines. En ces heureux moments, quand l'âme s'élève ainsi vers son Dieu, c'est alors que ce divin Créateur écoute avec plaisir non pas les paroles, mais les pensées et les sentiments de sa créature. C'est alors qu'il se plaît à la consoler par l'espoir d'une éternelle récompense.

« C'est pour cette récompense, après la gloire de Dieu, que nous avons été créés, chers parents : c'est pour cela que nous vivons et travaillons ; faisons donc en sorte que nos travaux ne soient pas inutiles.

« J'ai reçu ta dernière lettre quelques jours avant de recevoir celle d'Adolphe, cher père. Ainsi que tu me le dis, j'écrirai le plus souvent que je pourrai. Mais une fois entré dans ma mission, ce *plus souvent que je pourrai* n'arrivera pas très-souvent ; vous le comprenez, chers parents, une lettre doit mettre quelques jours à parcourir quatre ou cinq mille lieues. Le principal, c'est que nous soyons unis par la pensée, et non pas par une vaine pensée, mais par une pensée chrétienne. Le principal, c'est que nous priions les uns pour les autres, surtout quand nous aurons le bonheur de recevoir N. S. J.-C. dans la Sainte Eucharistie. Ce divin Sauveur sera tout entier où vous le recevrez, tout entier où je le recevrai, et cependant il ne sera pas plusieurs, mais un seul Dieu ! Comme cela est admirable ! comme il est doux, comme il est agréable de s'unir ainsi en Jésus-Christ ! Désormais donc, cher père et chère mère, chères sœurs et chers frères, que le corps et le sang, que l'âme et la divinité de N. S. J.-C. dans le Saint-Sacrement de l'autel, soit notre principal trait-d'union.

« Adieu, adieu, à Dieu, au ciel.

« Votre très-affectueux fils, frère, filleul et neveu.

« P. AUMAÎTRE,
« Miss. apost. en Corée. »

« Il est maintenant plus de onze heures.

« Adieu, adieu. »

Nous l'avons vu par cette lettre, un mois de séjour à Marseille fut imposé par la divine Providence à M. Aumaître et à ses compagnons. Les ardeurs de leur zèle, si longtemps comprimées, vont enfin être satisfaites. Mais avant de s'embarquer ils veulent confier encore leur longue traversée à la Protectrice de Marseille. Tous les douze ils gravissent les pentes de N.-D. de la Garde et disent une dernière fois la messe dans ce sanctuaire de la Patronne des mers. Peu d'heures après, ils prennent place sur le vapeur l'*Hydaspe*. C'était le samedi 20 septembre 1862. Heureux missionnaires ! bientôt ils vont dire adieu aux rivages de leur patrie ; bientôt ils vont saluer d'autres rivages, une autre patrie, celle que Dieu leur donne à évangéliser, que déjà ils aiment, et vers laquelle les anges ont hâte de les conduire.

Respecte, ô mer ! leur mission sublime,
Garde les bien, sois pour eux sans écueil,
Et sous ces pieds qu'un si beau zèle anime,
De tes flots abaisse l'orgueil.

CHAPITRE VIII

DE MARSEILLE A L'ÎLE MAURICE

Départ de Marseille. — N.-D. de la Garde. — Installation à bord.
— Mal de mer. — Méditerranée et Océan. — Saint-Vincent. —
Passage de la *Ligne*. — *Baptême* de la *Ligne*. — Relâche à
Saint-Paul-de-Loango. — Arrivée au Cap-de-Bonne-Espérance. —
Arrivée à l'île Maurice.

Nous avons sous forme de lettres, adressées soit à
sa famille soit à ses amis, un journal assez complet
de la longue traversée de M. Aumaître. Nous puiserons
dans ces diverses lettres les détails qui vont suivre.
Bien plus, il nous sera doux de citer le plus souvent
les paroles mêmes de notre saint missionnaire.

Quelles furent ses impressions au moment du
départ ? Nous les trouvons consignées dans une lettre
à son ami Adolphe.

« Bien cher Adolphe,

« Que le nom du Seigneur soit béni sur toute la
terre !

« ..... Toi qui cultives les belles-lettres, tu as dû
remarquer les pleurs abondants que le poète de Man-
toue fait couler des yeux de ses héros. Si, à ma

place, il eût décrit notre départ de Marseille, il n'eût pas manqué de dire :

Littora cum patriæ lacrymans, portusque relinquo (1).

« On voit bien que les missionnaires n'ont pas le temps d'être poètes ; car, je puis te l'assurer, mon cher ami, pas une larme n'est tombée de nos yeux. Sans doute quelques regrets venaient bien nous émouvoir, il ne faut pas t'imaginer que nos cœurs fussent de bronze ; mais d'autres pensées occupaient nos âmes et empêchaient nos larmes de couler. Nous pensions aux âmes qui nous attendaient sur la rive lointaine ; nous pensions à l'immensité des mers que nous commencions à parcourir, aux vagues mugissantes, qui peut-être allaient engloutir notre navire et nous. Dans ces sentiments, nous tournions nos regards vers Marie, l'*Etoile des mers*, nous considérions sur le haut de la montagne voisine la chapelle de N.-D. de la Garde, où le matin nous avions offert le saint sacrifice... Au signal de M. le Commandant de l'*Hydaspe*, nos douze voix n'en formant qu'une seule faisaient entendre à tous les spectateurs, qui nous saluaient sur le quai, le joyeux chant de l'*Ave, maris stella*. Avec quelle confiance, j'aime encore à me le rappeler, mon bon Adolphe ; avec quel accent de piété, nos cœurs plus que nos bouches disaient :

(1) J'abandonne en pleurant le port et les rivages de ma patrie. (Enéide, l. 5. v. 10).

*

Vitam præsta puram,
Iter para tutum,
Ut videntes Jesum,
Semper collætemur (1)!

« Si la Religion a tant de charmes, tant de puissance pour nous rendre joyeux, quand cette vie ne nous présente que des sujets de tristesse, que sera-ce donc au ciel où la joie est pure et sans mélange (2) ! »

Mais suivons jour par jour le récit que M. Aumaître nous a laissé de son voyage.

« Iles du Cap-Vert, rade de Saint-Vincent, à bord de l'*Hydaspe*, le jour de saint François-d'Assise, 4 octobre 1862.

« Bien chers parents,

« Que le nom du Seigneur soit béni sur toute la terre !

« Quelques heures après avoir mis à la poste la dernière lettre que je vous ai envoyée de Marseille, je montais à bord de notre vaisseau appelé l'*Hydaspe*, et je n'en suis descendu qu'hier pour aller voir un peu la ville de Saint-Vincent. En quittant le port de Marseille, plusieurs personnes qui étaient venues nous accompagner, nous saluaient pour la dernière fois, lorsque M. le Commandant du navire nous dit que

(1) Donnez-nous une vie pure, un voyage sans accident. Faites-nous voir un jour Jésus, ce sera notre éternelle joie.
(2) 19 octobre 1865.

nous pouvions commencer à chanter ainsi que nous le lui avions demandé. Aussitôt nous nous retournâmes du côté de N.-D. de la Garde, et nos douze voix unies ensemble chantèrent l'*Ave, maris stella.* Quelques instants après nous considérions encore à l'aide d'une lunette les montagnes de France lorsqu'on nous appela pour dîner. Sous le rapport de la cuisine nous sommes parfaitement servis, aussi bien ou mieux qu'à terre. Pour le logement il n'en est pas tout à fait ainsi. Les chambres à coucher, les plus grandes, ont sept à huit pieds au carré ; quatre personnes doivent y trouver place. Il y a dans chaque chambre deux lits larges à peu près d'un pied et demi ou deux pieds, placés l'un au-dessus de l'autre ; il y a ensuite deux canapés de même grandeur ; deux personnes y trouvent place pour la nuit. Si vous ajoutez à cela deux petits meubles et quelques porcelaines indispensables, vous avez tout l'ameublement. La chaleur y est très-forte, mais on n'y demeure guère que pendant la nuit. Le jour on monte sur le pont, et, grâce à une toile tendue, si le vent souffle un peu, on s'y trouve fort à l'aise. M. le Commandant, sa femme, tous les officiers et même les matelots, sont pour nous pleins de bonté.

« Nous sommes peu de passagers : M. le Procureur impérial de Bourbon, sa femme et leurs deux enfants, un artiste musicien, sa femme, son fils et sa fille, deux autres messieurs et nous, en tout vingt-deux passagers. Comme le vaisseau en peut contenir quatre cents nous ne sommes pas trop gênés. Nous avons sept chambres pour nous douze. Dans deux de ces chambres nous avons construit des autels, et, quand la mer n'est pas trop agitée, nous pouvons y dire la sainte messe. Le dimanche nous transformons en église une vaste salle à manger. L'un de nous y dit la messe à neuf heures, et tous ceux qui le veulent peuvent y assister.

« En partant de Marseille, la mer était très-calme. Le lendemain, qui était dimanche, un de nous a pu dire la sainte messe dans la grande salle, les autres ont fait la sainte communion. Le lundi, fête de saint Thomas-de-Villeneuve, trois confrères devaient offrir le saint sacrifice dans les petites chambres. L'un d'entre eux se trouvant indisposé, n'a pas voulu se hasarder à monter à l'autel. C'était mon tour après lui. Ne me sentant pas souffrant, je l'ai remplacé ; mais ce n'est pas sans peine. Quand je suis arrivé à la fin je suais à grosses gouttes et commençais à sentir des faiblesses. » C'était le mal de mer dont notre missionnaire sentait les premières atteintes. « Toute la journée, dit-il, je fus horriblement tourmenté de soulèvements de cœur et de vomissements. Pour me soulager il aurait fallu manger, mais je n'avais de goût pour rien, tout me répugnait. Le soir je ne pus pas même me décider à me mettre à table. Je n'avais non plus aucun goût pour prier. Je n'ai point pu dire mon Bréviaire, c'est à peine si j'ai pu réciter mon chapelet et offrir au bon Dieu la peine que j'endurais, pour le salut des âmes qui me seront confiées, pour mes parents, mes amis et pour tous ceux qui se sont recommandés à mes prières. La nuit et la moitié du jour suivant se sont passées de la même manière. Cependant la mer était redevenue très-calme, on aurait dit une *mer d'huile*, selon l'expression des Marseillais. Je commençai alors à sentir plus que jamais le besoin de manger. L'idée me vint de mettre quelques miettes de pain dans de l'eau; je les avalai et ne les vomis pas. Depuis ce moment je me sentis un peu mieux; le soir je pus prendre quelque nourriture; la journée suivante se passa très-bien, j'étais complètement guéri.

« Cependant notre navire allait toujours bon train. Nous avions vu les côtes d'Espagne et les îles Baléares, déjà nous approchions de l'Afrique. On nous dit que nous passerions le détroit de Gibraltar vers le milieu de la nuit. Deux de mes confrères et moi nous restâmes sur le pont pour voir ce détroit. Comme c'était la nuit, nous ne pûmes pas voir grand chose. Nous sentions, en entrant dans l'Océan Atlantique les flots plus forts, et, pour éviter le mal de mer, nous allâmes nous coucher. Cette précaution ne nous empêcha pas d'avoir le lendemain, presque tous, beaucoup à souffrir. Impossible de vous figurer les douleurs que cause le mal de mer. Heureusement qu'il passe vite et ne laisse point de convalescence. Cette fois j'en fus quitte pour un jour de souffrance. Je me suis habitué au balancement du vaisseau, et, bien qu'il ait eu parfois de très-fortes secousses, je n'ai pas senti le moindre dérangement. Depuis lors, je me suis parfaitement porté, je mange comme quatre ; l'air de la mer me fait beaucoup de bien.

« Durant notre voyage, jusqu'à Saint-Vincent, nous n'avons guère vu que le ciel et l'eau. Nous sommes passés près de l'île de Ténériffe. Au milieu de cette île s'élève une montagne qui a quatre mille mètres au-dessus de la mer. Nous l'avions dépassée de plusieurs lieues que nous en voyions encore le sommet couvert de neige. Parfois des marsouins, poissons gros comme des veaux, et des poissons volants nous divertissaient un instant de la monotonie des flots. Enfin, mercredi matin nous avons encore vu la terre, à Saint-Vincent, l'une des îles du Cap-Vert. Cette île est complètement nue, pas un arbre, pas un coin de terre labourable, rien que des montagnes. Sur la côte se trouve un groupe de quelques maisons habitées par des Portugais et des nègres. C'est en face de cette ville que nous sommes depuis quatre jours. On s'y est arrêté afin de renouveler la provision de charbon nécessaire pour l'entretien de notre machine. Ce soir on aura fini de charger et nous partirons, je pense, cette nuit ou demain matin.

« Hier, je suis descendu à terre avec quelques-uns de mes confrères. Une foule de petits enfants les uns blancs, les autres noirs, les autres métis, nous ont aussitôt environnés. De tout ce qu'ils nous disaient nous n'avons pu rien comprendre si ce n'est le mot *médaille,* qu'ils prononçaient en nous montrant leur cou. Nous leur en avons donné quelques-unes et leur avons demandé où demeurait le *Signor Padre* (M. le curé), ils nous ont conduits chez lui. Ce prêtre est un nègre qui a fait ses études en Portugal. Nous n'avons pu d'abord nous faire comprendre que par gestes. Mais un de nos confrères ayant eu l'idée de lui parler en Auvergnat (cela ressemble sans doute à l'Espagnol ou au Portugais), il s'est fait un peu comprendre. Ce prêtre nous a conduits à son église, qui est assez propre : puis il s'est chargé de nous acheter du vin et des cierges pour nos messes sur le navire. Nous avons fait ensuite une petite promenade sur une montagne ; là nous avons dit nos vêpres, et nous sommes revenus à bord pour dîner.

« Aujourd'hui, quelques confrères sont encore descendus à terre : je profite de leur absence pour vous écrire. Le bruit de la machine qui monte le charbon, le mouvement du navire qui se balance, les voix de ceux qui causent sur le pont, à mes côtés, font qu'il vous sera peut-être difficile de lire mon écriture. Je dois avoir fait beaucoup de phrases qui ne sont pas françaises, mais comme vous ne montrerez guère cette lettre, cela passera tout de même. J'écris surtout pour vous tranquilliser, pour vous apprendre que je me porte très-bien et que jusqu'ici nous avons eu très-beau temps...

« *P.-S.* Je ne sais point au juste quelle distance nous sépare de Marseille. Vous pouvez le calculer vous même en pensant que nous nous sommes mis en mer le 20 septembre à quatre heures du soir, que notre vaisseau parcourt un peu plus de trois lieues à l'heure, et que nous avons toujours filé de la même manière jusqu'à mercredi matin, 1er octobre, où nous sommes arrivés à Saint-Vincent (1). »

Le lendemain, 5 octobre, était la fête du Saint-Rosaire. Nos missionnaires célébrèrent la sainte messe, et le navire, ayant fait sa provision de charbon, leva l'ancre vers midi. La mer était magnifique. Il fallut quand même subir les tourments du mal de mer pendant deux jours. Le 13 octobre ils passaient la *Ligne*. On sait à quels amusements se livrent les marins à l'occasion de ce passage. Parfois les cœurs chrétiens ont grandement à gémir à cause de la parodie des cérémonies saintes du Baptême dont ils sont les témoins. Des marins s'habillent en prêtre, en enfant de chœur, celui-ci est parrain, celui-là est marraine, pour donner ce qu'ils nomment le *Baptême du Père la Ligne*. Ils jettent en abondance de l'eau sur ceux qui n'ont pas encore passé la ligne, en abusant quelquefois des paroles sacramentelles du Baptême. On boit, on chante, on s'amuse. La discipline du bord sait, ce jour-là, se relâcher un peu de sa sévérité habituelle.

On comprend sans peine l'ennui des missionnaires, quand il leur faut assister à pareil baptême, parfois

(1) A ses parents, 4 octobre 1862.

même le recevoir ; cela dépend du commandant, qui les force à subir ce jeu si peu divertissant pour eux, ou qui les en dispense en leur permettant de se retirer dans leurs cabines. Comment s'arrangèrent les choses pour M. Aumaître et ses confrères, lui-même va nous le dire.

« Quelques jours avant d'arriver à la *Ligne*, nous nous demandions quel parti prendrait à notre sujet le Commandant. Il avait jusque là été bon pour nous ; mais nous le voyions dans un grand embarras. En effet, laisser les marins faire le *baptême*, c'était nous contrarier ; les en empêcher, c'était leur faire de la peine. Eux qui travaillent tant chaque jour, n'était-ce pas bien dur de leur retrancher ce plaisir ? Puis les autres passagers n'auraient-ils pas été bien aises de jouir de ce divertissement ? Et, à cause de nous, fallait-il les en priver ?

« Un soir, il nous fit appeler et nous dit les mesures qu'il avait prises : il laisserait tout le monde s'amuser, nous pourrions nous-mêmes prendre part à la fête si nous voulions, car il n'y aurait rien de mal dans les amusements. Nous lui répondîmes : S'il doit y avoir quelque chose qui tourne en ridicule les cérémonies de la religion, nous désirons être dispensés d'y prendre part : mais si l'on se borne à de simples amusements, nous y assisterons volontiers, sans cependant y participer.

« Voici comment se passa la fête.

« La veille au soir on entendit un matelot du haut

d'un mât crier avec un porte-voix : « Moi, *Père la* « *Ligne*, j'apprends qu'un navire se dispose à tra- « verser mon empire : sachez que sans mon consen- « tement on ne passe pas dans ces lieux. » Puis on vit sortir des voiles et descendre par les haubans un homme en pantalon blanc avec des bottes à l'écuyère, une veste à deux battants et un chapeau noir ciré, orné d'une cocarde : vous auriez dit un facteur de ville. Il monta à cheval sur un autre matelot couvert d'une grande toile, puis il vint à M. le Commandant, qui était avec nous et les autres passagers. Il ouvrit sa boîte, et lui remit gracieusement une lettre de la part du Père la Ligne. Cette lettre portait en substance que le Père la Ligne viendrait lui faire visite le lende- main à midi et reconnaître les citoyens qui n'avaient pas encore passé par son empire : ensuite il offrait un beau bouquet et un petit gâteau à une proche parente de M. le Commandant qu'il avait appris être dans sa compagnie. Le Père la Ligne voulait parler de la femme du Commandant. Cette dame reçut les pré- sents : on fit boire un coup au facteur et à son cheval, puis ils repartirent tandis que nous mangions chacun une bouchée du gâteau du *Père la Ligne*. Le lende- main, les matelots dressèrent sur le pont une belle maison faite de toiles et ornée de drapeaux. A midi le Père la Ligne en sortit avec toute sa cour, composée de matelots habillés chacun de la manière la plus étrange. Les musiciens ouvraient la marche, et Dieu sait quelle musique ils tiraient de leurs instruments !

Puis venaient les ministres, enfin le Père la Ligne avec ses grands cheveux... de filasse, et sa longue barbe de filasse aussi. Madame la Ligne accompagnait son auguste époux (un matelot revêtu d'une crinoline et d'autres vêtements de femme faisait cette gracieuse princesse). Le Commandant et le Père la Ligne firent échange de compliments entre eux. Les ministres procédèrent, au nom du prince, à la visite des passeports et des registres, pour savoir ceux qui devaient être baptisés, ils prirent ensuite la place du Commandant et des officiers, en imitant d'une manière grotesque tout ce qu'on fait pour gouverner le navire, calculer le nombre des lieues qu'on a faites, etc. Enfin arriva la cérémonie du *baptême*. J'ai hâte de le dire, tout se fit d'une manière raisonnable. Pas un matelot habillé en prêtre ni en homme d'église, pas une parole qui rappelât les paroles sacramentelles du Baptême. On se contenta de faire venir à tour de rôle ceux qui n'avaient point encore passé la Ligne, on les barbouilla de farine, avec un rasoir en bois on leur fit la barbe, puis, à l'aide d'une grosse pompe, on les arrosa largement. Ce fut la femme du Commandant qui passa la première. Vint ensuite le tour d'une autre dame et d'une petite fille, on les épargna un peu. Mais pour les autres, les jets de pompe ne leur furent pas comptés... Après cela vint l'arrosement général : le Commandant, sa femme, les officiers, les matelots jusqu'aux simples mousses, tous puisaient dans la mer de l'eau à

pleins sceaux qu'ils jetaient sur le premier venu.
Pour nous, missionnaires, et les autres personnes,
qui n'avaient pas voulu prendre part à la cérémonie,
nous jouissions de ce divertissant spectacle sans
recevoir une seule goutte d'eau, grâce à la dunette,
plate-forme élevée, où nous étions placés. Quand on
fut las de s'arroser, la fête changea d'aspect. Un
matelot monta où nous étions, et fit l'arracheur de
dents, le saltimbanque, que sais-je encore ? La pluie
survenant alors, nous rentrâmes dans nos cabines.
Ceux qui venaient de s'amuser allèrent changer de
vêtements et tout fut tranquille le reste du jour. Pour
le dîner, au lieu d'être divisés comme d'habitude en
trois sections : le Commandant et sa femme avec
les passagers de première classe, les passagers de
deuxième classe et enfin les officiers, nous fûmes
tous réunis à la même table ; nous étions, je pense,
plus de quarante convives, ce fut un vrai festin. De
leur côté les matelots et les chauffeurs firent aussi
un excellent repas. »

Ici notre zélé missionnaire toujours attentif à ne
laisser passer aucune occasion de donner aux siens
un bon conseil et d'élever leurs âmes vers les choses
du ciel, ajoute les réflexions suivantes :

« Voilà donc les joies du monde ! Quelle différence entre ces plaisirs et ceux que l'on goûte
au service de Dieu ! Quel contraste entre ces folies
bruyantes et les charmes et les douceurs de la méditation des grandeurs et des bontés divines ! Puis, que

reste-t-il des fêtes du monde ? Le regret, l'ennui : rien de plus. Que reste-t-il du service de Dieu ? La paix, la joie, l'espérance d'une paix plus parfaite et d'une joie plus vive, puisqu'au ciel jamais elles ne finiront.

« Depuis l'Espagne jusqu'à la Ligne nous avions eu un vent favorable. Mais quand nous l'eûmes dépassée de cent et quelques lieues, le temps changea, le ciel se couvrit de nuages, le vent tourna du nord au sud, et, bien que sous les Tropiques, nous eûmes grand froid. Ce vent contraire ralentissait de beaucoup la marche de notre vaisseau. Le Commandant fit descendre toutes les vergues, raccourcir les mâts afin que le vent eût moins de prise sur nous. On chauffa la machine très-fort, et, malgré toutes ces précautions, nous ne pouvions faire que deux lieues ou deux lieues et demie à l'heure, au lieu de trois et un peu plus que nous avions faites jusque-là. Notre provision de charbon prise à Saint-Vincent (400 à 450 tonneaux) pour aller jusqu'au Cap-de-Bonne-Espérance s'épuisait vite. Les mécaniciens calculèrent qu'ils n'en avaient plus que pour quelques jours. Imposible d'arriver au Cap sans prendre de nouveau charbon. Avec un vent favorable nous eussions pu aller à la voile, mais il n'y fallait pas songer. Le dimanche matin, 19 octobre, le vent était si violent et le navire si agité, qu'il nous fut impossible de dire la sainte messe ; le calice et les chandeliers n'auraient jamais pu tenir sur l'autel. Nous quittâmes alors la direction du Cap, et, au lieu d'aller à Sainte-Hélène, où se trouve un dépôt de charbon anglais, on se dirigea vers Saint-Paul-de-Loango. Cette ville située sur la côte de l'Afrique, appartient aux Portugais. Nous y arrivâmes le mardi, 21 octobre. On ne trouva pas les mêmes facilités qu'à Saint-Vincent pour charger le charbon ; aussi fallut-il quinze jours pour en prendre 300 tonneaux.

« Quels étaient les desseins de Dieu en permettant dans notre voyage ce retard de quinze jours ? Jamais il ne fait ou ne laisse faire une chose sans de bonnes raisons, il en avait de bonnes aussi dans cette circonstance. Nous les avons apprises depuis notre arrivée au Cap. De fortes tempêtes s'étaient fait sentir dans les parages que nous avions dû quitter faute de charbon, il nous eût fallu les subir. Sans ce retard, peut-être eussions-nous fait naufrage. O mon Dieu, vous êtes admirable dans les soins de votre divine Providence : soyez-en béni à jamais !

« En arrivant à Saint-Paul, nos provisions de vin, d'hosties, de cierges pour la sainte messe, étaient presque épuisées. Dès le lendemain deux d'entre nous allèrent à terre pour les renouveler. L'évêque de cette ville est mort depuis longtemps, un vicaire capitulaire le remplace, en attendant l'arrivée du nouvel évêque : c'est à lui qu'ils s'adressèrent. Avec quelle joie il les reçut ! Il leur donna tout ce qui était nécessaire pour la sainte messe, et les pria de nous faire venir tous le lendemain dîner chez lui. Tous, moins un, nous y allâmes. Un autre prêtre, un élève de philosophie, qui sont avec lui, et quelques enfants à qui ils enseignent la latin, dînèrent aussi avec nous. Il aurait voulu que pendant notre séjour à Saint-Paul nous fussions descendus chaque jour à terre, tant il avait de joie à nous voir. Comme il était très-difficile de se procurer des barques, il nous envoya trois ou quatre fois la barque du gouverneur de la province. Avec lui nous fîmes visite à ce gouverneur, qui nous reçut fort bien, et se promena quelque temps avec nous. Mais une de nos joies les plus vives ce fut de passer à terre les fêtes de la Toussaint. Un de nos confrères chanta la messe, je fis diacre, un autre, sous-diacre et les autres, chantres. Le dernier jour, ce bon et digne prêtre, après nous avoir exposé les peines qu'il a dans ce diocèse, nous dit adieu en versant des larmes.

« Nous levâmes l'ancre le 3 novembre. Le vent avait considérablement baissé, le ciel était devenu plus clair, le soleil nous faisait avoir grand chaud. Nous ne l'avions plus sur nos têtes, mais derrière nous. Habitués que nous étions jusque-là à voir le soleil en face de nous en regardant le midi, nous trouvions tout étrange d'être obligés de nous retourner vers le nord pour le voir encore. Jeudi dernier, 6 novembre, nous sommes enfin arrivés en rade du Cap-de-Bonne-Espérance. Quelques confrères sont allés faire visite à l'évêque irlandais, qui habite ici avec un prêtre et un sous-diacre : c'est tout le clergé du Cap. Il y a plusieurs temples protestants dans cette ville, qui appartient aux Anglais. On y compte trois mille catholiques, sans parler de ceux qui habitent les autres villes du diocèse et les campagnes. Dans tout ce diocèse il n'y a que six prêtres. Je suis allé à terre hier matin afin de pouvoir dire une messe en *noir* pour huit de nos confrères, qui ont fait naufrage, il y a environ deux ans, dans ces parages, ou peut-être un peu plus loin, nous n'avons jamais pu le savoir. Je n'ai point pu voir l'évêque, qui était en visite pastorale à six ou sept lieues de là. J'ai déjeuné avec son prêtre et son sous-diacre. Ce qui m'a fait grand plaisir au Cap ç'a été d'y retrouver les mêmes arbres et les mêmes plantes qu'en France, tandis qu'à Saint-Vincent tout est stérile, et à Saint-Paul la végétation toute différente. Nous nous trouvons ici à la saison du printemps. Comme le soleil est en deçà de la Ligne, les jours grandissent tandis qu'en France ils diminuent. Ce sera le contraire quand il repassera la Ligne, alors les jours grandiront en France et diminueront ici. La campagne est maintenant fort belle, le blé est en épi, les chênes sont couverts de feuilles et nous voyons les fleurs les plus variées. Cette saison correspond à celle du mois d'avril en France : seulement comme le climat n'est pas celui de la Charente, mais celui de l'Espagne ou de l'Algérie, la végétation est ici plus avancée (1). »

Le 20 novembre l'*Hydaspe* leva l'ancre et quitta le

(1) A ses parents, 18 novembre 1862.

Cap pour se diriger vers l'île Maurice. M. Aumaître va nous dire encore cette partie de son voyage; laisons lui la parole.

« Pendant quelques jours la mer a été un peu agitée. Une nuit même, une forte vague couvrit tout le pont et pénétra dans l'intérieur du navire. Cet accident, joint aux violentes secousses que nous éprouvions, ne nous permit pas de dormir. Heureux encore d'en être quitte pour si peu ; car, nous disait le Commandant, la mer est toujours fort agitée dans ces parages, et nous les avons parcourus à la saison du plus grand calme. En passant devant l'île Bourbon, qui appartient à la France, nous avons laissé M. le Procureur impérial, qui s'était embarqué avec nous à Marseille. Le lendemain notre navire jetait l'ancre à Port-Louis, capitale de l'île Maurice, afin d'y prendre du charbon et d'y recevoir quelques réparations (1). »

De bien douces émotions attendaient M. Aumaître dans cette ville hospitalière de Port-Louis. Il allait y former les liens d'une amitié toute à sa louange et à l'avantage des hôtes chrétiens qui l'y accueillaient. La suite de ce récit nous le montrera.

(1) A ses parents, 5 janvier 1863.

CHAPITRE IX

DE L'ÎLE MAURICE EN MANDCHOURIE

Port-Louis. — Bon accueil. — M. Tuckuell. — Bonne impression
laissée par M. Aumaître à Port-Louis. — Départ. — Messe de
minuit en mer. — Singapour. — Gros temps. — Mer de Soulou.
— Hong-kong. — Chang-haï. — Tché-fou. — M. Fergusson. —
Fraude des matelots chinois. — Rendez-vous pour la Corée
manqué. — Séjour en Mandchourie.

Voici ce que M. Aumaître dit de l'île Maurice et de
l'accueil que les habitants de Port-Louis firent à lui
et à ses confrères. C'est à ses parents qu'il parle
encore.

« L'île Maurice appartenait autrefois à la France ;
mais depuis 1814 l'Angleterre en est maîtresse. La
population est de races fort diverses : Anglais, Français, Indiens, Malais, Chinois, Créoles, s'y rencon-
trent ; il y a beaucoup d'Anglais et surtout beaucoup
de Français. Magasins, modes, langage, tout vous
rappelle la France. Dès le lendemain de notre arrivée,
je descendis à terre avec trois de mes confrères. Notre
première visite fut pour la cathédrale, où nous trouvâmes des prêtres de la Congrégation du *Saint-Esprit
et du Saint-Cœur de Marie*. Ces bons Pères nous conduisirent chez eux et nous reçurent parfaitement. Nous

parlâmes longuement de la France et de l'île Maurice. Ils mirent ensuite quatre de leurs chambres à notre disposition, surtout pour ceux que la mer fatigue le plus. Ils insistèrent pour que leur table fût la nôtre pendant tout le temps de notre séjour. Nous allâmes ensuite parcourir la ville et faire visite au vicaire général. L'Evêque est en ce moment en France. Un Père Jésuite nous invita tous, pour le dimanche suivant, à la pose de la première pierre d'une église en l'honneur de saint François-Xavier. Le lendemain il vint à bord nous renouveler son invitation. Un prêtre du pays vint à son tour, insistant très-fort auprès de nous pour avoir chez lui, à deux ou trois lieues de la ville, quelques-uns d'entre nous pendant sept ou huit jours. Ces invitations ne furent pas les seules. On fit si bien, que, pendant notre séjour à Port-Louis, nous ne sommes presque pas restés sur notre vaisseau. C'était à qui nous aurait tantôt à une cérémonie, tantôt à une réunion religieuse, tantôt à un dîner. Je n'en finirais pas, bien chers parents, si je voulais vous raconter toutes ces choses, toutes ces prévenances, qui nous rappelaient si bien l'esprit français. Je vous parlerai seulement d'une des familles au sein de laquelle j'ai goûté le plus de joie.

« A l'une des cérémonies auxquelles nous avons assisté, un jeune monsieur de vingt-deux ans nous témoigna un grand désir de nous voir chez lui. Sa conversation me montra en lui un homme très-aimable, et surtout profondément religieux. Il me dit qu'il était écossais, né dans le protestantisme et qu'il n'avait embrassé le catholicisme que depuis fort peu de temps ; que ses deux sœurs s'étaient aussi converties, et que l'une d'elles était morte comme une sainte, trois mois après sa conversion, laissant deux petits enfants, que son autre sœur élève très-chrétiennement. De ses deux beaux-frères l'un, celui dont la femme est morte, est encore protestant ; mais on espère qu'il embrassera bientôt la religion catholique, quand il la connaîtra mieux : l'autre est catholique depuis sa naissance, mais ne pratique pas beaucoup. Notre passage à Port-Louis l'a fort impressionné. Il a promis à sa femme de communier à Noël, et m'a prié de dire pour lui la messe ce jour-là, si je le pouvais ; je l'ai fait en mer.

« Un soir, aussi nombreux que nous avons pu nous réunir, car de tous côtés on se disputait le plaisir de nous avoir, nous sommes allés dîner chez ces messieurs. Vous ne sauriez croire, chers parents, combien ils étaient heureux d'avoir dans leur maison et à leur table des missionnaires, qui vont en Chine, ou en Cochinchine, ou en Corée, ou en Mandchourie, etc. Tous ceux qui nous avaient invités jusque-là étaient français comme nous ; cette famille est écossaise, et nous avons été tout surpris de trouver chez elle le cœur ouvert et joyeux que l'on ne trouve point ordinairement ailleurs comme chez les français. On nous a demandé des renseignements de toute sorte sur nos missions et sur nos familles que nous avons quittées pour gagner des âmes à N. S. J.-C. Mais c'est surtout lorsque j'ai pu causer en particulier avec ces fervents catholiques, chers parents, que j'ai vu leur amour pour une religion, qu'ils ont, disent-ils, connue si tard. Je suis allé plusieurs fois chez eux, j'y ai même couché deux nuits, et j'ai demandé en particulier à chacun ce qu'il pensait de la religion catholique avant de la connaître, et ce qu'il pensait de la religion protestante. Ils m'ont dit que, avant leur conversion, jamais ils n'avaient pu satisfaire ce désir naturel que nous avons tous d'aimer Dieu : tandis qu'ils étaient protestants tout leur paraissait froid ; et, maintenant, ils éprouvent une joie qu'il est impossible de définir.

Mme Marin surtout (c'est la sœur de M. Tuckuell, ce monsieur de vingt-deux ans dont je vous ai parlé) m'a entretenu très-longuement sur la religion et sur sa famille. Plusieurs de ses parents, qui habitent en Angleterre, ne sont pas encore convertis. Elle m'a engagé à prier pour eux. Quand elle a su les difficultés que j'avais eu à vaincre pour me faire missionnaire, la peine qu'ont éprouvée mon père, ma mère, mes frères et sœurs et mes autres parents, à cause de mon départ, elle m'a dit qu'elle voulait écrire à ma mère, et m'a demandé à toute force son adresse. J'ai eu beau lui dire que ma mère ne savait pas lire et qu'elle serait fort embarrassée pour lui répondre, elle n'a voulu rien entendre, et j'ai dû la lui donner. Si donc, vous receviez une

**

lettre de cette excellente famille, chers parents, je vous engage à leur écrire ou à leur faire écrire : cela leur fera grand plaisir. Quand j'ai vu Mme Marin pour lui faire mes adieux, elle a fait venir ses deux petits neveux et quatre ou cinq enfants et ses domestiques, puis elle s'est mise à genoux avec eux, afin que je leur donnasse ma bénédiction avant de partir. Son frère et son beau-frère, qui nous ont accompagnés au navire, ne nous ont pas quittés avant le moment du départ. Depuis lors, j'ai souvent pensé à eux, et le balancement du navire, qui nous indisposait un peu, ne m'a pas empêché de prier pour eux (1). »

Telle fut la bonne impression que M. Aumaître emporta de Port-Louis et de ses habitants, et, en particulier, de la chrétienne famille qu'il vient de nous faire connaître. Mais quelle impression y laissat-il lui-même ? C'est ce que nous apprend M. Tuckuell dans une lettre qu'il nous écrivait le 18 janvier 1869. Nous la citons presque en entier. Elle lui fait autant d'honneur qu'à M. Aumaître.

« .... M. Aumaître est arrivé à Maurice, en 1862, à bord de l'*Hydaspe*, avec plusieurs de ses confrères en route pour divers points de la Chine et de la Cochinchine. L'aspect de ce saint prêtre me frappa. Quand je le vis se promener sur le pont du bateau, il y avait dans son doux regard un cachet de piété et de saint recueillement qui m'invita à l'aborder. Lors-

____

(1) 2 janvier 1865.

que j'eus appris de lui qu'il était désigné pour aller
à la conquête des âmes en Corée, dans une mission
si peu accessible à la civilisation européenne, ayant
en perspective les souffrances de tout genre, une séparation définitive d'avec ses parents, ses amis, sa
patrie et, en dernier lieu, le sacrifice de sa vie à la
fleur de l'âge, je me sentis saisi d'admiration à la
vue de tant de générosité et de dévouement pour
l'amour de Jésus. Dès ce moment il s'établit une
sainte intimité entre nos âmes. J'eus le bonheur de
lui donner l'hospitalité, ce qui lui facilitait les moyens
de passer la plus grande partie de son temps en présence du T.-S. Sacrement, et d'offrir chaque matin
l'adorable sacrifice de la messe à terre, car notre
demeure n'était éloignée que de quelques minutes de
l'église. J'avais eu le bonheur d'embrasser le catholicisme quelques années avant l'arrivée de M. Aumaître. Mes deux sœurs avaient peu tardé à quitter,
elles aussi, le protestantisme au sein duquel nous
avions été élevés. La plus jeune de mes sœurs était
allée déjà recueillir la récompense de sa foi et de ses
vertus, et l'autre habitait sous le même toit que moi.
J'ai toujours considéré le séjour que ce saint prêtre
a fait chez nous, comme un témoignage sensible des
bontés de la divine Providence à mon égard.

« Ma sœur, Mme Marin, sentit sa foi se fortifier
sous l'influence des exemples de sacrifice et d'abnégation que nous avions devant nous. Les paroles
du saint martyr tendaient toujours au salut des âmes

et à la gloire de Dieu. Toutes les personnes qui l'approchaient se sentaient portées à servir Dieu avec un grand détachement des choses créées. Il cultivait en lui, à un bien haut degré de perfection, la vertu qui est la base de toutes les vertus chrétiennes : l'*humilité*. Il ne cachait pourtant pas qu'il aspirait au martyre comme récompense de ses sacrifices ; et l'on ne pouvait s'empêcher de remarquer en lui les vertus héroïques, qui font les saints. Son zèle apostolique ne se bornait pas aux personnes de la famille ; mais il passait volontiers son temps avec nos domestiques païens pour leur parler d'une autre vie et gagner leurs âmes à Dieu..... »

Nous verrons plus tard le missionnaire de la Corée n'oublier ni ses pieux hôtes ni leurs domestiques païens et continuer par lettre l'apostolat commencé dans l'intimité de la conversation. Revenons maintenant à la suite du voyage de M. Aumaître et laissons-lui encore la parole pour nous la raconter.

« Nous sommes partis de Port-Louis le 17 décembre, et, pendant quelques jours, nous avons eu une très-belle mer ; puis les vagues sont devenues plus fortes, quelques-uns d'entre nous seulement pouvaient dire la sainte messe. Le 24 nous étions persuadés que nous ne pourrions pas dire de messe de minuit. Mais sur le soir le calme a commencé. De notre mieux nous avons décoré l'autel dans l'un des grands carrés, et, pendant que l'un de nous a offert le saint sacrifice, les autres ont chanté l'*Adeste, fideles*, et quelques autres cantiques en l'honneur du Divin Enfant. Quel dommage que le temps n'ait pas été parfaitement beau ! nous aurions dressé un autel sur le pont et la cérémonie eût été bien plus complète. Malgré cela, nous avons été assez satisfaits. Offrir à Dieu la sainte victime qui est descendue du ciel pour nous sauver, l'offrir au milieu des mers, loin des bruits du monde, dans un endroit où la sainte messe n'avait eucore probablement jamais été célébrée : que c'est beau, que c'est touchant ! Pendant que les autres passagers faisaient joyeusement réveillon, nous sommes allés nous coucher et le matin nous avons pu tous dire la sainte messe : quelques-uns mêmes en ont dit trois.

« Nous espérions arriver à notre procure de Singapour le premier jour de l'an ; mais comme le Commandant n'était pas assez sûr dans le détroit de Malaca, nous nous sommes arrêtés pendant deux nuits ; et le 2 janvier seulement nous sommes entrés dans le port de Singapour.

« A peine étions nous réunis en famille dans notre maison qu'il a fallu nous dire un dernier adieu et nous séparer dès le 4 au soir. A cinq heures notre navire levait l'ancre. Au lieu de douze missionnaires nous n'étions plus que six et les passagers n'étaient plus les mêmes (1). »

_____

(1) Fragment de lettre sans date, mais des premiers jours de février 1865, à M. Bernard, supérieur du Grand Séminaire d'Angoulême.

« Malgré cet empressement à quitter Singapour, nous ne sommes pas arrivés plus tôt à Hong-kong. Nous avons mis quatorze jours pour faire cette traversée, tandis que six ou huit jours suffisent ordinairement. Le temps a été beau jusqu'à la hauteur de Saïgon. Le 5 et le 6 janvier nous avons tous pu dire la sainte messe sans aucun trouble. Il n'en a pas été de même les jours suivants. Le soir même de l'Epiphanie un vent très-dangereux dans ces parages, la *Mousson*, commença à se faire sentir. Pendant la nuit la mer devint de plus en plus mauvaise, le lendemain à chaque instant le pont était couvert d'eau, ce qui nous forçait de rester enfermés à l'intérieur; nous n'avancions presque plus. Notre vaisseau, malgré la puissance de sa machine chauffée beaucoup plus fort que d'habitude, avait peine à résister à la violence du vent, qui soufflait du nord où nous allions.

« En mer on a bien souvent ses peines et ses ennuis; tout n'y est pas rose, surtout pour les pauvres matelots, qui sont toujours accablés de travail quand il fait mauvais temps. Le Commandant paraissait tout triste, il ne savait trop que faire parce qu'on ne lui avait pas donné de cartes assez détaillées sur la mer de Chine. Il n'osait changer de chemin, et cependant il était presque impossible d'avancer.

« Enfin son parti est pris : à midi il donne l'ordre de faire revenir le navire sur ses pas. Nous calculions déjà que nous pourrions revoir Singapour le vendredi, lorsqu'un passager, capitaine italien, qui connaissait parfaitement depuis douze ans les mers de Chine, s'apercevant qu'on revenait, alla trouver le Commandant, lui donna une carte plus détaillée, et lui conseilla de se diriger vers l'est, où il trouverait le calme dans une mer située à quelques centaines de lieues, au milieu des îles Philippines. A quatre heures de l'après-midi on se dirigea donc du côté de l'est. Nous fûmes bien secoués, nous eûmes beaucoup de pluie et surtout beaucoup de brouillards qui nous forçaient de nous arrêter la nuit, quelquefois même en plein jour. Sans cette précaution, notre vaisseau eût été donner contre des rochers qu'on ne voyait pas, et s'y fût brisé. Enfin, après trois ou quatre jours de pénible navigation, nous arrivâmes dans cette belle mer dont avait parlé le capitaine italien. C'est la mer de Soulou. Jamais, en effet, je n'avais vu plus de calme. Depuis lors, jusqu'à notre arrivée, notre navire n'a pas éprouvé la plus légère secousse. Seulement, comme nous avions fait un grand détour, on craignait fort de n'avoir pas assez de charbon pour atteindre Hong-kong. En passant devant Manille, le Commandant et les officiers se demandaient s'ils iraient dans cette ville chercher de nouveaux combustibles pour la machine à vapeur ou s'ils continueraient leur voyage. Ce dernier sentiment prévalut, mais ils s'en repentirent quelques jours après. En effet, le 17 janvier au matin, ils n'avaient plus que vingt tonneaux de charbon : juste ce qu'il fallait pour entretenir la machine pendant vingt-quatre heures. En temps ordinaire cela eut suffi, car nous n'avions que soixante-quatre lieues à faire. Mais comme les brouillards étaient si épais qu'on voyait à peine à quelques pas devant soi, la prudence demandait qu'on allât lentement ; et cependant le charbon disparaissait vite. Pour l'épargner, on fit brûler de vieux sacs, enduits de poussière de charbon et de suif, tous le bois qu'on avait à bord et même deux vergues de rechange. Enfin Dieu permit que le brouillard se dissipât un peu ; assez pour voir la terre, ce qui nous rassura tous ; mais pas assez pour reconnaître l'entrée du port. Heureusement un pilote chinois, qui était dans les environs, entendit le sifflet de la machine à vapeur et vint, avec sa barque, nous montrer le chemin. Nous sommes entrés dans le port de Hong-kong le 18 janvier à six heures du soir. Deux confrères, qui nous attendaient depuis près de deux mois, vinrent avec une barque nous chercher à neuf heures et demie à notre navire. Bientôt nous étions à la procure des Missions Étrangères (1). »

Le séjour de M. Aumaître à Hong-kong ne dura pas longtemps. Les huit jours qu'il y passa en compagnie de ses confrères lui laissèrent les souvenirs les plus agréables.

« A notre procure de Hong-kong, écrivait-il à M. Bernard, nous nous trouvâmes encore une fois en

(1) A ses parents, 25 janvier 1863.

famille ; nous fûmes heureux surtout d'y rencontrer deux confrères, qui, après plusieurs mois de prison au Tong-King, avaient été mis en liberté lors de la prétendue paix avec la Cochinchine. Ils étaient là pour rétablir leur santé.

« D'ordinaire on n'est point à la procure pour y rester. Aussi fallut-il bientôt parler de séparation. C'est moi, bien cher Monsieur le Supérieur, qu'on a fait partir le premier. M. Libois, notre procureur, craignant que je ne fusse en retard si j'attendais le départ de l'*Hydaspe* pour Chang-haï, me fit prendre la malle anglaise, le 26 janvier ; et, quatre jours après je suis arrivé à la procure des Lazaristes d'où je vous écris cette lettre.

« Il me reste peu de place, Monsieur le Supérieur, pour vous exprimer longuement les sentiments affectueux que j'ai pour vous ainsi que pour M. Dubois, M. Rosset et les autres directeurs, s'il s'en trouve encore de ma connaissance au séminaire. Mais ces sentiments sont, je pense, assez connus ; j'ose espérer de votre bonté que vous saurez suppléer à ce que je ne dis pas.

« Je n'ai point le temps d'écrire à mes confrères qui sont encore au séminaire, ou qui sont dispersés dans le diocèse. D'ailleurs je n'aurais pas sitôt fini si je voulais écrire à tous ceux qui me sont chers. J'ose compter sur votre obligeance pour leur présenter mes amitiés et leur apprendre de mes nouvelles (1). »

(1) Fragment de lettre sans date, mais des prem. jours de fév. 1865.

A Chang-haï M. Aumaître trouva les deux jeunes Coréens. dont il a déjà parlé. Ils l'attendaient depuis plus de deux mois pour entrer avec lui en Corée. Un autre navire anglais le conduisit de Chang-haï à Tché-fou, petite ville placée au cap du Chang-Tong, sur les côtes de la Chine. M. Aumaître se borne à ces indications dans une lettre qui résume tout son voyage (1), et nous n'avons pas trouvé dans ses autres lettres de détails plus complets sur le trajet qu'il fit de Chang-haï à Tché-fou. La lettre qu'il écrivit de Mandchourie à ses parents contenait sans nul doute ces détails. Elle s'est perdue. La première lettre qu'il leur écrivit de Corée a eu le même sort. C'est une lacune fort regrettable assurément dans cette précieuse correspondance, puisque nous ne pouvons la combler que d'une manière bien imparfaite, en puisant dans ses autres lettres et dans les *Annales* de la Propagation de la Foi. Mais nous avons pour nous en consoler cette belle parole écrite à son cher Adolphe : « Tu trouveras peut-être, que je te fais parcourir bien rapidement les régions que j'ai traversées..... mon temps en ce moment est précieux : le bon Dieu ne me demandera pas si j'ai écrit beaucoup, mais si j'ai bien étudié la langue pour entendre les chrétiens à qui j'administrerai les sacrements (2). » Les *Annales* de la Propagation de la Foi et la *Relation* de M. Calais nous

_____

(1) A M. Adolphe Pichon. 19 octobre 1863.
(2) 19 octobre 1865.

fournissent quelques détails bien précieux sur le séjour de M. Aumaître à Tché-fou. Comme à Port-Louis, il trouva des hôtes généreux et chrétiens, ce furent M. Fergusson, ancien consul de France à Tché-fou, et sa femme, véritable Providence des missionnaires dans ces contrées, qui l'accueillirent et le traitèrent avec une bonté sans pareille (1) ; et l'impression que garda de lui cette excellente maison ne fut pas moins bonne que celle de ses hôtes de Port-Louis. M. Fergusson disait en effet : « Ce jeune missionnaire, avec un extérieur tout ordinaire, avait néanmoins une grande âme. A un zèle ardent, à une piété douce et charmante, il joignait une bonne simplicité qui était loin d'être dépourvue de traits d'esprit saillants et naturels. J'en ai gardé bon souvenir et je m'estime très-heureux de posséder une de ses lettres qu'il m'a écrite de sa mission (2). »

« Arrivé à Tché-fou, continue M. Aumaître, je n'avais plus qu'à traverser le détroit qui sépare la Chine de la Corée, et j'étais rendu. La distance n'est pas considérable ; mais encore fallait-il la parcourir. Les navires européens n'allant pas de ce côté-là, j'ai dû louer une jonque chinoise. Ce changement m'a bien valu quelques petites tracasseries, mais ce n'est qu'une ombre au tableau. Les matelots, à qui je venais de confier mon sort, en bons chinois qu'ils sont, me trompèrent indignement. Au lieu de me conduire,

____

(1) *Annales* n° 252, p. 250.
(2) *Relation* de M. Calais.

comme il était convenu, directement à Mérin-to, petit îlot sur la côte de Corée, ils me firent passer par la Mandchourie, où sont leurs familles. Cette fraude et trois grosses tempêtes, qui me retinrent sur différents rivages, furent cause que j'arrivai vingt jours trop tard au lieu du rendez-vous fixé à la saint Joseph. Les envoyés de Mgr Berneux étaient repartis de Mérin-to. Je pris donc le parti de me faire reconduire en Mandchourie et d'aller demander asile à Mgr Verrolles. Ce saint évêque m'accueillit avec une bonté toute paternelle. Je restai à N.-D. des Neiges un peu plus d'un mois. De là, grâce à Mgr Verrolles, je pus faire parvenir à Mgr Berneux, vicaire apostolique de ma mission, une lettre, par l'entremise d'un chrétien, à la suite de l'ambassade coréenne venant de Péking. Je fixai un autre rendez-vous pour la saint Barnabé (1). »

M. Aumaître sut plus tard que, pendant quinze jours, les Coréens envoyés à sa rencontre, avaient fouillé tous les coins et recoins de la côte de Mérin-to pour le trouver ; ils étaient repartis pour la Corée quelques heures seulement avant son arrivée au rendez-vous. Son entrée fut ainsi retardée de trois mois.

Pendant que M. Aumaître attend, auprès de Mgr Verrolles, l'époque fixée pour reprendre le chemin de sa mission, étudions un peu cette terre, qui va bientôt être le théâtre de son zèle.

(1) Extrait de diverses lettres écrites de Son-Kol, octobre et novembre 1863.

CHAPITRE X

Description de la Corée. — Topographie. — Climat. — Barrières
morales. — Habitants. — Religion.

Si nous jetons les yeux sur une carte de l'Asie,
nous voyons, à l'extrémité orientale de l'empire chinois, une presqu'île à peu près de la forme et de
l'étendue de l'Italie. Elle est bornée au nord par deux
grands fleuves, l'Ya-lou-kiang, qui se jette dans la
mer Jaune, et le Mi-kiang, qui se jette dans la mer
du Japon. Entre ces deux fleuves, court la chaîne
des monts Chan-yan-alin. Ses autres limites sont :
à l'est, la mer du Japon, au sud et au sud-ouest, un
détroit et la mer Jaune. Ce petit coin de terre, inconnu
de l'Europe il y a trois siècles, et maintenant tristement
célèbre dans le monde et surtout en France, parce
qu'il a bu le sang de nos martyrs, c'est la Corée.

Les montagnes, souvent couvertes de forêts impé-
nétrables, les nombreux cours d'eau qui en descen-
dent, font que ce pays est très-difficile à parcourir.
D'ailleurs, il n'y existe pour ainsi dire pas de voies
de communications. Est-il besoin d'ajouter que les
chemins de fer et tous ces moyens, qui rendent si
faciles nos rapports entre peuples civilisés, y sont in-

connus. Pour les mêmes causes, on n'y connaît pas non plus les grandes cultures. Les indigènes manquent d'ailleurs absolument de l'outillage nécessaire pour cela. Chacun cultive le terrain qui avoisine sa demeure. Les gros villages y sont fort rares. Bien que la Corée soit sous la même latitude que l'Espagne, la température n'y est cependant pas la même. En hiver, le froid y est parfois excessif, et en été, la chaleur y devient insupportable. Nous ne parlons pas des productions du pays, M. Aumaître nous les fera connaître. Donnons seulement quelques indications que nous ne lisons pas dans ses lettres.

S'il est difficile de parcourir la Corée, il est plus difficile encore d'y aborder. En effet, aux barrières naturelles dont nous avons parlé, il s'en joint d'autres, ce sont les nombreux postes de douaniers établis sur toute la frontière et sur les côtes, pour empêcher tant les Coréens de sortir de leur pays, que les étrangers d'y pénétrer. Pour aider les douaniers, dans leur vigilance du jour et de la nuit, on leur adjoint des chiens fort bien dressés à la garde des passages et de la côte. Malheur à celui qui serait saisi, qu'il sorte ou qu'il entre sans y avoir été autorisé : la mort est le prix de sa téméraire entreprise. On voit les difficultés qu'ont eu à surmonter les missionnaires. Aussi, jusqu'à ces temps derniers, sont-ils les seuls Européens qui aient mis le pied dans ce pays si bien clos.

Une seule fois par an, les Coréens peuvent avoir

des rapports avec les étrangers ; c'est à une foire qui se tient à Pien-men, sur la frontière de la Chine et de la Corée. Nous ne parlons pas d'une autre foire qui ne se tient que tous les deux ans, entre un village tartare nommé Houng-tchoung et Kieng-ouen, ville coréenne la plus proche. Cette foire ne dure que quelques jours. Elle commence à midi et s'achève au coucher du soleil. Au signal donné, les soldats poussent de leurs lances ceux qui n'ont pas été assez diligents pour terminer promptement leurs affaires. Cette extrême défiance des Coréens pour les étrangers a bien sa raison d'être. Si souvent il ont eu à souffrir les invasions des peuples voisins, et ces invasions leur ont causé tant de maux, que maintenant ils font tout ce qu'ils peuvent pour les rendre impossibles, *tout*, jusqu'à des actes de barbarie. Pour eux, en effet, un étranger c'est un être malfaisant qui ne cherche qu'à nuire, c'est un ennemi ; il ne mérite donc rien autre chose que la mort. Aussi, la peine de mort contre les étrangers est-elle édictée dans leurs lois, et nous savons qu'ils ne les exécutent, hélas ! que trop fidèlement en ce point.

Une autre cause d'isolement, c'est la défectuosité de leurs embarcations. C'est du primitif par excellence. Qu'on en juge plutôt. Quelques planches mal jointes, assemblées en forme de barque plate et servant à la pêche, des cordages en paille, des voiles en paille ; point de boussole. Comment, avec cela, oser s'aventurer dans la haute mer ? Aussi, tous leurs voyages se bornent-ils à aller d'un îlot à l'autre, sans jamais quitter la terre de vue.

Les Coréens sont petits de taille et vigoureux. Ils ont bon appétit. Dès l'enfance, on s'applique à donner à l'estomac toute l'élasticité possible. Voici un des curieux moyens en usage pour cela : « Souvent les mères prenant sur leurs genoux leurs petits enfants, les bourrent de riz ou d'autre nourriture, frappant de temps en temps avec le manch · de la cuiller sur le ventre pour voir s'il est suffisament tendu, et ne s'arrêtent que quand il devient physiquement impossible de le gonfler davantage (1). » Les Coréens travaillent autant que les Français, quand ils veulent s'en donner la peine ; car ils sont grands amateurs de repos et grands parleurs. En été, ils travaillent tout le jour sous un soleil de feu. C'est en chantant et en dansant au son d'une musique infernale, trouvée ravissante par eux, qu'ils se reposent pendant quelques instants, pour reprendre ensuite leur rude labeur.

En parlant d'eux-mêmes et de leur pays, ils disent : *Petit pays, petit peuple, pauvre pays, pauvre peuple.* Ils disent plus vrai qu'ils ne pensent. Oui, pauvre pays, pauvre peuple ; pauvre, parce qu'il manque de tout ce qui rend riche et prospère une nation ; pauvre, surtout parce que les vices et les misères morales le rongent ; pauvre, parce que les

____

(1) *Histoire de l'Église de Corée*, t. I. Intr. p. CLIX.

ténèbres de l'idolâtrie l'enveloppent encore ; pauvre, parce que la lumière de la foi, qui lui est offerte, il la repousse ; les apôtres que Dieu lui envoie, il les tue ; ses enfants eux-mêmes, passés à cette divine lumière, il les sacrifie sans pitié.

La religion de la Corée consiste principalement dans le culte superstitieux des ancêtres. Faire abandonner ce culte est une des plus grosses difficultés qu'ont à vaincre les missionnaires pour convertir les Coréens. Ils en trouvent bien une autre considérable dans la corruption de leurs mœurs. C'est à faire soulever le cœur de voir à quel état de dégradation ils sont descendus, et notre plume se refuse à en écrire quoi que ce soit.

Mais quand une fois les Coréens ont eu le courage de surmonter ces obstacles, alors ils sont inébranlables dans leur amour pour notre sainte religion. Quelques-uns sans doute succombent parfois à l'excès des tourments ; mais c'est l'exception. Les autres supportent sans faiblir, et même sans se plaindre quelquefois, des tourments dont la description seule fait frémir. Après dix-neuf siècles c'est toujours le même raffinement de barbarie chez les bourreaux, toujours la même patience et le même courage chez les martyrs ; toujours la même haine et la même guerre de Satan contre l'Homme-Dieu et contre ses saints, toujours la même victoire et le même triomphe de l'Homme-Dieu par la patience et par l'amour des siens.

M. Aumaître savait tout cela; aussi son échec du premier rendez-vous manqué ne le rebuta point. Dès que le moment fixé fut venu, il dit adieu à son hôte généreux de N.-D.-des-Neiges, Mgr Verrolles, et il s'embarqua de nouveau pour gagner encore l'îlot de Mérin-to.

CHAPITRE XI

ENTRÉE DE M. AUMAÎTRE EN CORÉE. — SON-KOL

M. Aumaître quitte la Mandchourie. — Arrivée à Mérin-to. —
Changement de costume. — Barque coréenne. — Entrée à Séoul.
— Joie de M. Aumaître et de Mgr Berneux. — Sa vie à Son-Kol.
— Étude de la langue. — Sainte messe. — L'homme de désirs.
— Description de sa chambre. — Sa nourriture. — Ses livres.
— Bonheur d'être prêtre. — Désir d'évangéliser. — Ses efforts
pour apprendre la langue. — Solitude et joie intérieure.

Nous allons maintenant voir M. Aumaître reprendre
son récit et nous raconter lui-même comment il put
pénétrer dans sa chère Corée.

« Cette fois je fus plus heureux dans mon voyage.
Parti de N.-D. des Neiges dans les premiers jours de
juin, j'étais à Mérin-to quatre jours avant mes cor-
respondants. La nuit du 18 juin, entre dix et onze
heures du soir, ils sont venus à ma jonque chinoise
me faire lever, et, en un instant, ils m'ont transporté,
moi et mes bagages, sur leur barque coréenne. Deux
jeunes Coréens m'accompagnaient. C'étaient deux
élèves qui revenaient de Paulo-Pinang, où ils avaient
fait leurs études. Avec quelle joie ils ont revêtu
l'habit qu'ils avaient quitté depuis dix longues
années ! Cet habit était nouveau pour moi. Ma joie
en quittant ma robe chinoise pour le prendre, ne fut

pas moins vive que la leur (1). Mes cheveux, que
j'avais laissés croître depuis mon départ, étant encore
trop courts, on en ajouta de faux pour les allonger et
faire un nœud, artistement tourné, au-dessus de ma
tête. Autrefois, pour m'amuser, je peignais mes cheveux de bas en haut pour voir si ce serait joli, aujourd'hui, afin de me mettre à la mode de ma nouvelle
patrie, je fais par nécessité ce que, alors, je faisais
par plaisir. Au point du jour, en me voyant couvert
de toile blanche de la tête aux pieds, je ne paraissais
plus le même homme : j'étais vraiment Coréen ; et
c'est à peine si je pouvais me reconnaître moi-même :
un instant après cependant je remarquai, entre un
vrai Coréen et moi, une différence notable : ma barbe
un peu rousse. De telles barbes ici sont rares, les
Coréens l'ont généralement noire. J'étais enfin en
Corée, j'étais dans ma mission ; mais je n'y étais qu'à
demi : il fallait entrer sans être reconnu, et c'était le
point délicat et vraiment dangereux. Voici pourquoi :
la loi condamne à mort tout étranger venu sans
permission sur ce territoire. C'était donc alors que
mes appréhensions commençaient à être sérieuses.
Depuis la prise de Péking par les Français, la Corée
craint aussi pour elle. On n'oserait pas, je pense,
exécuter la loi quand il s'agit d'un Européen ; mais
il est toujours bon d'être prudent. Les missionnaires

(1) Au R. P. Maistre, missionnaire du Saint-Esprit et du Saint-Cœur
de Marie à Port-Louis, 10 novembre 1865.

ne vont ici jamais qu'en cachette. Et, pour obéir aux recommandations de Mgr Berneux, je me suis blotti au fond de la barque sans monter sur le pont (1). »

On n'apprendra pas sans intérêt le genre de barque sur lequel M. Aumaître aborda la Corée ; nous en trouvons la description dans une lettre écrite sept ans auparavant par un de ses compagnons de martyre, M. Pourthié. « Figurez-vous, lit-on dans les *Annales*, une barque de la forme des bacs qui servent à passer le Tarn : un peu plus de hauteur, un misérable pont, deux voiles, voilà toute la différence. Mais quelles voiles ! De la paille tressée de manière à former un quadrilatère, et soutenue par des cordes également en paille. Les autres cordages, même la corde de l'ancre, tout est façonné avec de la paille. Les Coréens ne connaissant pas le calfatage, l'eau entre en si grande abondance par les jointures des planches assez mal rapprochées, qu'un homme, une calebasse à la main, est sans cesse occupé à vider la cale (2). » C'est là que M. Aumaître devait se tenir non debout, car la hauteur du pont ne le permettait pas, ni couché, la forme du bateau y mettait obstacle, mais accroupi, pour échapper à l'œil curieux des marins montant les autres barques, et des mandarins encore plus redoutables. Il demeura dans cette position peu commode durant tout le trajet

(1) A Mme Desmiers de Chenon, 21 octobre 1863.
(2) T. 51, p. 310.

de l'îlot de Mérin-to à l'embouchure du fleuve qui conduit à la capitale de la Corée. « Là, continue M. Aumaître, les deux élèves sachant parler coréen et ayant moins à craindre les douaniers restèrent sur la barque. Pour moi, à l'entrée de la nuit, je descendis sur un petit canot. Trois marins le conduisirent à force de rames. Grâce à la marée, j'étais au point du jour dans une famile chrétienne.

« Les missionnaires entrent ordinairement en habit de deuil. Alors, protégés par un grand chapeau de paille qui couvre presque entièrement le visage et tombe jusqu'aux épaules — je ne dis rien du reste du costume — ils peuvent marcher sans être reconnus de personne. Monseigneur aurait pu me faire venir chez lui de cette manière, mais dans la crainte qu'il ne m'arrivât ce qui était arrivé à l'un de mes confrères, que je ne m'égarasse en suivant un autre Coréen croyant suivre mon guide, Monseigneur s'y prit autrement. Il m'envoya chercher dans une chaise à porteurs. Cette façon d'aller n'était pas d'une sécurité parfaite ; car pour ôter tout soupçon, il m'eût fallu m'asseoir dans cette chaise en pliant les jambes sous moi comme font les tailleurs en France. Je m'y installai tant bien que mal. On me porta ainsi triomphalement par plusieurs petites ruelles, enfin on me déposa dans une cour, et bientôt j'étais dans une chambre retirée présentant à voix basse mes humbles hommages à Monseigneur (1). Je dis *à voix basse*,

(1) A Mme Desmiers de Chenon, 21 octobre 1863.

car au palais épiscopal, ou si vous aimez mieux, dans la retraite du prélat coréen, on ne parle jamais autrement. La prudence est toujours la mère de la sûreté (1). »

C'est le mardi 23 juin 1863, veille de saint Jean-Baptiste, que M. Aumaître entrait ainsi à Séoul, capitale de la Corée, de cette terre que, moins de trois ans après, il devait arroser de son sang. Avec quelle joie ne dut-il pas dire les paroles si belles de l'office de saint Jean-Baptiste, lui qui allait remplir aussi la mission de précurseur auprès de ce peuple assis dans les ténèbres et les ombres de la mort ! Avec quelle joie ne chanta-t-il pas l'hymne de l'action de grâces pour son heureux voyage et son heureuse entrée dans sa nouvelle patrie, lui qui, dans ses lettres, quatre mois après, faisait éclater sa joie en ces termes :

« Je suis maintenant Coréen, j'ai pris le costume de ma nouvelle patrie, et je tâche chaque jour d'en prendre de plus en plus les coutumes. Puissé-je en retour lui faire prendre à cœur l'attachement à la sainte Église et lui inculquer profondément l'amour de mon Dieu qui est aussi le sien (2). » — « Je suis enfin arrivé dans ma nouvelle patrie. Il ne me reste plus, après avoir remercié le Seigneur qui m'a accordé de faire une si heureuse traversée, qu'à m'efforcer de bénir et faire bénir son Nom. Je ne veux pas dire par là

(1) Au R. P. Maistre, 10 novembre 1865.
(2) A M. Ad. Pichon, 19 octobre 1863.

qu'il me faille oublier la France : son souvenir est toujours agréable pour moi, et c'est mon devoir de donner de mes nouvelles à ceux que j'ai quittés, et dont les bonnes prières m'ont obtenu la protection de Dieu pour entrer sur une terre fermée à tous les étrangers (1). »

La joie de Mgr Berneux d'avoir reçu ce nouvel auxiliaire ne fut pas moins vive. Il accueillit M. Aumaître avec la bonté d'un apôtre, et le garda pendant un mois entier auprès de lui pour l'initier un peu à la vie de mission. Joie bien douce pour l'évêque comme pour le jeune prêtre. « Vous savez sans doute, écrivait quelque temps après Mgr Berneux, vous savez que mon bateau, dans la seconde expédition, a rencontré M. Aumaître au rendez-vous : j'ai retenu ce cher confrère près de moi, dans ma maison, pour le façonner un peu au genre des Coréens, et lui faire préparer tous les habits nécessaires : après quoi, je l'ai mis en nourrice, si vous permettez l'expression, dans un village chrétien, où il apprendra la langue bien mieux que s'il était chez moi, où nous parlerions toujours français. Étant seul avec des Coréens, il faut, bon gré, mal gré, qu'il se débrouille : c'est là le seul moyen d'apprendre une langue. Comme les jeunes missionnaires sont exposés, pendant qu'ils étudient la langue, à se laisser aller au dégoût et à la tristesse, j'ai tâché de le prémunir

____

(1) A Mme de Saluces, 22 octobre 1863.

contre cette tentation ; et pour m'assurer qu'il avait profité de mes avis, et lui remettre les esprits en place, si besoin était, je suis allé, au mois de septembre, passer une nuit avec lui. Il était content et bien portant. C'est un charmant confrère ; soyez remercié mille fois de me l'avoir envoyé (1). »

L'arrivée de M. Aumaître était d'autant plus précieuse pour Mᵍʳ Berneux que la mort venait de lui enlever un jeune missionnaire du plus bel avenir pour sa mission, M. Joanno, et que bientôt un autre missionnaire non moins bon, M. Landre, allait aussi échanger la Corée pour le ciel.

Quel bonheur pour M. Aumaître s'il eût pu dès son arrivée en mission se mettre à l'œuvre ! Mais le premier élément pour cela lui manquait absolument : la langue. Il lui fallut pendant un an laisser couver sous la cendre le feu sacré du zèle apostolique ; il lui fallut attendre d'avoir appris à parler une langue si peu en rapport avec nos langues occidentales.

Le petit village où M. Aumaître fut, selon le mot gracieux de Mᵍʳ Berneux, « mis en nourrice », est le village de Son-Kol. « C'était, dit M. Calais, un des plus sûrs pour y placer un jeune missionnaire, et des plus favorables pour y apprendre la langue à cause de la bonté des habitants, tous chrétiens, et du maître de la maison du prêtre. Ce propriétaire s'appelait Ni Joseph, ou, selon le monde, Ni Kounei-Ki ;

____

(1) *Histoire de l'Eglise de Corée*, t. II, p. 488.

il était en même temps servant de M. Aumaître (1). »
Souvent il est question de lui dans les nombreuses lettres que notre cher missionnaire écrivit de Son-Kol.
Mgr Berneux donna à M. Aumaître un nom coréen ;
il le nomma le Père O, simplement, parce que son
nom commençait par *Au*...

M. Aumaître va lui-même nous dire quel fut son
genre de vie pendant l'année de ce qu'il appelait son
noviciat. « Un mois après mon entrée à la capitale,
écrivait-il à son ami Adolphe, j'ai quitté Monseigneur
pour venir à six lieues de Séoul dans un petit village
chrétien appelé Son-Kol. Une petite chambre bâtie
en bois et en terre me sert à la fois de chapelle, de
salle d'étude, de dortoir, de réfectoire, de salle de récréation. Une autre chambre, plus petite encore et contiguë à la première, est l'habitation de mon servant
de messe, ou de table, ou si tu aimes mieux, de mon
précepteur en langue coréenne ; car c'est au fond le
même homme. Semblable au domestique de M. Harpagon, il remplit le rôle de divers personnages sans
toutefois changer d'habit quand il se présente pour
un nouvel office. Entre sa chambre et la mienne est
une large porte vitrée... de papier. Chaque matin on
l'ouvre, et les deux chambres n'en faisant plus qu'une,
les chrétiens du village y entrent pour assister à la
messe. Craignant d'être vu des païens, je demeure
dans cette chambre à peu près vingt-quatre heures

(1) Lettres de M. Calais, 5 et 21 décembre 1876.

par jour ; il y a des exceptions, très-rares cependant ; je puis sortir sur une espèce de terrasse placée devant ma porte et y réciter à l'aise mon bréviaire ou mon chapelet. » Plus tard Mgr Berneux lui interdit même cette sortie par crainte des païens. La réclusion fut ainsi complète pour notre jeune missionnaire.

« Comment trouves-tu cette vie ? me diras-tu peut-être ? Est-ce que tu ne t'ennuies pas ? — Si tu veux savoir ma réponse, bien cher ami, ouvre ton *Imitation* et tu la trouveras en toutes lettres au *livre I*, dans tout le courant du chapitre vingtième, mais particulièrement à la fin du verset cinquième. J'ai divers exercices tantôt pour la langue, tantôt pour la théologie, tantôt pour mes lectures de piété et mes prières, et je puis t'avouer qu'il m'est difficile de trouver un instant pour m'ennuyer. D'ailleurs, comme je n'y vois aucune utilité, je ne me fatigue point à faire de telles recherches (1). »

C'est de cette solitude, peu attrayante en elle-même, que M. Aumaître écrivit de si charmantes lettres à ses parents et à ses amis de la Charente et d'ailleurs. Heureux ceux qui les ont gardées ! Elles sont maintenant de précieuses reliques, et par elles, M. Aumaître nous instruit lui-même sur sa vie à Son-Kol, sur les usages de sa nouvelle patrie, sur le court apostolat qu'il y a exercé avant de cueillir la palme du martyre. Pour nous éclairer sur ce qu'il ne dira

____

(1) 19 octobre 1865.

pas ou pour le rectifier quelquefois nous puiserons dans un livre justement apprécié, l'*Histoire de l'Eglise de Corée*. Et nous suivrons encore en cela M. Aumaître, puisque dans une de ses lettres il annonce ce livre et y renvoie. Ses lettres surtout nous découvriront de plus en plus son cœur délicat, son âme ardente et ses désirs brûlants de voir Dieu connu, aimé, servi partout. Puisons donc largement dans cette correspondance au risque de nous répéter. Il est bon de faire connaître une fois de plus comment pensent et écrivent nos apôtres du dix-neuvième siècle.

« Son-Kol, en Corée, le jour de saint Jean-de-Kant, 20 octobre 1863.

« Monsieur le Curé,

« Que le nom du Seigneur soit béni sur toute la terre !

« Le mois prochain, Monseigneur va me demander mes lettres pour les envoyer en Europe. Afin de ne pas me trouver trop pressé, je commence dès ce moment à écrire. L'un de mes plus chers souvenirs, Monsieur le Curé, est celui de la bienveillante attention que vous avez toujours eue pour moi. Soit par vos conseils, soit par vos secours, vous m'avez montré l'intérêt que vous me portiez ; et maintenant encore j'ose me persuader que vous ne m'oubliez pas dans vos bonnes prières. Votre paternelle sollicitude vous fait sans doute désirer des nouvelles de votre petit élève (1). »

M. Aumaître dit alors un mot de son heureux voyage et de son arrivée à Son-Kol, puis il continue ainsi : « Tranquille dans ma petite chambre, tandis que les autres missionnaires travaillent au salut des âmes par l'administration des sacrements, je me livre à l'étude de la langue coréenne, qui n'est pas très-facile. Je commence à bégayer, c'est bien peu de chose et je suis loin de pouvoir encore entrer dans le saint ministère. Enfin j'ai toujours une grande consolation, c'est de pouvoir chaque matin, offrir la sainte victime sur deux planches que j'ose bien appeler autel. Les chrétiens assistent à la messe tous les dimanches, quelques-uns plusieurs fois par semaine, et les moins occupés tous les jours. Le Seigneur dans sa bonté ne m'aurait-t-il fait venir ici que pour y dire la sainte messe, ce serait à mon avis une sublime vocation. La terre coréenne lui appartient comme le reste de l'univers, il veut s'y offrir en holocauste aussi bien que dans les pays les plus rapprochés du centre de la catholicité, quoique bien moins souvent. Et puisque je suis du petit nombre de ceux qu'il choisit pour accomplir ses desseins en cette terre lointaine, j'attends patiemment qu'il me rende capable de remplir d'autres fonctions, je le remercie de ce qu'il a bien voulu m'accorder déjà, et je me per-

(1) A M. Palant-Lamirande.

suade qu'il viendra aussi à mon secours pour le reste selon qu'il le jugera bon. Quand je suis arrivé, j'ai appris la mort d'un confrère, et il n'y a guère qu'un mois que le Seigneur vient d'en appeler encore un autre à lui, ce qui diminue le nombre déjà bien restreint des ouvriers apostoliques. En comptant Monseigneur et son coadjuteur nous ne sommes que huit. La moisson est grande, elle blanchit ; mais il y a peu d'ouvriers. Vous connaissez, Monsieur le Curé, la conclusion pratique tirée par N. S. J.-C.; je m'abstiens de vous la rappeler. »

Le zèle, ce trait caractéristique de toute âme d'apôtre, cette flamme qui s'élance du cœur où règne la vraie charité, qui dévore, éclaire, échauffe ; ce zèle, bien des fois déjà nous avons eu occasion de l'admirer dans la vie de M. Aumaître, enfant, élève de Richemont ou du Grand-Séminaire, prêtre de Jésus-Christ ; nous allons l'admirer encore. Cependant comment pourra-t-il l'exercer dès son entrée dans sa nouvelle patrie ? Sa langue, pendant de longs mois, se refuse à le servir, il est vrai ; mais il a une plume. Il peut, à distance, communiquer le feu sacré qui le dévore, et lui, missionnaire de Corée, il ne craint pas sa peine pour écrire de longues et belles pages. Ce sont des étincelles, des charbons ardents qu'il lance par-dessus les mers à ses amis, à ses parents, à ses bienfaiteurs. Heureux ceux qui les reçurent les premiers ! Non moins heureux, croyons-nous, ceux qui vont les lire aujourd'hui.

Voyons comment il s'exprimait :

« Madame,

« Que le nom du Seigneur soit béni sur toute la terre !

« C'est maintenant dans la nouvelle patrie que le Seigneur m'a donnée, qu'il me faut bénir et faire bénir, autant qu'il est en moi, cet adorable Nom. Je dirai chaque jour : *Que votre nom soit sanctifié, que votre volonté soit faite*, non-seulement comme en France, où il y a tant d'âmes qui prient, mais *comme au ciel*, où il n'y a point d'âmes qui ne prient pas, où tous les esprits bienheureux ne forment qu'un seul cœur, n'ont qu'une même voix pour chanter l'éternel cantique de l'amour. Ce désir de mon cœur, quand sera-t-il satisfait ? Le bon Dieu, quand sera-t-il ainsi aimé en Corée ? Jamais sans doute : il n'est guère possible qu'une telle perfection se voie en ce monde, et quand N. S. J.-C. nous ordonne de former de semblables désirs, il veut simplement nous apprendre à ne jamais mettre de bornes à nos demandes et à nos vœux pour un pareil objet. Nous devons désirer sans cesse, et prier les autres de désirer avec nous. C'est vous, Madame, que j'ose prier aujourd'hui de désirer avec moi. Le Seigneur disait à Daniel qu'il aime les *hommes de désirs*. Les charmantes lettres que vous avez daigné m'envoyer à Marseille au moment de mon départ, ne me permettent pas de douter que vous ne soyez de ce nombre. J'aime encore à relire ces mots que vous m'adressiez : « Ne m'oubliez pas près du bon Dieu, mes faibles prières vous suivront sur cette terre lointaine. » Non, Madame, je ne vous oublie pas ; si vous me suivez en Corée, soyez persuadée que moi je retourne en France quelquefois ; ou plutôt, sans quitter ma chambre, je me mets en un petit coin de l'Infinie Présence de mon Dieu, j'ouvre les yeux de mon âme et je vous considère aussi à genoux, bien loin sans doute, mais pourtant aussi dans la même Présence.

« Le bon Dieu a exigé de vous des sacrifices, me dites-vous ; ne vous en plaignez pas, Madame, car son but est de vous faire acquérir de plus grands mérites. Les peines et les souffrances reçues des mains de N. S. sont d'excellente monnaie puisée au trésor céleste. Si vous avez soin de les faire fructifier, elles vous serviront à acheter une belle propriété dans l'autre monde. — Pour les bien placer, me dites-vous, où puis-je trouver un solide banquier ? — Madame, de nos jours on en trouve aisément. Regardez autour de vous. N'y a-t-il pas en France des âmes qui n'aiment pas à souffrir ; des âmes qui se livrent follement aux plaisirs ? Sachez souffrir pour elles : ainsi vous les rachetterez, et, en même temps, vous accroîtrez vos richesses. Ou, si vous l'aimez mieux, jetez un coup d'œil sur notre pauvre Corée, c'est un fonds nouveau et capable de rapporter beaucoup : il y a des mines qu'on n'a point encore ouvertes, des perles qui n'ont point encore vu la lumière. Ah ! si les ouvriers étaient plus nombreux, quels trésors n'arracheraient-ils pas à la terre ! que d'âmes ne ramèneraient-ils pas à Dieu ! Oui, Madame, ce sont les ouvriers qui manquent. Tandis que le peu qui s'y trouvent s'occupent à polir, par l'administration des sacrements, les pierres encore brutes qui ont été déterrées, les fouilles sont un peu négligées.... En comptant Mgr Berneux et son coadjuteur, Mgr Daveluy, il n'y a que huit ouvriers apostoliques. Et encore le dernier, qui est votre serviteur, est-il loin de pouvoir se mettre à l'ouvrage. — Quoi, Monsieur l'abbé, me direz-vous, vous n'êtes pas encore à l'ouvrage ? Et que faites-vous donc ? — Eh ! Madame, il n'y a que très-peu de temps que je suis arrivé ; je suis encore novice. Avant de travailler, il me faut aiguiser ma pioche et dérouiller ma lime, c'est-à-dire apprendre la langue et repasser ma théologie (1). Le Saint-Esprit n'est pas tenu de renouveler à chaque instant le miracle de la Pentecôte : il ne descend en moi que peu à peu et ne m'aide à apprendre que lentement la langue de ce pays. Ce que Dieu fait, Madame, est toujours bien fait. Si, à mon entrée en Corée, j'avais reçu le don de parler coréen, que d'imprudences n'aurais-je pas faites depuis lors ! Au contraire, en apprenant peu à peu la langue, j'étudie en même temps le caractère, les coutumes de ceux avec qui je dois être en relation, je reçois paisiblement les conseils de Monseigneur et des autres missionnaires,

(1) A Mme de Prat, 21 octobre 1865.

7.

je m'instruis par leur expérience, et il faut espérer qu'au moment où ma langue sera déliée, mes idées seront aussi plus nettes et me permettront de marcher plus sûrement dans le chemin du ciel et d'y conduire les âmes qui me seront confiées…. Je commence à dire quelques mots et à me faire comprendre de mon servant de messe ; les autres chrétiens me comprennent aussi, mais bien plus difficilement. Quand ils auront fini de serrer leur riz et leur tabac, ils viendront plus souvent causer avec moi, et j'espère que j'apprendrai plus vite. En ce moment, je ne puis guère les voir que le dimanche, après la sainte messe.

« Vous vous attendez tout naturellement à ce que je vous parle de mon église. Ce n'est pas, soyez-en bien persuadée, Madame, la cathédrale de Tours ni Notre-Dame de Paris. C'est tout simplement une petite chambre en bois et en terre; le toit est couvert de paille et les vitraux sont de papier. Deux planches sur lesquelles mon servant étend chaque matin des nappes, forment l'autel. En ce moment elles me servent de pupitre pour vous écrire. La chambre de mon servant, contiguë à la mienne, sert de prolongement à mon église. C'est là que les chrétiens assistent au saint sacrifice avant le lever du soleil ; un peu plus tard ce serait dangereux, parce que des païens viennent parfois au village et pourraient nous découvrir. Les églises de mes confrères sont du même style. Au matin c'est une chapelle, un peu plus tard, une salle à manger ou une salle d'étude ;

c'est une chambre à coucher pendant la nuit (1). »

La pauvreté de cette chambre répondait parfaitement à sa triste apparence. Nous allons le voir dans la lettre suivante :

« Bien cher confrère,

« Que le nom du Seigneur soit béni sur toute la terre !

« En relisant l'aimable lettre que vous m'adressiez à Paris lors de mon départ, je m'aperçois que j'ai manqué à ma promesse. Je n'ai point, comme à l'ordinaire, béni le doux Nom du Sauveur en célébrant avec vous et notre cher abbé P*** le mois du Sacré-Cœur, par la récitation quotidienne de la belle hymne : *Jesu, dulcis memoria*. Je jette un coup d'œil rétrospectif et je me demande : où étais-je donc pour avoir été si négligent ? Comment se fait-il que je n'aie pas pensé à une union de prières qui m'est si agréable et si utile en même temps ? J'étais en Mandchourie, d'où je suis parti les premiers jours de juin, j'étais en mer et je me dirigeais une seconde fois vers la Corée ; enfin, la veille de saint Jean-Baptiste et les jours suivants, j'étais auprès de Mgr Berneux, vicaire apostolique de ma mission. Je pensais à la faveur, que Dieu m'avait accordée, d'échapper à la fureur des vagues, qui avaient brisé plusieurs jonques chinoises sur les côtes de la Corée ; tandis que ces mêmes

(1) A Mme de Saluces, 22 octobre 1865.

vagues m'empêchaient d'arriver avec ma barque sur le lieu du danger où probablement j'eusse aussi fait naufrage. Je n'ai donc pas songé à notre convention. Gardez-vous cependant de croire que je n'aie pensé ni à vous ni à mes autres chers confrères. Ce serait bien peu si j'unissais mes prières aux vôtres au mois de juin seulement. Je vous nomme souvent devant le bon Dieu, et quelquefois immédiatement avant le saint sacrifice. L'oubli ne consiste donc que dans le mode et je m'empresserai de le réparer au mois de décembre. Ce sera le mois du Saint-Enfant au lieu de celui du Sacré-Cœur.

« Vous désirez sans doute, bien cher abbé, que je vous raconte des nouvelles? J'en ai déjà raconté beaucoup que vous pourrez apprendre au Grand-Séminaire quand vous irez à Angoulême. Je vais seulement vous conduire dans ma petite maisonnette.

« Entrez sans façon ; ici, Monsieur Landreau, vous êtes chez un ami. Excusez-moi si je ne vous offre point de chaise : on n'en connaît point d'autre que celle du père Adam, dans tout ce pays. Asseyez-vous sur les nattes étendues à terre, comme les tailleurs français sur leur table. La salle n'est pas grande, n'est-ce pas? Si elle l'était qu'en vaudrais-je de plus? Je n'ai pas nombreuse compagnie à recevoir; elle est bien suffisante pour les quelques mois que j'y dois passer. Je suis un peu comme le vieux Socrate, j'aime les petits appartements: il ne faut pas attendre si longtemps pour les remplir de vrais amis. Ainsi, cher Monsieur Landreau, soyez sans crainte, il y aura toujours assez de place pour vous. Comme vous voyez, les meubles ne nous gêneront pas, je n'ai que ces trois malles : la première contient mes vêtements, quelques images, des médailles, des chapelets ; l'autre me sert de bibliothèque et de garde-manger, j'y conserve un peu de sucre, de café, de poivre et de thé, aussi précieusement que le rat d'Horace conservait au coin d'un champ ses raisins secs et son lard demi-rongé ; c'est pour les jours d'extraordinaires visites. Puisque vous êtes ici, nous nous mettrons en frais. La troisième malle renferme ma chapelle et tout ce qui est nécessaire au service divin. Ces deux planches attachées en forme de table contre le mur sont mon autel : chaque matin mon servant l'orne de son mieux, et la Sainte Victime daigne descendre des cieux pour venir en mes mains s'y offrir en holocauste au Père Éternel. Ce n'est point un autel magnifique, j'en conviens, mais il excite plus ma piété en me représentant l'étable de Bethléem. Au côté de la chambre opposé à l'autel vous voyez cette cloison ? Ouvrez-la, c'est une porte à deux battants. Chaque matin, pendant la sainte messe, elle est ainsi ouverte. Dans la chambre où nous sommes, les hommes seuls peuvent entrer, les femmes se tiennent dans l'autre, qui est l'habitation de mon servant. Ce n'est pas mal distribué, qu'en pensez-vous ? Mais je vous vois tout préoccupé ; que cherchez-vous ? Mon lit, que vous êtes surpris de ne pas voir ? Regardez bien sous l'autel.

Pendant la nuit je prends les deux couvertures que vous y apercevez, je les fais étendre sur la natte; puis, sous la protection de mon bon ange gardien, je dors comme un bienheureux. — C'est bien dur, me direz-vous? — Cher ami, j'y suis habitué, il me semble être sur un mol édredon. — Mais n'avez-vous pas froid? Des murs en bois et en terre, une porte et des croisées dont les vitres sont en papier : tout cela ne doit pas vous apporter grande chaleur? — Soyez sans inquiétude, Monsieur et cher confrère; le bon Dieu a pourvu à tout. Levez le coin de cette natte, mettez votre main sur ce parquet de terre. En France, avec tous les calorifères, on ne saurait mieux tempérer la chaleur et le froid. Si vous voulez savoir comment on fait pour chauffer une chambre dans laquelle vous ne voyez ni feu ni flamme, sortez avec moi. Auparavant, considérez que le sol est un peu incliné; pour aller dehors vous êtes obligé de descendre les deux marches qui sont à la porte. Considérez aussi maintenant l'extérieur de cette maison couverte de paille, laquelle paille s'avance formant galerie au bout le moins élevé de la maison. Cette galerie, c'est la cuisine; les deux trous que vous apercevez au bas du mur, sont deux foyers ou fourneaux. Deux conduits parallèles partent de là, passent sous la chambre de mon servant et sous la mienne et se terminent à l'autre bout par deux ouvertures, d'où sort la fumée; c'est un système, qui, à mon avis, n'est pas si mal imaginé. » Pourtant, s'il faut tout dire, « j'ai quelquefois, par un vent contraire, le désagrément de voir la fumée entrer dans ma chambre; mais j'en suis dédommagé par l'avantage d'avoir toujours un appartement chaud (1). » — « Mais on dirait que le temps vous dure avec moi ? Adieu donc, je ne veux pas vous retenir plus longtemps. Venez me voir quelquefois, et, en attendant que nous puissions habiter une maison plus grande dans l'autre patrie, croyez-moi toujours ici-bas en J. M. J. votre ami dévoué.

« P. J. P. Aumaître (2). »

M. Aumaître vient de parler de sa cuisine : nous soupçonnons fort les mets qu'on y prépare de n'être pas d'une nature exquise. La lettre suivante va nous renseigner.

« Monsieur et bien cher confrère,

« Que le nom du Seigneur soit béni sur toute la terre !

« Malgré toutes mes petites occupations, étude de la langue, étude de la théologie, divers exercices de piété que le prêtre ne doit jamais omettre, je vais tâcher de trouver aussi pour vous une petite heure que j'emploierai, au moins tout entière à un agréable et joyeux entretien. Il y a si longtemps que je ne vous

_____

(1) A sa marraine, 28 octobre 1865.
(2) A M. Laudreau, 28 octobre 1865.

ai pas parlé ! Les pensées ne me manqueront point, ma plume va courir toute seule.

« Et d'abord, comment va cette santé qui ne paraissait pas très-robuste lorsque nous avions le plaisir de vivre comme les frères d'une même famille ? Le bon Dieu l'a-t-il fortifiée ? Pouvez-vous l'employer, selon votre désir et votre zèle, au salut des âmes charentaises ? Pour la mienne, elle ne saurait être meilleure. Les diverses secousses que j'ai eues sur les vagues de la Méditerranée et de l'Océan, depuis l'année dernière, m'ont été plus salutaires que les meilleurs purgatifs des apothicaires européens. Arrivé dans ma mission, avec un estomac libre et dispos, je me sens frais comme une rose, agile comme un cerf, et aussi fort qu'un cric. L'appétit surtout ne me manque pas. Les premiers jours il m'a été assez difficile de me faire au goût de la nourriture coréenne, aujourd'hui, j'y suis parfaitement habitué, je trouve le riz excellent, c'est la principale nourriture de la Corée. Je pourrais me faire faire du pain, puisqu'il y a ici du blé et que les missionnaires ont appris aux chrétiens, avec qui je suis, à le boulanger ; mais j'aime mieux m'en passer, ce sera un embarras de moins quand je serai dans le ministère, allant de village en village, administrer les sacrements. Je serai très-heureux d'avoir su, dès le principe, me conformer aux coutumes du pays. Pour les autres aliments, je ne sais pas trop en quoi ils consistent dans les autres provinces ; mais ici c'est à peu près comme en France ; il y a de la viande, assez peu cependant, des œufs, des fruits que l'on cueille presque toujours avant la maturité et enfin force légumes. Ce qu'il y a de bien préférable en France, c'est la manière de préparer les aliments ; ici on ne s'y entend guère. Vous êtes curieux de savoir comment on s'y prend pour manger ? Le voici : On place à la cuisine plusieurs bols et petites assiettes sur une table ronde, haute de trente à cinquante centimètres ; au lieu d'une table, dites, si vous voulez, que c'est un tabouret. On l'apporte dans ma chambre, je m'assieds sur la natte qui en couvre entièrement le sol et je commence à manger. A l'aide d'une cuiller en cuivre je prends, dans un grand bol, avec ma main droite, le riz qu'on m'a préparé, et, dans un autre à peu près de même grandeur, le bouillon qui doit l'humecter. Puis, déposant la cuiller, je saisis de la même main, car, à table, la main gauche est inutile, deux petits bâtonnets semblables à ceux des Chinois, et je prends, dans d'autres bols moins grands, ou dans de petites assiettes, des mets préparés avec plus ou moins d'art ; ici c'est un peu de viande, là des œufs, là des haricots, des raves, des herbes confites dans de la saumure, etc., etc. Arrive le vin. En y mettant de l'eau pour les deux tiers ou les trois quarts, je ne le trouve pas mauvais, surtout à mon dessert en mangeant des châtaignes; mais si j'essaye de le boire en y mettant un peu moins d'eau, je suis sûr d'avoir l'estomac fatigué toute la journée. — Qu'a donc d'extraordinaire ce vin, me direz-vous peut-être,

Monsieur Poitou ? Les raisins coréens n'ont donc pas la même qualité que les raisins bordelais ? — Non, pas tout à fait. Ici, les raisins dont on fait du vin ne viennent pas sur les vignes. Ecoutez comment se prépare cette fameuse liqueur : une femme fait de la pâte avec du son de froment ; quelques jours après, cette pâte levée, aigrie et mêlée à quelques autres ingrédients, est délayée dans de l'eau claire. Tout cela fermente ensemble et donne peu à peu un vin trouble appelé *makkeulni ;* pour obtenir un vin plus clair, on en sépare la lie, et la boisson, alors assez semblable au vin blanc de France, ou quelque peu plus jaune, s'appelle *hiaktjiou.* C'est de ce vin que je bois, il est assez fort, et l'on sait trouver ici, comme ailleurs, le moyen de s'enivrer. Ce vin peut être distillé ; l'eau-de-vie qu'on en retire est forte et assez mauvaise, on la nomme *siotjiou.* »

Dans une lettre à sa marraine, M. Aumaître donne de nouveaux détails sur la manière de prendre son repas. « Chacun, dit-il, mange à sa table, il y a souvent plus de tables que de gens, ce qui arrive lorsque les plats sont nombreux. Quand Monseigneur ou quelque missionnaire vient me voir, on nous donne à chacun une table où se trouve la nourriture principale, une autre table est commune, on y dépose le vin et le dessert. Pour les chaises, elles sont comme celle du père Adam, c'est-à-dire qu'il n'y en a point. Je mange toujours seul. Mon servant de messe, qui est aussi mon servant de table, s'assied sur ses jambes en face de moi pendant mon repas. Quand j'ai fini, il mange aussi seul dans sa chambre (1). »

« Je m'aperçois que je parle beaucoup, un peu trop peut-être, de la nourriture corporelle, passons à celle de l'âme.

« Outre mon Ecriture Sainte, j'ai ici pour me nourrir les Œuvres de saint Jean-de-la-Croix, de saint François-de-Sales (une partie), de sainte Thérèse et quelques autres petits ouvrages. Je n'ai pas beaucoup de livres, mais c'est bien suffisant ; mieux vaudrait que j'en eusse moins encore et que je misse mieux en pratique les bons conseils dont ils sont pleins. » M. Aumaître ajoute ces admirables paroles que nous voudrions pouvoir écrire en lettres d'or : « Ce qui me nourrit surtout, c'est notre divin Sauveur au Saint-Sacrement de l'autel. Oh ! qu'on est heureux, mon cher ami, lorsqu'on est revêtu du caractère sacerdotal ! Vous le savez par vous-même ; permettez-moi de vous dire que je le sais mieux que vous. Être si éloigné du centre de la catholicité, si éloigné de ses parents, de ses amis, et n'être pas privé de son Dieu, n'être pas privé de cet aliment céleste, c'est un bonheur assurément au-dessus de tout ce que je pourrais dire. Il n'y avait que l'Amour Divin capable d'inventer un pareil moyen de se communiquer aux âmes ! Quand pourrai-je aussi, marchant à la suite de Mon-

(1) A Mme Guibel, 23 octobre 1863.

seigneur et des autres missionnaires coréens, faire goûter aux pauvres âmes qui m'attendent les délices de ce festin sacré. Elles en sont avides, et pour satisfaire leur avidité il n'y a qu'un petit nombre de missionnaires..... En Corée huit ouvriers apostoliques seulement, et encore le dernier, qui est votre serviteur et votre ami, ne sait pas même parler, il ne peut encore commencer à mettre sa faucille dans ce champ rempli d'une jaunissante moisson. Mon bien cher abbé, si vous ne pouvez pas venir à notre aide, au moins, malgré tout le plaisir que j'aurais à rester encore avec vous, ne me retenez pas plus longtemps. Le temps presse. Adieu. Au ciel (1). »

Voici une autre lettre, qui nous montre encore le cœur ardent et pieux de M. Aumaître. Elle a de plus le mérite de nous faire connaître les efforts inouïs qu'il fit afin d'apprendre plus vite la langue coréenne.

« Bien cher confrère et ami,

« Que le nom du Seigneur soit béni sur toute la terre !

« Votre glorieux patron et son illustre collègue ayant glorifié le nom de N. S. J.-C., je dois, en ma qualité de missionnaire, appelé comme eux à annoncer la Bonne Nouvelle sur une terre étrangère, m'efforcer d'imiter leurs vertus ; je dois les prier du moins d'une manière toute spéciale.

______

(1) A M. Poitou, 29 octobre 1865.

« Or, il me semble que je ne saurais mieux me préparer à la célébration de leur fête, bien cher Monsieur Perissac, qu'en venant un instant près de vous : votre cœur doit être enflammé d'amour pour saint Simon. Occupé probablement, à l'heure où j'écris, aux divers exercices du saint ministère dans notre douce Charente, vous vous efforcez de mériter comme lui le nom de *Zélateur*, *Zelotes*, en allumant le feu divin dans les âmes, ou celui de *Jaloux* qui veut encore dire *Zelotes*, en enlevant au démon l'affection des cœurs qu'il cherche sans cesse à captiver par ses vains artifices. Unissons donc nos vœux, très-cher ami, et prions saint Simon de nous obtenir à tous deux la grâce du zèle apostolique. Vous pouvez, vous, le pratiquer ce zèle tout à votre aise ? Hélas ! il n'en est pas ainsi de moi ! Vous pouvez, vous, parler à cœur ouvert de l'amour et des bienfaits de notre Dieu ; moi, il faut que je cache toutes ces choses, que je tienne enfermées toutes ces merveilles. Ce n'est pas que je ne voulusse aussi ardemment les faire paraître au jour, mais le langage coréen, plus fort que moi, est là qui m'arrête. Voilà plus de quatre mois que je suis ici, et je ne balbutie quelques mots qu'à grand'peine. C'est le 23 juin que j'arrivai à Séoul, capitale de la Corée, où j'ai passé un mois auprès de Mgr Berneux. Là, j'ai appris beaucoup de choses pour ma conduite personnelle et pour ma conduite à l'égard des chrétiens, dont j'ignorais les coutumes ; j'ai appris surtout la *manière d'apprendre* la langue. Monseigneur a bien voulu m'en donner lui-même les principes premiers. Je dis *premiers;* car pour la langue elle-même je ne l'eusse jamais apprise en n'écoutant que les leçons du vénérable prélat. D'abord ces leçons étaient assez rares, vu les nombreuses occupations du ministère apostolique, puis franchement, comment voulez-vous qu'on apprenne le *coréen* en ne parlant que le *français*?... Monseigneur, instruit par sa propre expérience, savait ce qu'il avait à faire; au bout d'un mois, il s'est empressé de m'envoyer *en nourrice*, comme il dit, dans un petit village chrétien, nommé Son-Kol, à six lieues de la capitale. N'entendant parler que coréen, et obligé de demander à chaque instant ce qui m'est nécessaire, à des gens qui ne savent que le coréen, il faut forcément que je l'apprenne aussi. Mais il eût fallu me voir les premiers jours ! Comme vous auriez ri ! Ne pouvant me servir de ma langue pour parler, je me servais de mes mains, de mes pieds, de tout mon corps ; n'ayant pas de mots, je faisais des signes. Je montrais chaque jour à mon servant quelques objets, comme une table, une cuiller, une natte, une pierre, etc., etc. Il m'en disait le nom, que je cherchais aussitôt dans un petit dictionnaire, ou recueil des mots principaux, fait par un missionnaire. Quand j'étais sûr que la prononciation concordait avec ce que je voyais écrit, j'apprenais par cœur les mots que j'avais entendus, et ainsi, pas à pas j'en suis arrivé à expliquer un peu de catéchisme. La pantomime joue toujours son rôle ; n'importe ! mes chers chrétiens me comprennent assez.

« Dans quelques jours, Monseigneur doit venir me voir ; il m'apportera un examen de conscience, que j'apprendrai afin de commencer à entendre les confessions. Sa Grandeur est déjà venue me voir une autre fois. Je reçois aussi la visite de quelques confrères ; mais pas des plus éloignés. Pour ceux-ci je ne les connais que de nom, je ne les verrai peut-être jamais.

« Je vous envoie, cher ami, un alphabet coréen avec la prononciation française en regard. Cela vous servira peut-être un jour, qui sait ? Si la langue coréenne est beaucoup plus difficile à prononcer que la langue chinoise, elle est, dit Mgr Berneux, beaucoup plus facile à lire. En Corée nous avons du moins un alphabet, la Chine n'en a pas.

« Que de choses j'aurais encore à vous dire, très-cher ami ! Mais il faut bien finir... Je vous laisse sous la garde de saint Simon, et suis toujours tout à vous dans les bras de Jésus et de Marie (1). »

Voici une autre lettre qui nous donne d'intéressants détails sur sa vie intime à Son-Kol, et sur l'introduction et la propagation du christianisme en Corée.

----

(1) A M. Perissac, 27 octobre 1863.

« Monsieur et bien cher confrère,

« Que le nom du Seigneur soit béni sur toute la terre !

« Dans une lettre très-aimable que vous m'écriviez au mois de septembre 1860, et que j'aime encore à relire parce qu'elle me rappelle d'agréables et édifiants souvenirs, vous me disiez : « Lorsque vous serez dans les pays de Missions, je réclame une lettre de votre main ; vous me direz vos peines et vos joies, les mœurs des habitants et la manière dont Notre Seigneur y est connu et servi. » — Je suis maintenant dans ce pays de Missions, bien cher Monsieur Sarrazin. J'y suis, mais j'y suis bien peu de chose. Vous envoyer une lettre écrite de ma main, n'est pas une affaire absolument difficile. Malgré toutes mes occupations, je suis heureux d'avoir ce petit service à vous rendre. S'il ne faut que cela pour vous faire plaisir et exciter la vive flamme d'amour divin qui consume votre âme, je me prêterai volontiers à tous vos désirs, d'autant plus qu'en m'entretenant avec vous, je sentirai moi-même ce feu sacré encore davantage, puisqu'on sent d'autant mieux la chaleur qu'on s'approche plus du foyer.

« Mes peines sont encore en germe, je ne les vois point naître, elles viendront plus tard : laissons chaque chose à son temps. Mes joies sont purement intérieures : en ce moment vous en êtes l'objet. Je mène ici une vie solitaire en attendant que ma langue se délie un peu. Or, ce n'est point à vous qu'il faut apprendre les charmes de la solitude. En lisant au livre I de l'*Imitation* le chapitre XX, vous en avez plus d'une fois admiré la beauté ; j'observe fidèlement les conseils donnés à la fin du verset cinquième et j'en ressens les effets. La crainte des païens d'ailleurs, si je n'observais pas ce verset volontiers, me le ferait observer de force. Les premiers jours avant de recevoir la visite de Monseigneur ou de mes confrères, j'allais sur la montagne voisine, à quelques mètres de ma demeure, et, avec mon servant j'apprenais le nom des arbres et des plantes. Monseigneur l'ayant su par une lettre que je lui écrivis, me fit cette réponse : « Vous allez courir sur la montagne !... Que me dites-vous-là, malheureux, vous voulez donc perdre votre résidence ? Quoique votre servant, pour faire le brave, vous dise qu'il n'y a aucun danger, je suis convaincu que les chrétiens ne voient cela qu'en tremblant. Je vous engage à renoncer à ces promenades. » J'y renonçai en effet, et je ne m'en trouve pas plus mal aujourd'hui. J'aurais peut-être succombé au désir d'allonger peu à peu cet exercice, et, un jour ou l'autre, je m'en serais repenti. Maintenant, au contraire, je n'ai que des compliments à me faire sur ma petite manière de vivre.

« En agissant de la sorte, mon bien cher ami, il m'est assez difficile de connaître à fond les coutumes coréennes : vous m'excuserez donc si je ne réponds pas à la question que vous me faites à ce sujet. Puis, il faut bien vous l'avouer, je ne suis pas très-habile à établir ainsi des distinctions entre les peuples. Vous trouverez des livres qui entrent sur ce point dans les plus petits détails : ils vous peignent si bien le caractère d'une nation, qu'en arrivant sur les lieux et en examinant vous-même, vous êtes tout ébahi de ne rien voir. D'où vient cela? Le voici, je crois : ces observateurs ne s'attachent qu'à ce qui leur paraît une différence au lieu de parler aussi des ressemblances qui existent entre les peuples. Pour moi, bien cher abbé, je trouve tous les hommes semblables. Partout il y a du bien et du mal; tous nous descendons de notre mère Ève, qui fut créée de Dieu et trompée par Satan. J'avoue bien qu'il y a des coutumes diverses; mais quand on y est habitué, ces coutumes ne sont rien, ce n'est que l'extérieur, un habit plus ou moins bien taillé suivant le goût d'un chacun; l'étoffe est la même. Il y a peut-être bien un caractère général qui distingue l'Orient de l'Occident et fait paraître celui-ci plus apte à recevoir et à conserver le bienfait de la religion. Toutefois faut-il admettre, avec M. de Maistre, l'existence d'un second péché originel pour ces pauvres orientaux? Je suis trop novice et trop peu versé dans ces matières pour répondre à cette question. Mais je sais autre chose, c'est que, si différentes que soient les dispositions des peuples, la grâce de Dieu est bien miséricordieuse pour les amener à la Foi. Voyons en une preuve dans la manière dont le christianisme s'est introduit en Corée, puisque vous me demandez des renseignements à ce sujet (1). »

Nous verrons la suite de cette lettre dans le prochain chapitre.

(1) A M. Sarrazin, 50 octobre 1863.

CHAPITRE XII

LE CHRISTIANISME EN CORÉE

Introduction du christianisme en Corée : phases diverses, missionnaires, persécutions jusqu'en 1865. — Manière d'évangéliser en Corée. — Action visible de la grâce. — Premier apostolat de M. Aumaître. — Retour à Son-Kol. — Lettre à ses parents. — Paix relative. — Costume de deuil. — Lettre à M. Tuckuell.

La Corée, nous l'avons vu, est un pays absolument fermé aux étrangers. Comment la foi a-t-elle pu en franchir les barrières ? Écoutons M. Aumaître nous le dire :

« Des livres catholiques, apportés de la Chine probablement, tombèrent entre les mains de quelques coréens lettrés, dans la seconde moitié du dix-huitième siècle. Ils s'assemblèrent souvent avec leurs amis pour étudier ensemble les hautes questions traitées dans ces livres. En 1777, un jeune homme plein d'ardeur et de talents, Ni Piek-i, fit un long et pénible voyage pour s'adjoindre à eux. Ne pouvant pratiquer tout ce qu'enseigne le christianisme puisqu'ils ne le connaissaient pas, ils y conformèrent leur vie autant qu'ils le purent. Ainsi, ils observèrent une espèce de dimanche qu'ils fixèrent aux septième, quatorzième, vingt et unième et vingt-huitième jours de chaque mois.

« En 1784, le fils de l'un des ambassadeurs qui portent chaque année à la Chine le tribut de la Corée, et l'ami intime de Piek-i, fut vivement prié par celui-ci de prendre des renseignements sur la religion des Européens. « Informe-toi en détail, lui dit-il, de toutes les pratiques de la religion, et apporte-nous les livres nécessaires. La grande affaire de la vie et de la mort, la grande affaire de l'éternité, est entre tes mains. Va, et surtout n'agis pas légèrement. » Ni Seng-houn-i (c'était le nom de ce jeune homme), arrivé à Péking, va trouver Mgr Alexandre de Govéa, portugais, du Tiers-Ordre de Saint-François, et reçoit de lui les premières notions de la foi. De retour en Corée, il annonce à ses amis qu'il a reçu le baptême et porte le nom de Pierre. Il envoie à son ami Piek-i des images et des livres que celui-ci s'empresse de lire et d'étudier dans la retraite. Fortifié par cette étude Piek-i sortit de sa retraite et prêcha la nouvelle doctrine avec grand éclat et grand succès. Avez-vous jamais vu, bien cher ami, quelque chose de semblable dans toute l'histoire de l'Église? Surtout avez-vous jamais vu quelque chose de semblable à ce que je vais raconter? C'est vraiment merveilleux.

« En 1785, un nouveau converti, Thomas Kim Pem-ou, saisi par le ministre des crimes, qui voulait arrêter les progrès de la religion, fut envoyé en exil dans une ville éloignée. Il y mourut deux ans après des suites des tortures qu'il avait endurées pour la foi. Un *martyr* dans un pays où il n'y avait pas encore de prêtre ! Je trouve, moi, cher ami, que c'est un prodigieux effet de la grâce divine. Les Coréens s'évangélisaient eux-mêmes. Dans leur bon vouloir et aussi leur ignorance, ils improvisèrent un clergé. François-Xavier Kouen, qui avait travaillé avec zèle à la propagation de la religion, fut élu évêque ; Pierre Ni Seng-houn-i, Louis-de-Gonzague Ni Tan-ouen-i et quelques autres furent élus prêtres. Ils commencèrent aussitôt à exercer une sorte de ministère ecclésiastique : cela dura deux ans, à peu près. Mais en 1789 la lecture plus attentive de quelques livres de religion fit surgir des doutes sur la validité de leur élection et de leur ministère. Ils consultèrent l'évêque de Péking qui les réprimanda et leur donna de sages instructions sur les sacrements, la prédication et le culte des ancêtres. Ces instructions furent reçues avec reconnaissance et la plupart s'y conformèrent. Il y eut toutefois des séparations à cause du culte des ancêtres ; quelques chétiens faibles abandonnèrent dès lors la pratique de la religion.

« Cependant, les chrétiens fidèles ne cessaient de demander un prêtre véritable. Ils firent pour en obtenir plusieurs démarches qui n'aboutirent pas. Sur ces entrefaites éclata une violente persécution qui aurait dû noyer cette Église naissante dans le sang et les larmes de ses martyrs, si le sang des martyrs n'eût plus été une semence de chrétiens. Cette persécution même fut ce qui leur valut la faveur de recevoir enfin le prêtre qu'ils appelaient depuis si longtemps. Mᵍʳ de Govéa leur envoya un jeune prêtre chinois, Jacques T'siou, appelé par les Portugais Jacques Vellozo. Ce fut le 23 décembre 1794 qu'il s'introduisit en Corée. Il était originaire de la province de Kiang-nam, et avait exercé le saint ministère dans le diocèse de Péking. »

Il ne travailla que peu d'années dans sa nouvelle mission, et toujours dans le plus grand secret afin d'échapper à la police qui n'avait cessé de faire les recherches les plus actives pour se saisir de lui et le mettre à mort. Beaucoup de fidèles furent soumis aux plus affreux tourments à cause de lui. Dans l'espérance d'épargner aux chrétiens de nouvelles rigueurs, il se livra lui-même, et le 31 mai 1801 il cueillit la palme du martyre. Le pasteur avait espéré que sa mort délivrerait son troupeau : il s'était trompé. La persécution de 1801 fut des plus cruelles. « La religion catholique, soutenue par des personnages élevés en dignité, devint bientôt par cela même une opinion politique, qui eut ses défenseurs et ses ennemis. Plusieurs victimes répandirent leur sang. Mais quels sont les véritables martyrs de cette époque ? Il est assez difficile de le savoir. Dieu, qui voit les pensées les plus secrètes, ne s'y trompera pas au jour du jugement.

« Après cette persécution de 1801 les chrétiens, qui avaient échappé aux supplices, se trouvaient dans la situation la plus triste : mais ils ne se découragèrent pas : au contraire, chaque année ils firent de nou-

velles tentatives pour obtenir des prêtres ; ils écri-
virent même à Rome. La France, alors agitée par tous
les troubles que vous connaissez, mettait assez peu
de sujets à la disposition du Souverain Pontife. Il fallut
attendre près de trente ans et traverser encore de
cruelles persécutions, avant d'obtenir ces prêtres
qu'ils demandaient avec tant d'instance. Ce ne fut
qu'en 1828 que le successeur de saint Pierre détacha
la Corée du diocèse de Péking pour la confier à la
Société des Missions Étrangères. Je n'en finirais pas,
bien cher Monsieur Sarrazin, si je voulais entrer dans
tous les détails des persécutions que le démon a sus-
citées dans ce pays, et des admirables exemples de
courage et de patience qu'ont fournis les martyrs.
J'ai puisé ces quelques renseignements dans les notes
de Mgr Daveluy, coadjuteur de Mgr Berneux. Avant
longtemps, je l'espère, on publiera à Paris un ou-
vrage qui racontera au long tant de merveilles de la
grâce divine. Vous pourrez à loisir y nourrir votre
piété (1). »

L'ouvrage annoncé ici par M. Aumaître a paru, en
effet, à Paris, en 1874, sous ce titre : *Histoire de
l'Église de Corée*. Nous l'avons sous les yeux en
transcrivant cette lettre de notre cher missionnaire.
Il nous a servi à rectifier son récit sur plusieurs
points et même à le compléter. Nous allons y faire
de nouveaux emprunts pour continuer, jusqu'à nos

____

(1) A M. Sarrazin, 50 octobre 1863.

jours, le résumé de cette histoire religieuse que M. Aumaître a poussée seulement jusqu'à l'année 1828.

Le premier vicaire apostolique donné par le Saint-Siége à la Corée fut Mgr Brugière. Il n'eut pas le bonheur de pénétrer dans sa mission, malgré les peines et les souffrances qu'il endura pour s'y introduire. Nouveau Moïse, il dut mourir avant d'entrer sur cette terre, si ardemment désirée; sans l'avoir même aperçue de loin.

Plus heureux que Mgr Brugière, M. Maubant eut la joie d'entrer en Corée en 1836. Il y fut suivi l'année après par M. Chastan. A la fin de 1837, Dieu envoyait un évêque à la Corée : c'était Mgr Imbert. Ces trois missionnaires, vraiment dignes de leur vocation, s'unirent comme des frères pour leur écrasant apostolat, et le nombre des chrétiens s'accrut rapidement.

Bientôt la persécution recommença, et, avec la persécution, les glorieuses victoires des martyrs, comme aussi, hélas! les défections de ceux qui, vaincus par les tourments, eurent le malheur d'apostasier. La persécution devint si violente, que Mgr Imbert et ses deux missionnaires résolurent de se livrer eux-mêmes à ceux qui les cherchaient en vain depuis si longtemps. Démarche vraiment héroïque, capable, plus que toutes les prédications, de dire à leurs néophytes l'excellence de la foi, qu'ils étaient venus leur prêcher, puisqu'ils mouraient pour elle. Ils souffrirent divers supplices, et enfin furent décapités le 21 septembre 1839. La persécution de 1801 n'avait pas cessé par la mort du P. T'siou, la persécution de 1839 ne cessa pas non plus par la mort des trois missionnaires. Les martyrs continuèrent à donner à Notre Seigneur le témoignage de leur parole et de leur sang, et au monde le témoignage de leurs vertus et de leur inébranlable attachement à notre sainte religion. Ainsi s'implantait la foi dans la pauvre Corée, de nouveau privée de prêtres. Mais le sang des martyrs n'avait pas coulé en vain.

En 1845, Mgr Ferréol, avec un jeune missionnaire, M. Daveluy, pénétrait en Corée, et renouait la chaîne des apôtres. Ils se mirent courageusement à l'œuvre pour relever tant de ruines faites par la persécution. Dieu bénit leur zèle, car, en deux années, ils admirent au baptême mille sept cents coréens, et à la fin de 1850, la Corée comptait plus de onze mille chrétiens. Au prix de quelles fatigues et de quelles privations ce succès avait-il été obtenu ? Dieu seul le sait. Mgr Ferréol y mourut à la peine, au mois de février 1853. Il eut cependant la joie d'embrasser avant de mourir un intrépide missionnaire, qui depuis dix ans frappait à la porte de sa chère mission sans y pouvoir entrer. Ce nouvel apôtre était M. Maistre. L'année suivante arriva un autre missionnaire, M. Jansou. Mais il n'entra dans le champ du Père de famille que pour y mourir. Pendant trois années le soin de toute cette chrétienté reposa donc sur M. Daveluy, M. Maistre et un prêtre coréen, nommé Thomas T'soi.

Enfin, en 1856, la Corée vit arriver à son secours un autre évêque avec deux jeunes missionnaires: c'étaient Mgr Berneux et MM. Petitnicolas et Pourthié, qui devaient, dix ans après, partager son martyre. Mgr Ferréol avait, par testament, désigné M. Berneux pour son successeur. Nul choix ne pouvait être meilleur puisque ce missionnaire avait fait son rude noviciat dans les prisons du Tong-king et l'avait continué pendant les dix années de son apostolat en Mandchourie. Le Saint-Siége respecta les dernières dispositions de Mgr Ferréol. M. Berneux fut sacré évêque de Capse par Mgr Verrolles au moment où celui-ci venait de le demander pour son coadjuteur en Mandchourie. Il partit aussitôt pour sa nouvelle mission. Avec quel bonheur ne fut-il pas accueilli par les missionnaires et par les chrétiens de Corée ! Il était si véritablement apôtre ! Malheureusement ses forces ne répondaient pas à son zèle. Aussi songea-t-il bientôt à se donner un coadjuteur. Son choix tomba sur un missionnaire qui depuis onze ans évangélisait la Corée. M. Daveluy. Le sacre se fit le jour de l'Annonciation, en 1857. La consécration de ce nouvel évêque n'eut pas, on le pense bien, l'éclat de nos cérémonies en France. Elle rappelait plutôt les cérémonies des catacombes au temps des Néron et des Dioclétien. Mais quelle joie n'apporta-t-elle pas à cette pauvre Église ! La hiérarchie catholique s'établissait chez elle. Désormais elle pouvait espérer n'être plus sans évêque ni sans prêtre.

Quelques jours après arrivait un autre missionnaire sur qui Mgr Berneux ne comptait que dans deux ans, M. Féron ; ce qui porta à sept le nombre des ouvriers apostoliques. C'était encore trop peu. Aussi Mgr Berneux insistait-il auprès des directeurs du séminaire des Missions Étrangères pour qu'ils lui donnassent du renfort. Sur ces entrefaites mourut M. Maistre. Sa mort fut pour ses confrères une grande peine et un surcroît de fatigues. De nouvelles croix les attendaient encore.

Depuis plusieurs années, ce n'était pour les chrétiens ni la paix ni la guerre. Mais en 1860 la guerre ouverte éclata de nouveau. Bien nombreuses furent les victimes de la persécution. Elles l'eussent été plus encore si le préfet de police eut trouvé auprès de la nation et du roi l'appui qu'il désirait. Dieu ne le permit pas. Le brillant fait d'armes des flottes combinées de France et d'Angleterre en Chine, l'incendie du palais impérial, la prise de Péking, la fuite de l'empereur et le traité imposant la liberté religieuse dans le Céleste-Empire : tout cela jeta l'épouvante dans la Corée et ne contribua pas peu à faire cesser la persécution.

Quatre nouveaux missionnaires entrèrent à la fin de mars 1861. C'étaient MM. Joanno et Landre, qui, depuis deux ans, avaient vainement essayé d'aborder leur mission, et MM. Ridel et Calais, sortis récemment du séminaire des Missions Étrangères.

Au mois de juin suivant, mourut Thomas T'soi,

l'unique prêtre indigène, si cher à Mgr Berneux et aux autres missionnaires, à cause de sa piété solide, de son zèle ardent pour le salut des âmes et de son bon esprit. Il avait évangélisé sa chère patrie pendant douze ans : il mourut en prononçant les saints noms de Jésus et de Marie. A la fin de l'année 1861, la Corée comptait dix-huit mille trente-cinq chrétiens et neuf missionnaires.

Le traité qui avait stipulé la liberté religieuse, pour la Chine, ne s'était pas occupé de la Corée. Aucune des lois contre les chrétiens ne furent rapportées ; aussi les vexations recommencèrent-elles bientôt contre eux. Ils furent réduits à la dernière misère. Tous les missionnaires étaient exténués de fatigue, plusieurs se trouvaient malades. Bientôt allaient mourir deux d'entre eux, sur qui on fondait, à bon droit, un si grand espoir pour l'avenir de la mission, M. Joanno et M. Landre. C'est après la mort du premier et avant la mort du second qu'arriva M. Aumaître.

Afin d'avoir complète la liste des martyrs et des survivants de la persécution de 1866, ajoutons que MM. de Bretennière, Beaulieu, Dorie et Huin entrèrent en Corée au mois de mai 1865, et portèrent ainsi à douze le nombre des missionnaires.

Tel est, en courant, le résumé de l'histoire religieuse de la Corée depuis 1828. Nous n'avons rien dit de la consécration de ce pays à la très-sainte Vierge, ni du premier synode tenu après le sacre de Mgr Daveluy ; rien du séminaire fondé par Mgr Berneux, ni de l'imprimerie établie par ce prélat. Que de traits édifiants n'aurions-nous pas eu à raconter, si nous avions voulu entrer dans les détails ! Que de prodiges de zèle chez les missionnaires ! Que de courage chez ces pauvres coréens, si riches de foi ! Que de merveilles de la grâce ! Mais aussi, que de grandes et terribles leçons n'aurions-nous pas eu à recueillir ! Les deux premiers apôtres de la Corée, Ni Piek-i et Ni Seng-houn-i, pour ne parler que de ceux-là, achevant dans l'apostasie une vie qui avait été pendant longtemps héroïque. Le dernier mourant avec des martyrs, sans partager pourtant leur gloire, puisqu'il ne partageait plus leur foi !... O mon Dieu, gardez-nous dans la vérité, dans l'humilité, dans l'amour !

Les missionnaires, nous l'avons vu, devaient toujours se tenir cachés par la crainte des païens. On se demande comment, dans ces conditions, ils pouvaient exercer leur apostolat. M. Aumaître va nous donner la réponse dans la lettre que nous avons dû interrompre pour tracer la suite de l'histoire religieuse de la Corée.

« Aujourd'hui le christianisme se répand encore comme dans le commencement. Ce sont les Coréens qui s'évangélisent tout seuls. Les missionnaires ne convertissent les païens que par une prédication indirecte. Ils sont comme le cœur qui distribue le sang dans tout le corps, en ne se remuant que très-peu. Ils s'agitent beaucoup et se donnent du mouvement pour la conservation des chrétiens, et c'est une prédication pour les autres. Lorsque les grands travaux de la campagne sont finis, c'est-à-dire à l'époque où je vous écris (fin d'octobre), chaque missionnaire commence l'administration dans le district qui lui est assigné. Il part avec deux hommes qui portent ses effets et tout ce qui est nécessaire pour la sainte messe et les autres cérémonies, les Saintes Huiles, un Bréviaire, un Rituel, etc., tout cela plié de manière à ce qu'on le puisse aisément emporter. Quand il arrive dans une chrétienté, l'un des habitants cède sa maison : on en fait une église et un presbytère, tout à la fois. Le missionnaire confesse, donne la sainte communion, supplée les cérémonies du baptême aux enfants nés et ondoyés dans le courant de l'année, et ainsi des autres sacrements. S'il y a des catéchumènes, il les baptise ; s'il y a des païens qui veulent se faire chrétiens, il les examine et les reçoit au nombre des catéchumènes. Lorsque tout est terminé dans ce village, il passe dans un autre. Cela dure jusqu'à l'été, époque des grands travaux des champs. Alors le missionnaire rentre dans son trou pour plusieurs mois. Il habite une petite maisonnette où il se livre à l'étude, soit pour repasser sa théologie, soit pour apprendre mieux la langue ou composer quelques livres. Il profite de ce temps pour voir plus longuement ses confrères, pour faire sa retraite, etc.

« Comment se fait donc la propagation de la foi parmi les païens ? Absolument comme la propagation de toutes les sociétés secrètes, avec cette différence que c'est la grâce de Dieu et non les artifices du démon, qui est mise en œuvre.

« Voulez-vous un exemple de la manière dont la grâce opère ? En voici un, je le tiens de M. Féron, dans le district de qui s'est passé le fait que je raconte. Une famille s'apercevant que le village chrétien qu'elle habitait était suspect aux mandarins, alla, pour plus de sécurité, s'établir dans un petit village païen. Afin de n'être pas entendus en récitant ou en chantant les prières, ils se levaient la nuit, fermaient avec soin toutes les ouvertures qui auraient pu laisser voir du dehors la lumière de la maison. Or, une fois, le jour vint surprendre ces dignes chrétiens en prières. Comme la chambre était bien fermée, ils ne s'aperçurent de rien. Les païens cependant écoutaient à la porte. Ils frappent ; on leur ouvre : ils font alors plusieurs demandes au sujet des paroles qu'ils ont entendues. Le père de famille, sans trop s'intimider, leur explique tout ce qu'il sait de la religion. Ces païens annoncent aux autres ce qu'ils viennent d'apprendre, et voilà tout un village disposé à se faire chrétien. O mon Dieu, que vous êtes admirable dans les effets de votre grâce ! C'est ainsi, mon cher ami, que vont les choses en Corée. En ce moment, il n'y a pas de persécution ; la présence des Européens à Péking fait craindre aussi pour ce pays, et l'on ferme les yeux. Malgré cela, les missionnaires agissent toujours en cachette. La prudence est la mère de la sûreté.

« Vous voyez que les prières que l'on fait en Europe sont exaucées ici. Je me recommande donc à vous de nouveau ainsi que mes chers confrères et toute la mission. Il faut enfin finir. Adieu. Votre ami en J. M. J.

« P. Aumaître (1). »

C'est à l'automne de 1863 que M. Aumaître écrivit toutes ces lettres que nous avons citées. Il en écrivit d'autres encore, mais hélas ! plusieurs ont été perdues, d'autres peut-être, comme certaines lettres antérieures à son départ, sont retenues captives par une délicatesse poussée à l'excès. Sa correspondance avec ses parents et ses amis fut finie pour une année. Pourquoi cela ? Nous le verrons dans les lettres suivantes.

Après avoir satisfait aux devoirs de la reconnaissance et de l'affection, M. Aumaître se remit à l'étude du Coréen. Il y trouvait, plus que les autres missionnaires, des difficultés; aussi lui fallut-il encore six mois de travail opiniâtre avant de pouvoir commencer les travaux du saint ministère. Enfin, à la Pentecôte de 1864, Mgr Berneux le chargea de visiter quatre villages voisins de Son-Kol.

Ce fut pour notre missionnaire grande joie de pouvoir donner carrière à son zèle. Les difficultés qu'il rencontra, pour se faire comprendre des chrétiens, l'affligèrent, mais ne le découragèrent pas. Rentré à Son-Kol, il se remit, avec plus d'ardeur que jamais,

(1) A M. Sarrazin, 50 octobre 1865.

à l'étude, afin d'être en mesure d'administrer comme il faut le district qu'allait lui confier son évêque, peu de mois après.

C'est assurément pour consacrer à l'étude tout son temps que M. Aumaître s'imposa la privation de n'écrire cette année en Charente qu'une seule lettre. Il en écrivit une autre à son hôte de l'île Maurice, M. Tuckuell. Pour qui connaît M. Aumaître, bien rude fut le sacrifice ; mais il se rappelait ce qu'il écrivait l'année précédente : « Dieu ne me demandera pas si j'ai beaucoup écrit, mais si j'ai bien étudié la langue (1) », et il laissa dormir sa plume. Son cœur cependant ne dormait pas, il subissait une épreuve qui allait chaque jour en s'aggravant, celle de n'avoir reçu de ses parents aucune lettre depuis son départ de Marseille. Dieu, qui voulait rendre de plus en plus digne de lui son fidèle serviteur, permit que l'épreuve durât trois mois encore : il la fit cesser quand M. Aumaître était occupé à l'administration de son district. Trois lettres lui arrivèrent de son village et le comblèrent de joie.

Donnons ici les deux lettres dont nous avons parlé plus haut, nous y trouverons d'intéressants détails sur la Corée et sur les premiers travaux d'un apostolat qui fut si court ; nous y verrons aussi encore le cœur délicat auquel nous ont habitués les lettres précédentes.

____

(1) A M. Adolphe Pichon, 19 octobre 1863.

« Son-Kol, en Corée, le jour de saint Eustache,
20 septembre 1864.

« Bien chers parents,

« Que le nom du Seigneur soit béni sur toute la
terre !

« J'ai été fort surpris, au mois de janvier dernier,
lorsque j'ai reçu mes lettres, de n'en pas trouver une
seule envoyée par vous. Depuis mon départ de Marseille, je vous ai donné plusieurs fois de mes nouvelles.
Est-ce que mes lettres ne vous seraient pas parvenues,
ou bien, avez-vous attendu que je vous écrivisse de
ma mission, afin d'avoir un endroit fixe où vos réponses pussent m'arriver ? Cette dernière supposition
me paraît seule probable, cependant elle est loin de
lever mes doutes. En effet, avant de quitter la France,
ne vous avais-je pas dit de m'écrire comme si j'étais
encore au séminaire des Missions Étrangères ? Là on
trouvera toujours moyen de m'envoyer ce qui porte
seulement mon nom. Il y a bientôt un an que je vous
ai écrit de cette même chambre où je suis, vous avez
dû recevoir ma lettre (1) au mois de juin de cette
année, et j'espère en recevoir la réponse au mois de
janvier prochain. Si je ne la reçois pas je serai encore
plus inquiet qu'il y a neuf mois. Si vous ne m'avez
pas répondu, je vous en prie, daignez au moins le
faire pour la présente lettre, j'espérerai encore ainsi
jusqu'au mois de janvier de 1866.

(1) Nous n'avons pas cette lettre.

« C'est une bien grande privation, mes chers parents, que celle de ne pouvoir pas avoir de nouvelles de sa famille plus d'une fois par an. Je vous en supplie, ne l'augmentez pas pour moi. J'aimerais à avoir des détails sur vous, sur chacun de mes frères en particulier et sur mes autres parents, et si vous n'avez pas l'obligeance de m'en donner, personne ne m'en donnera.

« Je vous ai parlé, l'année dernière, de mes occupations en Corée, je n'ai presque rien à ajouter cette année. Depuis ma dernière lettre je n'ai guère quitté ma chambre que pour faire visite à Monseigneur et à quelques confrères, ou pour aller administrer les sacrements à des malades de une à quatre lieues de mon village. Je me suis absenté aussi toute la semaine de la Pentecôte et un peu plus, pour faire l'administration des sacrements dans quatre villages voisins. Cet exercice m'a été fort utile pour la langue, je me suis fait assez comprendre et j'ai assez compris ; mais j'ai beaucoup à faire encore avant de bien parler coréen·

« Voici le résultat de mon administration :

« Confessions tant d'enfants que de grandes personnes, 260.

« Communions, 192.

« Confirmations, 9 (en missions les simples prêtres peuvent être autorisés par le Souverain Pontife à donner ce sacrement).

« Baptêmes d'enfants, 6.

« Cérémonies supplées à des enfants ondoyés, 6.

« Baptêmes de grandes personnes, 6.

« Mariage, 1.

« Extrêmes-Onctions, 2.

« Ces quelques jours de ministère sont une préparation excellente pour de plus grands travaux, qui ne tarderont pas à commencer. Dans quinze jours ou trois semaines je partirai pour la contrée qui me sera désignée par mon évêque, et tous les jours seront employés au ministère, peut-être jusqu'au mois de mai, c'est-à-dire, un ou deux mois avant que ma lettre ne vous arrive. Ce serait une bonne chose, chers parents, si vous faisiez de temps en temps une petite prière pour les pauvres âmes qui me sont confiées et pour moi également. Chaque jour à la sainte messe, soit à mon chapelet ou à mes autres prières, je vous recommande au bon Dieu ; ce ne serait pas de trop, il me semble, que vous me rendissiez la pareille.

« En fait de nouvelles, je vous annonce que le roi de Corée est mort il y a quelques mois. Comme il n'avait pas d'enfants, c'est un fils adoptif, d'une douzaine d'année, qui lui a succédé. Le père naturel et la mère adoptive de ce nouveau roi font les affaires du gouvernement en attendant qu'il soit assez âgé pour les faire lui-même.

« Dans les premiers jours de ce nouveau régime, on craignait beaucoup une persécution pour les chrétiens, car les ministres, et surtout la reine régente, sont peu disposés en faveur de notre sainte Religion. Il n'en a rien été : nous sommes aussi libres qu'auparavant, sans avoir encore une liberté complète. On finit par se persuader que la religion catholique est bonne, et il faut espérer qu'avant longtemps, nous serons aussi libres ici qu'on l'est en Chine. Le gouvernement sait que nous sommes huit Européens dans ce royaume, il sait notre manière d'administrer les sacrements en secret, et il nous laisse tranquilles. Il peut se faire aussi qu'il craigne les navires d'Europe, qui sont en Chine. Quoi qu'il en soit, nous agissons toujours avec prudence, évitant de nous faire connaître aux païens. Ainsi quand je sors de mon village, je suis toujours vêtu d'un habit de deuil : large chapeau en osier, qui me couvre jusqu'aux épaules, au lieu du chapeau de crin ; habit de toile écrue la plus grossière possible, comme les toiles d'emballage en France, au lieu de l'habit en toile de coton, enfin pour chaussures des sandales en paille. »

M. Aumaître ne dit que cela de sa chaussure, elle mérite cependant d'être mieux connue. Nos chaussures, à nous, sont principalement pour protéger nos pieds contre les obstacles du chemin : elles sont faites en conséquence. Les Coréens n'ont pas la même manière de voir que nous sur ce point comme sur bien d'autres. Ils ont des sandales, d'ordinaire en paille, simplement pour protéger la plante du pied. Pour les fixer plus solidement ils font, au bout de ces sandales, un trou et y passent le gros orteil. Comment ne seraient-elles pas solides ? Qu'il aille maintenant en toute assurance, le voyageur, qu'il soit sans crainte sur les obstacles capables d'encombrer son chemin. S'il se rencontre devant lui une pierre, une racine d'arbre, quoi que ce soit enfin, son orteil éclaireur vigilant, s'en apercevra et l'en avertira. Ainsi était chaussé M. Aumaître. Afin qu'on ne vit pas sa barbe peu coréenne, au-dessous de son chapeau de deuil et qu'il fut protégé contre les regards indiscrets, il avait soin, lui aussi, de se couvrir le visage d'un évantail ou petit voile en toile grise fixée sur deux bâtonnets. Ce costume est de rigueur pour les nobles coréens en deuil. Reprenons son récit.

« On ne parle pas à un homme en deuil. Mais si, contre l'usage, quelqu'un m'adressait la parole, mon servant qui m'accompagne toujours, répondrait pour moi.

« Voilà à peu près tout ce que j'ai à vous apprendre, chers parents. Cette année je ne me suis guère occupé qu'à l'étude de la langue, à la théologie et au soin de mon âme, il n'en sera pas ainsi dans la suite. Encore quelques jours et il me faudra probablement parcourir un pays de montagnes.

« Je n'écris qu'à vous dans la Charente ; veuillez donner de mes nouvelles à ceux qui s'informeront de moi..... Si vous avez occasion de voir mon filleul, dites-lui un mot d'affection pour moi et recommandez-lui d'être bien sage afin que je puisse le revoir au ciel.

« Adieu, cher père, chère mère, chers frères et chères sœurs : pensez souvent à moi devant le bon

Dieu, n'oubliez pas non plus les chrétiens de Corée, et, en attendant que nous puissions nous retrouver au ciel, croyez-moi toujours votre tout affectionné.

« P. Aumaître. »

Dans cette lettre, M. Aumaître ménage les détails sur la Corée, il ne veut pas, on le voit, effrayer trop ses parents en leur parlant des dangers que lui et ses confrères courent chaque jour. Mais la lettre suivante est plus complète. Nous la citons en entier malgré les répétitions qui s'y trouvent. On les excusera sans peine en songeant que, dans la pensée de leur auteur, ces deux lettres n'étaient point destinées à se trouver jamais si rapprochées l'une de l'autre.

« Son-Kol, en Corée, le jour de saint Janvier, 19 septembre 1864.

« Bien cher Monsieur Tuckuell,

« Que le nom du Seigneur soit béni sur toute la terre !

« J'ai reçu le 26 janvier de cette année l'estimable lettre que vous avez eu la bonté de m'envoyer quelques jours avant Noël de 1863 : elle m'a un peu remis de la tristesse que j'éprouvais en ne recevant alors aucune nouvelle de ma famille, dont je n'ai point entendu parler depuis mon départ de Marseille. Soyez donc mille fois remercié, bien cher Monsieur. Cette lettre m'a fait du bien, vous m'y parlez à cœur ouvert comme à un frère, et c'est ce que j'aime. En effet, vous êtes en Jésus-Christ, mon véritable frère depuis que vous avez eu le bonheur d'entrer dans la bergerie de cet aimable et divin Pasteur. J'aurais été heureux de pouvoir vous répondre immédiatement ; mais à quoi cela m'eût-il servi, puisque ma lettre n'aurait pas pu vous arriver plus tôt. Ici, nous n'avons chaque année qu'une occasion régulière d'envoyer et de recevoir des lettres, c'est à l'époque où l'ambassade coréenne va à Péking porter le tribut, c'est-à-dire, vers le mois de décembre. Mgr Verrolles, évêque de Mandchourie, et Mgr Berneux communiquent ensemble, et font, au moyen d'un marchand chrétien de la suite de l'ambassade, échange de lettres et de paquets pour l'Europe et la Corée, tout cela dans le plus grand secret, bien entendu, car, si ce chrétien était découvert dans sa pieuse contrebande, d'après les lois, on serait en droit de lui trancher la tête. En dehors de cette occasion, rien ne nous arrive d'Europe, si ce n'est par les confrères qui viennent de France, occasion fort rare puisque nous ne sommes ici que huit missionnaires, et je suis le dernier entré. Il est donc impossible d'écrire souvent, et, de plus, quand on le fait, il faut être disposé au sacrifice de sa lettre en disant : « Elle arrivera ou elle n'arrivera pas à son adresse : à la grâce de Dieu. » Vous avez dû recevoir de mes nouvelles quelques mois après mon départ de Maurice. Je vous ai écrit au commencement de février, lorsque j'étais à Chang-haï. »

M. Aumaître raconte ici les divers incidents de

son entrée en Corée, ainsi que les débuts de son ministère, nous les connaissons, et il ajoute : « Comme ma barbe n'a point encore la tournure coréenne, je continuerai probablement à voyager en habit de deuil .. Pour quelques-uns de mes confrères, qui ont la figure un peu coréenne, ils peuvent s'habiller comme les gens de bon ton qui ne sont pas en deuil. Nous prenons toutes ces précautions par prudence, afin que les chrétiens seuls puissent nous connaître ; nous n'avons aucune relation avec les païens, si ce n'est avec ceux qui, instruits par les chrétiens, viennent réciter leur catéchisme et leurs prières, afin d'être admis au bienfait du baptême. Ce n'est pas que nous craignions pour nous maintenant. Les navires anglo-français, qui sont sur les côtes de Chine, inspirent trop de craintes pour qu'on osât nous mettre à mort si nous étions découverts. Puis on commence à croire généralement que la Religion Catholique est la vraie religion. Mais nous craignons pour les chrétiens. Il suffit d'une petite occasion pour que, un mandarin, qui aura bu un coup de trop, s'avise de les vexer pour se faire donner des sapèques.

« Quant à la liberté de religion, bien cher Monsieur, nous ne l'avons point encore, mais notre espérance de l'avoir bientôt se fortifie de plus en plus. Si le roi n'était pas mort cette année, on l'aurait peut-être maintenant. Le nouveau roi, fils adoptif du défunt, est un enfant de douze ans. Son père naturel, qui est régent, est assez bien disposé pour notre cause, mais sa mère adoptive, veuve du feu roi, nous est très-opposée ainsi que la plupart des nouveaux ministres. En tout cas, si on ne nous donne pas la liberté, nous la prenons peu à peu de nous-mêmes. Une grande partie des païens connaissent les villages qui sont chrétiens, on sait même quelquefois quand nous allons (je dirai mieux, quand mes confrères vont) administrer les sacrements. Le gouvernement sait très-bien que nous sommes huit Européens, dont deux évêques et six prêtres. Mgr Berneux est connu lorsqu'il passe en ville en habit de deuil ; on le sait grand, orné d'une belle barbe, propriétaire de la maison qu'il habite, quoique un autre en paraisse le maître. On sait encore que nous avons tous un passeport nous permettant de voyager, de posséder et de prêcher dans l'empire chinois, etc., etc. Seulement on fait semblant de ne pas le savoir pour n'avoir pas à exécuter les lois qui nous condamnent à mort. Il est défendu aussi, à qui que ce soit, d'imprimer la moindre chose sans la permission du roi. Voilà trois ans que Mgr Berneux a une imprimerie (il n'avait d'abord que deux imprimeurs, maintenant il en a cinq) ; plusieurs livres de religion, revêtus du sceau de Sa Grandeur, ont été vus et pris à des chrétiens par des mandarins. Sur les livres qu'on imprime cette année, outre le nom de Monseigneur ajouté à son sceau pour approuver l'ouvrage, on voit encore le nom de Mgr le coadjuteur, ou même le nom d'un autre missionnaire, s'il est l'auteur du livre, avec le millésime de l'année courante, c'est-à-dire 1864 pour cette année-ci et le nom de l'année suivante selon le calendrier coréen, ou plutôt chinois, car les Coréens reçoivent chaque année le calendrier de la Chine, pour reconnaître la suzeraineté du Céleste Empereur. Malgré tout, on ne nous dit rien, nous avons plus de liberté sur ce point que les indigènes, et cette imprimerie nous est d'une grande utilité. Nous sommes en bon chemin. Monsieur Tuckuell, priez, s'il vous plaît, afin que Dieu nous aide à continuer l'œuvre si bien commencée.

« Vous croyez peut-être, bien cher Monsieur, que j'écris ces détails seulement pour vous, en voyant que je n'ai pas encore prononcé d'autre nom que le vôtre ? Il est temps de vous dissuader. J'écris aussi pour Mme Marin, votre excellente sœur, que j'oserai appeler également ma très-chère sœur en Jésus-Christ. J'aime à me rappeler les pieux sentiments qui l'animaient lors de mon passage à Maurice, j'ai tout lieu de croire que cette piété ne s'est point refroidie. Je vous remercie bien, Madame, de la bonté que vous avez eue d'écrire à ma bonne mère. Mais peut-être ne vous aura-t-on pas répondu. Ma mère est très-pieuse aussi, elle n'aura pas manqué d'être bien contente en recevant votre lettre; mais elle ne sait pas écrire. Mon père et mes frères et sœurs, habitants de la campagne, n'auront peut-être pas osé demander à quelqu'un de vous écrire pour eux, peut-être encore n'auront-ils pas su comment s'y prendre pour écrire à une dame, et à une dame qu'ils ne connaissent point !... Ç'aura été pour eux une affaire d'État. En cas que ces difficultés les aient arrêtés, veuillez me prendre pour l'interprète de leurs sentiments et regarder cette lettre comme une réponse à celle que vous avez eu l'obligeance d'écrire à ma famille.

« J'écris aussi pour le bon M. Marin, qui *de droit* est aussi depuis longtemps mon cher frère en Jésus-Christ, et qui depuis mon passage, j'ose l'espérer, l'est aussi devenu *de fait*, en reprenant la pratique de notre sainte Foi. Enfin j'écris aussi (mais cette fois avec votre permission) pour les autres personnes que j'ai vues chez vous, Mesdemoiselles Sidonie et Julie, M. Bradshaw, M. Panin, et quelques autres, si j'en oublie, mais je n'ai garde d'oublier les deux petits anges Georges et Henri. Ils sont maintenant, je pense, en âge de prier pour leur chère maman, et vous n'avez pas manqué de leur en faire prendre la bonne habitude. Vous savez que Notre Seigneur Jésus-Christ aime particulièrement les petits enfants; leurs prières, sans aucun doute, lui sont très-agréables. Je prie aussi quelquefois pour cette pieuse défunte au saint sacrifice de la messe. Est-il besoin de dire que je prie aussi pour vous et pour toute votre famille? Je pense souvent à vous, car votre souvenir réveille ma piété. Un mot maintenant pour vos domestiques, s'il vous plaît. Recommandez de ma part à Juliette et à Baptiste de bien réciter leurs prières, afin que je puisse les revoir au ciel. Bien qu'ils ne soient ni Anglais ni Français, ils n'en sont pas moins les enfants de Dieu.

« Si après avoir avoir eu l'obligeance de remettre à M. Maistre (1) le billet ci-joint, vous aviez la bonté de lui donner quelques détails sur l'état actuel de la Corée, vous me feriez bien plaisir.

« Adieu, Messieurs et Madame, il ne faut point espérer nous revoir en ce monde. Mais soyons unis par nos prières, en attendant que nous ayons le bonheur de nous revoir au ciel. Je suis en Jésus, Marie, Joseph votre très-humble et très-affectueux serviteur.

« P. Aumaître,

« Miss. apost. en Coréc. »

(1) Frère de M. Maistre mort missionnaire en Corée, et dont nous avons parlé dans ce chapitre.

CHAPITRE XIII

M. AUMAÎTRE APÔTRE

M. Aumaître est chargé du district de la Purification. — Maladie.
— Jeudi-Saint. — Mois de Marie. — Comment se fait la visite
des chrétientés. — Correspondance avec la Corée. — Richemont
et Angoulême. — M. Aumaître visite son district. — Un ministre
protestant. — Industries du zèle de M. Aumaître.

Quelques jours après avoir écrit les deux lettres
qu'on vient de lire, M. Aumaître reçut de Mgr Berneux
mission de visiter le district dans lequel il avait fait
l'administration des sacrements cinq mois auparavant. C'était le district de la Purification de la
B. V. Marie. « Ce district, dit M. Calais, est principalement renfermé dans la province de Kieng-kei,
province de la capitale de la Corée. Ce fut le mien et
M. Aumaître m'y succéda. Mgr Berneux y plaçait les
plus jeunes de ses missionnaires, les derniers arrivés ;
on était là plus rapproché de lui, par conséquent plus
à portée de recevoir ses instructions et les fournitures
de toutes sortes que, dans sa bonté parternelle, il se
faisait un plaisir de donner. Enfin ce district n'était
ni si étendu ni si difficile à parcourir que la plupart
des autres (1). »

(1) Lettre du 5 décembre 1876.

M. Aumaître partit pour sa tournée peu après la Toussaint de 1864, et visita toute sa chrétienté. Cinq mois suffirent à ce rude labeur tant il sut bien employer son temps. On n'était qu'au mois d'avril. Et comme le moment des grands travaux des champs n'était pas encore arrivé, il voulut recommencer sa visite. C'était trop de zèle : ses forces le trahirent. Il tomba malade et dut s'arrêter. Survinrent les travaux, et sa visite cessa par force. Nous n'avons pas son Bulletin d'administration : nous savons seulement qu'il baptisa trente adultes.

La maladie, dont nous venons de parler, et les ordres de Mgr Berneux le retinrent dans le village de Mirinai, qui devint sa nouvelle résidence. Toutefois, son zèle n'y fut point inactif, il y prit au contraire une nouvelle forme, et nous verrons avec quel succès pour le bien de la Corée et pour la gloire de M. Aumaître.

C'était le commencement d'avril, la *Grande Semaine* approchait. Comment laisser le Jeudi-Saint ramener l'anniversaire de l'institution de la divine Eucharistie sans rendre un culte spécial au T.-S. Sacrement ? Pour M. Aumaître, cela paraissait impossible. Mais, dans un pays où c'est un crime d'être chrétien, et avec des mœurs qui permettent aux femmes mendiantes ou curieuses de franchir le seuil de toutes les maisons ordinaires et de pénétrer sans façon dans les appartements les plus secrets, cela paraissait bien difficile. On pouvait être surpris, dénoncé aux païens ; et alors malheur au missionnaire, au village et à ses habitants. Cette crainte très-fondée n'arrêta point M. Aumaître. Il prit toutes les précautions que suggérait la prudence. Une des chambres de sa petite habitation fut transformée en *Reposoir*, et, la nuit du Jeudi-Saint, la Corée vit, pour la première fois, des adorateurs auprès du T.-S. Sacrement. C'était le 13 avril 1865. Comment ne pas se souvenir ici de la nuit qu'il passait chaque année à pareil jour devant le T.-S. Sacrement dans la pauvre chapelle de Richemont ? Ce premier succès enhardit M. Aumaître. On touchait au mois de mai : il voulut que Mirinai eût son *Mois de Marie.* Malgré la fièvre, il se mit à l'œuvre : sa modeste chapelle s'embellit encore, elle eut sa statue de la T.-S. Vierge, comme elle avait son Chemin de Croix. La reine des vierges y reçut le premier hommage de tout un mois de louanges comme dans les plus ferventes paroisses de nos pays catholiques. Sous la direction d'un tel pasteur, ce petit village devint une chrétienté modèle. Que Mirinai n'oublie jamais ce Jeudi-Saint et ce Mois de Marie de 1865, ni le missionnaire qui lui a valu l'honneur d'être le premier dans ce culte public du T.-S. Sacrement et de la T.-S. Vierge en Corée.

A la Toussaint suivante, M. Aumaître, un peu remis de sa maladie, recommença la visite de ses chrétiens. Mais profitant de son expérience passée, il mit plus de sagesse dans son zèle afin de conserver ses forces. C'est pendant cette visite qu'il écrivit deux lettres pleines d'intérêt. Ce sont les dernières que nous ayons de lui. Citons-en la majeure partie : la main d'un apôtre-martyr a tracé ces lignes.

« Sonaisil, en Corée, novembre 1865.

« Bien cher Monsieur Tuckuell,

« Que le nom du Seigneur soit béni sur toute la terre !

« Je suis un peu en retard pour ma correspondance cette année, et je crains bien que mes lettres n'arrivent pas à la capitale assez tôt pour partir, ce qui leur occasionnera un an de retard. Quoi qu'il en soit, je me hâte d'écrire ces quelques mots : ils arriveront quand ils pourront. S'ils n'arrivent pas cette année, je serai cependant content d'avoir fait tout mon possible pour vous les faire parvenir. Il me semble en effet, bien cher Monsieur, que si je ne vous écrivais pas au moins un petit mot, mon cœur ne serait pas à l'aise. Les agréables et bien courts moments que j'ai passés avec vous et avec les autres membres de votre famille, sont toujours comme fraîchement gravés dans ma mémoire, et souvent, si je ne puis renouveler cette visite corporellement, soyez persuadé que, spirituellement, je n'y manque pas soit au saint sacrifice de la messe, soit dans mes prières, et j'ai la douce confiance que vous en faites autant pour moi et pour les âmes qui me sont confiées. J'ai la même confiance surtout en priant pour votre pieuse sœur,

Mme Marin, que je suis heureux d'appeler, dans mes prières, ma chère sœur en Jésus-Christ. Je pense aussi bien souvent à M. Marin, et je me figure qu'il est maintenant chrétien fervent. Puisse mon espoir être la vérité! Mlles Julie et Sidonie, M. et Mme Panin, comment vont-ils? Et les deux petits anges de votre sœur défunte, qu'en est-il? Je suis heureux d'avoir eu des nouvelles de toutes ces âmes si chères à N. S. J.-C. et auxquelles j'ai quelque attache en ce monde, par la bonne lettre que vous m'avez envoyée; mais j'en désirerais bien d'autres; je désirerais surtout que vous m'apprissiez leurs progrès dans la Foi et dans le zèle pour notre sainte Religion. Les domestiques Juliette, Baptiste et les autres, que deviennent-ils?

« Après tant de questions, vous désirez bien aussi quelques réponses de ma part et des détails sur mon propre compte. Ici, bien cher Monsieur, je suis fort occupé. L'année dernière, j'ai commencé la visite de mes chrétiens après la Toussaint et je l'ai finie vers le milieu du mois de mai de cette année. Une maladie, résultant sans doute des fatigues éprouvées, m'a fait rentrer chez moi plus tôt que je n'aurais voulu; cette maladie n'a pas été grave, mais elle a été assez longue.

« Depuis quelques jours, c'est-à-dire depuis la Toussaint, j'ai recommencé ma visite; et, cette année, je ne me presse pas: arrivera ce que pourra.

« Cette visite se pratique ainsi : je plie dans une corbeille en bois recouverte de papier tout ce qui m'est indispensable pour dire la sainte messe, confesser, baptiser, confirmer, marier, etc., et les vêtements qui me sont nécessaires pour qu'on lave ceux que j'ai sur le corps. J'ai de plus une couverture en laine qui me sert en même temps de draps et de matelas. Je vais ensuite, avec mon servant, de village en village chrétien, en habit de deuil et toujours à pied, bien entendu : dans nos pauvres montagnes, on ne voyage pas autrement. Mon séjour dans chaque village se prolonge plus ou moins selon le nombre des chrétiens qui l'habitent. Je leur fais réciter la doctrine et recevoir les sacrements. Toujours la messe est terminée avant le lever du soleil, afin que les païens ne viennent pas nous déranger. Comme je n'ai ni montre, ni réveille-matin, il m'arrive quelquefois d'être pris à l'improviste par la clarté du jour, et alors ma méditation et ma préparation à la sainte messe se font comme elles peuvent. Hélas ! la ferveur peu à peu se dissipe avec un tel genre de vie. Oh ! priez, s'il vous plaît, pour moi ! Si je ne suis pas fervent, comment pourrai-je exciter la ferveur des pauvres âmes qui me sont confiées ? Nous n'avons pas maintenant de persécutions ; mais nous nous tenons toujours sur nos gardes : on ne sait pas ce qui peut arriver. Adieu, soyons toujours unis d'esprit sur cette terre en attendant de nous revoir dans la céleste patrie.

« P. Aumaître,

« Miss. apost. en Corée. »

« *P. S.* — Veuillez me rappeler au bon souvenir et aux bonnes prières de M. Maistre du *Saint-Esprit et du Saint-Cœur de Marie.* »

La lettre suivante nous était adressée pendant les travaux si absorbants de la même visite.

« Mouriang-kol, en Corée, novembre 1865.

« Monsieur et bien cher confrère,

« Que le nom du Seigneur soit béni sur toute la terre !

« J'ai reçu l'aimable lettre que vous m'avez écrite vers la Fête-Dieu de l'année dernière : elle m'est arrivée au mois de janvier. J'aurais voulu y répondre tout de suite, tellement j'en étais content ; mais cela ne m'eût servi de rien puisqu'il eût fallu attendre jusqu'à ce jour pour la faire partir de Corée. Ici, mon bien cher ami, nous n'avons qu'une occasion chaque année pour envoyer nos lettres, c'est lorsque les ambassadeurs coréens portent leur tribut à la Chine. Parmi les marchands et les autres gens de leur suite, un chrétien se charge de nos lettres et les envoie à Mgr Verrolles, au Léatong ; de là, elles vont en France où elles arrivent vers le mois de mai ou de juin ; voilà tout. Si nous recevons quelques paquets, quelques présents ou quelque argent, tout cela n'arrive que par cette occasion ou par les nouveaux confrères qui viennent du séminaire des Missions Etrangères. Avec une telle difficulté de correspondre, vous pouvez juger combien on est heureux de la plus légère nouvelle que l'on reçoit d'Europe, combien, par conséquent, votre chère lettre m'a fait plaisir. Je vous en suis infiniment reconnaissant. Le proverbe dit que tout ce qui est rare est cher ; or, mon cher confrère, quand vous saurez que, outre trois autres lettres venues de mon village, il ne m'en est arrivé aucune autre de la Charente cette année, vous comprendrez que votre lettre m'est très-chère. J'avais aussi écrit plusieurs lettres au séminaire d'Angoulême. Si l'on m'a répondu, ce que je présume, ces réponses sont ou dans quelques bureaux de poste européenne, ou dans quelques caisses de nos maisons de procure, ou dans le fond de la mer. Donc, encore une fois, merci !...

« Je me rappelle souvent mes chers condisciples, particulièrement ceux qui étaient à Richemont avec moi ; si vous en rencontrez quelqu'un, quel qu'il soit, veuillez me rappeler à son souvenir ainsi qu'à ses bonnes prières, j'en ai bien besoin tant pour moi que pour les âmes de mon district. Ne m'oubliez pas surtout auprès de mes biens chers et bien vénérés supérieurs tant du Petit que du Grand Séminaire, quand vous aurez occasion de les voir.

« Vous désirez sans doute quelques nouvelles sur mon compte. Depuis que je vous ai écrit, il y a deux ans, j'ai continué à apprendre la langue pendant un an, et j'ai commencé un peu d'administration au printemps de 1864. Quand les grandes chaleurs et

les grands travaux de la campagne ont été terminés,
c'est-à-dire vers la Toussaint, Mgr Berneux m'a assigné un petit district de 2,500 et quelques âmes chrétiennes. Je l'ai parcouru pour le visiter et y administrer les sacrements de Pénitence, Baptême, Eucharistie, Mariage, Confirmation, etc., dans chaque
village. J'ai terminé cette visite au mois d'avril, et,
comme les grandes chaleurs et les grands travaux
n'étaient pas encore arrivés, j'ai commencé une
visite secondaire, que je me proposais de continuer
jusqu'à l'Ascension ou la Pentecôte. Mes forces ne
m'ont permis de revoir que quelques villages; et une
maladie assez légère, mais assez longue, m'a tenu à
la chambre dans mon propre village pendant un mois
et quelques jours. Ce que j'appelle mon *propre village* est un terme qui vous est inconnu, en voici
l'explication : pendant les grandes chaleurs et les
grandes pluies, je me retire dans un village de mon
district. Les chrétiens m'afferment à leur compte ou
me bâtissent une ou deux chambres en bois et en
terre. Je les tapisse de papier. J'y dresse une planche
pour servir d'autel, afin de dire la sainte messe.
J'étends sur le sol des nattes pour m'asseoir et pour
dormir : voilà tout. Je ne suis dérangé pendant
quelques mois que par les chrétiens du village, ou
par quelques malades à trois, quatre ou cinq lieues
aux environs, ou bien par quelques confrères qui
viennent me voir ou que je vais visiter. C'est le seul
temps où les missionnaires ont le loisir de se voir. Je

consacre ces quelques mois à l'étude et à la prière, et lorsque les chaleurs sont passées, je laisse tous mes livres et autres objets européens dans ce village, n'emportant avec moi que ce qui m'est nécessaire pour dire la sainte messe et administrer les sacrements. C'est la même chose chaque année. J'ai recommencé mon administration il y a une vingtaine de jours. Je vais lentement pour conserver mes forces. J'ai toujours terminé la sainte messe avant le lever du soleil, afin que les chrétiens, qui y assistent, ne soient pas dérangés par les païens. Je me lève plus ou moins matin, selon que les coqs sont plus ou moins fidèles à chanter et moi à les entendre. Comme mon district est le plus petit de tous il (n'a environ que quinze ou vingt lieues de long sur huit ou dix de large), j'ai le temps de le voir avant les chaleurs, et je ne me presse pas, ce qui me laisse un instant pour vous écrire.

« Un petit enfant de la Sainte Enfance, ondoyé seulement avec le prénom de *Léandre*, il y a quatre ou cinq mois, vient de mourir il y a une quinzaine de jours. Vous voilà un protecteur de plus dans le ciel, et vos désirs sont remplis. J'ai baptisé trente adultes dans ma visite de l'année dernière, et depuis que j'ai commencé cette année, j'en ai baptisé deux. Quatre nouveaux confrères sont entrés, il y a quelques mois, en Corée ; ils apprennent la langue en ce moment. Un ministre protestant, marchant sur leurs traces, s'est fait conduire au lieu de notre rendez-vous, à l'île de Mérin-to, d'où il a écrit à Monseigneur de lui envoyer des habits pour entrer lui aussi en cachette. Sa Grandeur, loin de favoriser sa propagande, comme bien vous pensez, a défendu aux chrétiens, sous les peines les plus sévères, de le recevoir. Malgré cela, il persiste. dit on, à vouloir entrer. Qu'en sera-t-il ? Je n'en sais rien. Peut-être entrera-t-il ouvertement : alors, nous aussi, nous serions obligés de nous montrer. Le gouvernement, qui avait décrété une persécution l'année dernière, ne l'a pas exécutée, craignant sans doute les Européens. Il sait qu'il y a des navires sur les côtes de Chine, et que nous sommes un certain nombre de missionnaires avec deux évêques, dont l'un est vicaire apostolique et l'autre coadjuteur ; il ferme les yeux sur notre compte. Mais si le ministre protestant entre ouvertement, il devra en résulter quelque histoire, que je vous raconterai, je l'espère, plus tard. En attendant, croyez-moi toujours, en *Jesu dulcis memoria,* votre très-affectueux confrère.

« P. AUMAÎTRE,
« Miss. apost. en Corée. »

L'histoire que soupçonnait notre ami devait s'écrire avec son sang, mais non point à l'occasion du ministre protestant dont il redoutait l'entrée, car nous n'avons vu nulle part que ce ministre ait mis le pied sur le sol coréen.

Après cette lettre, nous n'avons plus un mot de M. Aumaître. Combien nous sommes heureux de voir les dernières lignes qu'il a tracées nous rappeler si gracieusement notre contrat de Richemont au sujet de l'hymne du saint Nom de Jésus, *Jesu dulcis memoria !* Voilà comme on aime !

Ces deux lettres, on l'a vu, négligent bien des détails sur son ministère en Corée, et nous aurions été condamnés à ne jamais savoir autre chose de son apostolat, si Dieu n'avait daigné faire survivre à la persécution de 1866 trois missionnaires pour raconter les travaux de leurs frères. Nous allons faire à la *Relation* de M. Calais un nouvel emprunt pour dire ce que fut M. Aumaître apôtre, en attendant que nous disions ce que fut M. Aumaître martyr.

« Ayant eu assez de peine à apprendre la langue, M. Aumaître ne fit pas deux années entières de mission, et, cependant, ses chrétiens le vénéraient et l'affectionnaient singulièrement. De son côté, il les aimait beaucoup. Il leur prodiguait les instructions soit de bouche, soit par écrit, et sa grande piété et et sa douce onction touchaient leurs cœurs. On a entendu Mgr Berneux faire plusieurs fois l'éloge de ce confrère. « Ce *petit novice* (c'est le nom que se donnait M. Aumaître) ce *petit novice* fait de petites merveilles, ses paroles font couler des ruisseaux de larmes à ses chrétiens. »

« Rempli d'ordre et d'exactitude, il savait très-bien user de fermeté quand c'était nécessaire. Il régla sa maison, la mit sur un bon pied et fit entrer une belle discipline parmi les chrétiens de son district, malgré le peu de temps qu'il fut chargé du gouvernement des âmes. Outre la visite annuelle, il voyait plusieurs fois la plus grande partie de ses chrétientés. Quand, pour obéir au désir de Monseigneur, il demeurait chez lui pendant les grandes pluies et les grandes chaleurs, il était loin de rester oisif : l'instruction des enfants, surtout de ceux qui se préparaient à la première communion, l'enseignement de l'oraison mentale à tous les chrétiens de son village, la formation et la direction de quelques âmes d'élite, leur admission fréquente aux sacrements, telles étaient ses occupations journalières. Et comme il en était heureux ! Son zèle le porta même à faire ce qu'aucun missionnaire n'avait osé entreprendre avant lui ; et s'il n'eût été dans un village assez à l'abri des visites des païens, c'eût été un excès de dévotion dans une mission ainsi persécutée.

« Comme il avait dans sa modeste habitation de Mirinai deux petites chambres à son usage, il en transforma une en un joli oratoire. Il sut y élever un autel, qui, dans ses petites proportions et son humble décoration, était de très-bon goût. Sur le second gradin il avait placé une jolie petite niche de forme demi-cylindrique avec un fond bleu de ciel. Là brillait la statue de la Vierge des vierges. Sur le frontispice de la niche, on lisait en beaux caractères coréens : MARIE IMMACULÉE, PRIEZ POUR NOUS, QUI AVONS RECOURS A VOUS. De chaque côté de la niche était appendue au mur une image de moyenne grandeur

Celle de droite représentait la Passion du Fils de
Dieu ; celle de gauche, N.-D.-des-Sept-Douleurs. Sur
les deux murs des côtés étaient les tableaux des sta-
tions du Chemin de la Croix, qu'il avait encadrés avec
art. Au-dessus de ces tableaux et tout autour de l'o-
ratoire, on voyait, en gros et très-lisibles caractères
coréens, quelques paroles bien choisies de l'Ecriture
Sainte ayant toutes trait aux pures offrandes soit
de l'Agneau divin, soit des âmes pieuses, qui
venaient en ce lieu. Ce petit oratoire, le premier
qui ait pu se faire sans inconvénient, étant ainsi
disposé, les visites à la sainte Vierge remplacèrent
les visites au Saint-Sacrement, car on n'a jamais pu
avoir, en Corée, la pensée de garder nulle part la
sainte Eucharistie. Il y établit le mois de Marie et le
fit avec toute la pompe possible, engageant beaucoup
les chrétiens à cette sainte pratique. Pour ne se
trouver en contact avec personne et pour ne gêner
personne dans cet oratoire si petit, il avait pratiqué
lui-même dans la cloison qui séparait l'oratoire de sa
chambre, une sorte de treillis de confessionnal. De
là il entendait les confessions, faisait sa petite visite
à la T.-S. Vierge, adressait même des instructions aux
personnes qui venaient à l'oratoire, là il récitait son
bréviaire.

« Outre sa grande dévotion à la sainte Vierge, il
avait aussi une dévotion spéciale à sainte Thérèse.
Il chantait très-souvent, avec une joie indicible, les
cantiques de cette grande sainte.

« Ses rapports avec ses confrères étaient doux et très-intimes. Tous regardaient comme très-heureux les jours passés avec lui. Pendant qu'il habitait encore à Son-kol, il eut le bonheur de faire à la capitale sa retraite annuelle avec Mgr Berneux. « Nous avons fait une retraite délicieuse, M. Aumaître et moi, disait l'Evêque. Je suis très-content de M. Aumaître ; ce petit novice est un petit saint plein d'onction et de prudence. » Nul doute que ce pieux missionnaire n'eût servi grandement à l'édification de la petite Eglise de Corée. Maintenant que Dieu l'a appelé à lui, et l'a couronné de l'auréole des martyrs, nous nous consolons à la pensée de son bonheur et de son puissant crédit auprès de Dieu. »

Comment arriva cet évènement si cruel pour la Corée et si glorieux pour son jeune apôtre, nous allons l'apprendre bientôt.

CHAPITRE XIV

M. AUMAÎTRE MARTYR

Cause de la persécution de 1866. — Entrevue de M. Aumaître avec
Mgr Daveluy et M. Huin. — Mgr Daveluy et M. Aumaître tentent
de fuir. — Ils retournent à leurs villages. — Martyre de Mgr Berneux et de cinq autres missionnaires. — M. Aumaître se livre.—
Départ pour Séoul. — Tribunal, supplices. — Sentence de mort.
— Joie des confesseurs. — Le Jeudi-Saint. — Le Vendredi-Saint.
— Mgr Daveluy est décapité, M. Aumaître l'est ensuite. — Le
30 mars pour M. Aumaître. — Corps des martyrs, lieu de leur
sépulture. — Les missionnaires survivants. — La Corée depuis 1866.

Nous avons vu, au chapitre X de cet ouvrage, que
la Corée ne permet point aux étrangers d'entrer sans
autorisation sur son territoire, encore moins de s'y
établir. Or, les Russes qui gagnent de plus en plus
du terrain en Orient, se présentèrent au commencement de 1866 dans le port de commerce d'Ouen-san,
sur la mer du Japon, demandant à s'y établir pour tra-
fiquer avec la Corée. Au nord les troupes russes avaient
même, dit-on, passé la frontière. Grand fut l'émoi à
la cour coréenne. On dit au régent que, s'il chargeait
Mgr Berneux de parler aux Russes, il obtiendrait facilement leur départ. On manda donc à Séoul Mgr Berneux et Mgr Daveluy. Ils étaient occupés au loin à
leurs chrétientés ; mais ils se hâtèrent de revenir à la

capitale, le cœur plein des espérances les plus douces pour la liberté religieuse. Hélas! cette espérance fit bientôt place à la plus triste réalité. Les Russes avaient quitté la Corée sans rien obtenir que des réponses évasives.

Les ennemis des chrétiens profitèrent de cet incident pour les accuser d'avoir attiré les étrangers sur le territoire. Bientôt les clameurs : « Mort aux Européens, mort aux chrétiens », se firent entendre. Il n'en fallait pas davantage pour réveiller de vieilles haines un instant contenues. Le régent — pour quel motif? on l'ignore encore — signa l'arrêt de mort de tous les évêques et prêtres européens, et la remise en vigueur des lois contre les chrétiens.

M. Aumaître, nous l'avons dit plus haut, avait recommencé dès la Toussaint la visite de son district. Il était occupé dans le canton de Souen à administrer les sacrements au village de Sai-am-kol, lorsque les bruits de persécution vinrent troubler ses chrétiens ; il dut interrompre son administration. Mgr Daveluy était à Keu-to-ri, village peu distant de Sai-am-kol. M. Aumaître crut prudent d'aller lui demander ses conseils et ses ordres. En quittant ses chrétiens, il leur dit : « Ne vous troublez point : le temps est venu de parler hautement religion aux païens. » Dès qu'il fut arrivé à Keu-to-ri, Mgr Daveluy fit venir aussi M. Huin. Ces trois missionnaires passèrent ensemble le vendredi 9 mars, dans le plus grand secret. Quels furent leurs entretiens, on ne l'a jamais su. Mais quelques notes adressées par eux à des hommes de confiance nous font connaître leur pensée. Le domestique de Mgr Berneux avait, nouveau Judas, livré son maître en indiquant sa maison ; il avait fait connaître les lieux où habitaient les autres missionnaires, et donné même le nom de quelques-uns. De plus, le pays de plaine, où ils se trouvaient, ne leur offrait pas le moyen de se cacher : il leur parut donc impossible d'échapper aux satellites lancés à leur recherche. Après cette réunion, Mgr Daveluy resta à Keu-to-ri, M. Huin retourna à Sei-ko-ri et M. Aumaître alla à Sotel, à une lieue et demie de Keu-to-ri. Pendant ce temps, les satellites visitèrent jusqu'à six ou huit fois les villages de Keu-to-ri et de Sotel. Mgr Daveluy et M. Aumaître voyant bien qu'ils allaient tomber en leurs mains, essayèrent de fuir. Sans aucunes provisions, ils se jetèrent, par une nuit obscure, sur une petite barque très-incommode. En vain tentèrent-ils de gagner le large, un vent glacial et contraire ne leur permit pas de quitter le rivage. A la fin comprenant qu'ils y étaient encore plus exposés que sur terre aux recherches des satellites, chacun revint au village qu'il avait quitté.

Le lendemain de son retour à Keu-to-ri, Mgr Daveluy fut pris dans la maison qui lui donnait asile. Cédant aux instances des chrétiens, il s'était caché sous un tas de bois sec, à côté du panier qui renfermait sa chapelle. Les satellites, fouillant toute les maisons, arrivèrent à celle où était caché l'évêque. L'un d'eux, d'un coup de pied donné dans le tas de bois découvre le panier. Il donne un second coup de pied, et, cette fois, c'est la tête de Mgr Daveluy qui apparaît. Le satellite, saisi d'épouvante, reculait ; mais l'évêque se lève et lui dit : « Ne crains pas, qui cherches-tu ? » — « Les Européens », répond le satellite. — « Alors, prends-moi, car je suis l'un d'eux. » Les autres satellites accourent, et Mgr Daveluy, sans être lié, ni maltraité par eux, fut gardé à vue dans une chambre voisine. Cela se passait le 11 mars, quatrième dimanche de Carême.

Ce jour-là, près de la capitale de la Corée, MM. Petitnicolas et Pourthié signaient leur foi de leur sang. Trois jours auparavant Mgr Berneux et MM. Dorie, de Bretonnières et Beaulieu les avaient précédés dans la glorieuse carrière du martyre et avaient changé les angoisses de l'exil contre les joies de la patrie. Tant de victimes déjà tombées ne suffisaient pas à la rage de l'enfer, et les satellites pressaient Mgr Daveluy de leur dire où étaient les autres missionnaires. Le prélat, croyant encore que la persécution était seulement contre les Européens, et voulant épargner aux chrétiens persécutés à cause des missionnaires, de nouveaux malheurs, et surtout le plus grand de tous, l'apostasie, manda M. Huin.

Nous l'avons dit, M. Aumaître était alors à Sotel. Et qu'y faisait-il pendant que son évêque était ainsi découvert et gardé à vue par les satellites ? Il y disait sans doute sa dernière messe. C'était le quatrième dimanche de Carême. Qui sait si la résolution de se livrer ne lui vint pas en célébrant le saint sacrifice ? En effet, deux fois la liturgie sacrée lui avait mis sur les lèvres les paroles si chères à son cœur : *Lœtatus sum in his quœ dicta sunt mihi : In domum Domini ibimus,* je me suis réjoui quand on m'a dit : Nous irons dans la maison du Seigneur ; n'était-ce pas la volonté divine toute tracée ? Admirable coïncidence ! Elle n'échappera certainement à aucun de ceux qui savent que pas un cheveu de notre tête ne tombe sans la permission de notre Père céleste. Il apprit, peu d'instants après, l'arrestation de Mgr Daveluy. Bien convaincu que, désormais, il lui était impossible d'échapper aux actives recherches des satellites, il avisa seulement à ne compromettre aucun des chrétiens qui étaient à son service. En conséquence, après s'être bien informé du chemin qui conduisait à Keuto-ri, il les congédia tous et partit seul. Arrivé au village, il entra dans une maison chrétienne et attendit que Mgr Daveluy le fît appeler. C'est toujours l'homme d'obéissance que nous connaissons. Le matin même l'évêque avait envoyé une lettre à M. Aumaître pour lui dire de se livrer ; mais cette lettre ne lui avait pas été remise.

Mgr Daveluy, sachant son arrivée, le manda auprès de lui. M. Aumaître s'y rendit aussitôt. Les satellites le voyant ainsi se livrer, lui adressèrent mille éloges, et lui promirent de le bien traiter. En effet, en cette considération, ils furent pleins d'égards pour les trois missionnaires, et ne les lièrent point. Pendant les deux jours qu'ils restèrent à Keu-to-ri, les satellites avouèrent que la Religion était bonne, et que, s'ils les arrêtaient, c'était uniquement pour obéir aux ordres du gouvernement. Luc Hoang, serviteur de Mgr Daveluy, ne voulut point se séparer de son maître.

On partit pour la capitale. Les confesseurs étaient à cheval sans être liés. Pour observer la loi, on leur mit, comme pour les grands criminels, sur les épaules, la corde rouge et sur la tête, le bonnet jaune à larges bords rabattus, couvrant le haut du corps. Nos généreux confesseurs s'en allaient joyeux comme à une fête. « C'est étrange, disaient les satellites et les païens accourus sur leur passage pour les voir, c'est étrange : ces gens-là vont à la mort, qu'ont-ils donc pour être si contents ? » A la ville de Pieun-taik on leur servit un bon dîner gras. Et comme ils n'y touchaient point, les satellites leur en demandèrent la raison. — « C'est que, répondit Mgr Daveluy, aujourd'hui est un jour où les chrétiens ne mangent pas de viande. » Les satellites s'excusèrent de leur ignorance, et firent préparer un repas maigre.

Arrivés à la capitale le 15 ou le 16 mars, ils furent conduits à la prison de Kou-riou-kan, prison infecte et obscure, où sont écroués les gens de basse condition et les malfaiteurs, et où la vermine abonde. Chose horrible à dire ! durant la persécution de 1839 les chrétiens entassés dans cette prison eurent tellement à souffrir de la faim qu'ils mangèrent de cette vermine à poignée. M. Aumaître et ses compagnons ne furent point, comme l'avaient été M⁹ʳ Berneux et les autres martyrs, transférés à la prison de Keum-pou, destinée aux personnages de haute distinction, et ils ne comparurent que devant les juges des tribunaux de *Droite* et de *Gauche* (situés à *droite* et à *gauche* du palais). Donnons une idée de ces tribunaux et des supplices qu'y endurèrent nos martyrs.

Sur un des côtés d'une vaste cour se dressent plusieurs tribunes. Là siégent les juges et d'autres mandarins. Au milieu de cette cour est une chaise grossière, solidement fixée dans le sol. Là est assis, en face de ses juges, l'accusé. Il a les pieds liés au-dessus de la cheville, les jambes nues, serrées ensemble au-dessus des genoux, attachées à la chaise, comme aussi les bras et les épaules, en sorte qu'il est dans l'impossibilité de faire aucun mouvement, quels que soient les tourments qu'il endure. De chaque coté de lui sont quatre, six ou huit bourreaux armés des instruments de supplice, une bande de quatre-vingts soldats l'entourent en demi-cercle, puis un cordon de soldats en plus grand nombre contient la foule des curieux. Enfin, un peu en arrière de l'accusé et caché par un voile, se trouve un greffier chargé de recueillir ses réponses. Pendant toute la durée des interrogatoires, les soldats font entendre un son lourd et cadencé destiné à couvrir les paroles ou les cris de douleur du pauvre patient.

C'est là que fut conduit M. Aumaître avec ses trois

compagnons. Nous n'avons aucun détail sur les interrogatoires et les supplices qu'ils eurent à subir. Nous savons seulement que Mgr Daveluy fit de fréquentes apologies de la religion chrétienne. A cause de cela peut-être, et aussi parce qu'il était le chef des chrétiens, il eut plus à souffrir que les autres confesseurs. Ils furent soumis aux mêmes supplices que Mgr Berneux et les cinq autres martyrs dont nous avons parlé plus haut. Nous ne connaissons que deux de ces supplices, l'un, appelé *Hieun-moun*, consiste à frapper avec de longs bâtons triahgulaires le devant des jambes, les pieds et les orteils du patient : ce supplice déchire les chairs et broie les os ; l'autre appelé *Tjiou-tjiou* consiste à frapper tout le corps, mais principalement les côtés, avec de gros bâtons pointus. On devine aisément à quel état se trouve réduite la pauvre victime ainsi aiguillonnée, bientôt ce ne sont plus que fractures et contusions. Comment M. Aumaître supporta-t-il ces tortures, qui se renouvelèrent plusieurs fois sans doute, car ils restèrent quatre jours à la capitale ? « Nous l'avons vu, dit un témoin oculaire à M. Calais, content d'avoir quelque chose à souffrir pour le nom de Jésus, et traduire sa joie par des chants. »

Enfin, le quatrième jour, la sentence de mort fut portée contre ces héros de la foi ; ordre fut donné en même temps de les exécuter au loin en province. Deux raisons motivèrent cette mesure : le roi était malade, et l'on craignait que la mort des Européens n'empêchât l'effet des diableries que l'on faisait pour sa guérison. De plus, le roi était à la veille de se marier, on ne devait pas, à l'approche d'un évènement si heureux, souiller les environs de la capitale par le sang humain. Il fut donc décidé que les condamnés iraient mourir dans la presqu'île de Sou-rieng, canton de Po-rieng, à vingt-cinq lieues au sud de Séoul. On les emmena immédiatement et on leur adjoignit un autre chrétien, Joseph Tjiang, catéchiste et maître de maison du petit collége fondé par Mgr Berneux. Les cinq martyrs furent mis à cheval. Leurs jambes, brisées par le supplice du *Hieun-moun*, étaient enveloppées de papier huilé et de toile. Ils avaient au cou la corde rouge, et sur la tête, le bonnet jaune aux bords rabattus. Leurs visages portaient bien les marques visibles de grandes souffrances ; mais ils portaient surtout une expression frappante de bonheur et de joie. Les satellites et les curieux en étaient saisis d'admiration. Cette joie si vive se traduisit quelquefois dans la bouche de nos martyrs par le chant des psaumes et des cantiques. C'est alors que M. Aumaître dût chanter son psaume favori : *Lœtatus sum in his quœ dicta sunt mihi : In domum Domini ibimus*, je me suis réjoui quand on m'a dit : Nous irons dans la maison du Seigneur. Il touchait presque le seuil de cette maison bénie.

Le Jeudi-Saint au soir on était arrivé assez près du lieu de l'exécution. Les satellites décidèrent entre eux que, le lendemain, ils feraient un assez long détour pour aller montrer les condamnés à une ville voisine. « Non, s'écria Mgr Daveluy, qui les avait entendus, non, il n'en sera pas ainsi. Il faut que, demain, vous nous conduisiez au lieu de l'exécution ; c'est demain que nous devons mourir. » Chose étrange ! les satellites écoutèrent sa demande. N. S. voulait montrer combien le sacrifice de ses serviteurs lui était agréable, puisqu'il leur permettait de verser leur sang pour lui au jour anniversaire de sa mort pour nous.

Que se passa-t-il dans le cœur de M. Aumaître à cette soirée du Jeudi-Saint ? Rien ne nous l'apprend, et le regard des prophètes nous manque pour le deviner. Mais nous connaissons notre ami : cela suffit pour que nos conjectures ne soient pas improbables. Eh bien ! ce qui se passa dans son cœur le voici : alors il pensa à ces Jeudis-Saints de Richemont, à ce modeste oratoire où il passait la nuit répandant son cœur en brûlantes prières devant Jésus-Hostie ; il redit à son Dieu, avec un indicible amour, ces paroles que, jeune écolier, il avait méditées avec tant d'ardeur dans cette nuit fameuse : « Mon Jésus... vous avez souffert de si grandes douleurs pour moi ; pour vous, je veux souffrir toutes les peines de ma vie et de ma mort, comme il vous plaira... Vous êtes mort pour moi, je veux mourir pour vous (1). » Il pensa aux siens, il partagea entre eux et ses chers Coréens

____

(1) *Horloge de la Passion*, ch. 5, n° 8.

le bénéfice de ces nouvelles souffrances et de cette
mort qu'il allait endurer le lendemain. Oui, sa famille,
ses amis, occupèrent sa pensée, il pria pour eux, et
sa prière, nous le savons, ne fut pas sans efficacité,
puisque le jour même où il mourait, un de ses frères
recevait le premier appel de Dieu à une vie plus parfaite, et peu après y répondait en se faisant Frère
des Écoles Chrétiennes. Il répéta sans doute sa chère
hymne : *Jesu dulcis memoria*, et avec quelle douceur les deux vers :

> Quam bonus te quærentibus !
> Sed quid invenientibus !

Que vous êtes bon pour ceux qui vous cherchent !
mais que n'êtes-vous pas pour ceux qui vous trouvent !
Il pensa au ciel. Et quel moment avait été jamais plus
favorable pour y penser ! C'est demain, demain, que
les portes éternelles de la maison du Seigneur s'ou-
vriront devant lui ! demain qu'il entrera dans cette
bienheureuse patrie où règne Jésus, et, avec Jésus,
ses amis les saints ! demain que ses yeux se ferme-
ront à la lumière changeante de la terre pour s'ouvrir
à l'éternelle lumière du ciel ! demain qu'il verra Dieu !
demain qu'il contemplera l'aimable visage de Jésus
et de sa douce et tendre mère Marie ! Quelle soirée
délicieuse ! quelle nuit que celle qui précède un tel
jour !

Le lieu choisi pour l'exécution était une plage de
sable. On avait dressé une tente pour les mandarins.

Neuf soldats, avec des fusils chargés, étaient là, prêts, au besoin, à faire feu sur les victimes, précaution tout à fait inutile dans le cas présent. D'autres soldats, en grand nombre, contenaient la foule des curieux. Des chrétiens qui s'étaient glissés parmi cette foule, racontent que, au moment de l'exécution, le mandarin ordonna aux prêtres européens de le saluer en se prosternant à terre. Mgr Daveluy dit qu'ils le salueraient *à la française,* ce qu'ils firent en effet. Mais l'orgueilleux magistrat, peu content de leur salut, les fit jeter à terre devant lui. Dépouillés de leurs vêtements, excepté du caleçon, accroupis sur les talons, la tête penchée en avant, ils attendaient la mort. Mgr Daveluy fut décapité le premier, avec un raffinement de barbarie qui fait frémir. Le bourreau venait de lui donner un coup de sabre; la tête n'était pas tombée. Il le laisse là, baignant dans le sang qui s'échappe de sa blessure et de ses narines, et va débattre le prix de son œuvre. Cela dure longtemps; mais enfin on s'accorde. Alors, il reprend son sabre et frappe encore deux fois sa victime. Mgr Daveluy entre en possession de sa gloire. C'est maintenant le tour de M. Aumaître. Deux coups de sabre font rouler sa tête à terre et envoient son âme au ciel.

Il avait demandé de mourir le jour de l'Assomption de la T.-S. Vierge (1). Dieu lui accorde mieux encore, puisqu'il lui donne de mourir le même jour que son

______

(1) V. lettre à ses parents, 5 août 1862.

Fils, presque à la même heure. Une autre faveur lui est aussi accordée. Le 30 mars est, depuis longtemps, pour le diocèse d'Angoulême, une grande date. Ce jour-là il célèbre la *Translation* de saint Ausone, son premier évêque, lui aussi décapité pour la foi, depuis plus de dix-sept siècles. Dieu accorde à M. Aumaître de mourir le jour même du triomphe de son glorieux Père. Heureuse coïncidence, qui doit désormais rendre plus chère encore au diocèse d'Angoulême cette date du 30 mars !

M. Huin et les deux autres chrétiens furent frappés ensuite. Un seul coup de sabre suffit pour ôter la vie à chacun d'eux.

Pendant trois jours les glorieuses dépouilles de nos martyrs restèrent sur le lieu du supplice ; et cependant les chiens, les corbeaux et les autres animaux carnassiers, très-nombreux en ces parages, ne s'en approchèrent point. C'est la loi en Corée que les corps de ceux qui ont subi la peine capitale, demeurent ainsi exposés. Le soir du troisième jour les païens du voisinage les ensevelirent au lieu même de l'exécution. Trois mois après, quand la persécution religieuse fut un peu assoupie, plusieurs chrétiens allèrent en secret recueillir les corps de nos martyrs. Quelle ne fut pas leur surprise de les trouver intacts ! Seul le corps de M. Huin avait une légère trace de corruption. Ils les portèrent à trois lieues de la côte près d'un village chrétien du district de Hong-san. Comme ils n'avaient pas le moyen d'acheter un cercueil pour chacun, ils creusèrent une seule fosse, placèrent sous chaque corps une planche et les enterrèrent côte à côte, moins le corps de Luc Hoang que sa famille avait déjà déterré. C'est là que dort, en attendant la résurrection, notre cher martyr M. Aumaître.

Heureux serions-nous si, un jour, il nous était donné de revoir parmi nous ses restes précieux ! Heureux surtout s'il nous était permis de les honorer à l'égal des reliques des martyrs placés sur les autels !

Le lecteur désire savoir ce que sont devenus les trois autres missionnaires encore vivants au moment du martyre de M. Aumaître. MM. Ridel, Féron et Calais ont pu échapper, comme par miracle, à toutes les recherches faites pour les découvrir. Ils ont eu la vie sauve ; mais au prix de quelles privations ! Ils ont quitté le territoire de la Corée. L'un d'eux a été forcé de rentrer en France à cause de sa santé ruinée presque complètement : c'est M. Calais à qui nous devons tant de détails sur la vie de M. Aumaître en Corée et sur son martyre. Quant à Mgr Ridel, qui a recueilli le sanglant héritage de Mgr Berneux et de Mgr Daveluy, il est avec M. Féron en Mandchourie ; ils y travaillent au salut des âmes, en attendant une occasion qui leur permette de revenir vers leurs chers chrétiens. Jusqu'à présent toutes leurs tentatives ont été inutiles.

Pour les chrétiens de Corée, après la mort des missionnaires, ils ont vu la rage des persécuteurs se tourner contre eux avec une nouvelle fureur. L'expédition tentée en 1866 par le contre-amiral Roze pour « prouver au gouvernement coréen que le « meurtre des missionnaires français ne restait pas impuni (1), » n'a servi qu'à irriter plus encore ce gouvernement. Le régent accuse les chrétiens d'avoir attiré en Corée les *Barbares d'Occident*, à cause de cela il veut que tous ils périssent. Dans ce but il invente de nouveaux supplices qui permettent d'aller plus vite dans cette besogne de mort, et il ne trouve que trop de gens disposés à seconder ses desseins. Les chrétiens sont massacrés par centaines, les femmes, les vieillards, les enfants eux-mêmes ne trouvent pas grâce devant ces farouches serviteurs de l'enfer. Le régent réussira-t-il dans son funeste projet? Non. Il ne sera ni plus habile, ni plus heureux que les Tibère, les Néron, les Julien-l'Apostat et tous les autres persécuteurs anciens, modernes et contemporains.

La Corée en broyant les pieds de ses missionnaires et en leur coupant la tête, croit avoir sauvegardé à jamais son territoire de l'invasion de la foi. La Corée se trompe. On voit à la saison d'automne cheminer par les airs de toutes petites graines pourvues d'aigrettes soyeuses, vous diriez un flocon de neige que le vent emporte. C'est tantôt la tempête qui les entraîne, tantôt un vent plus doux qui les pousse.

____

(1) *Moniteur*, 7 janv. 1867.

Beaucoup de ces graines s'accrochent aux buissons, ou sont foulées par le pied des passants, beaucoup aussi tombent dans une terre toute disposée pour les recevoir. Elles y germent et y grandissent. Ainsi de la foi. Portée par une merveille de la grâce de Dieu et par le zèle des missionnaires, elle a passé les barrières infranchissables de la Corée. En moins de deux siècles cette divine semence a été arrosée du sang de milliers de martyrs. La voilà plantée, la voilà enfoncée dans ce sol fécondé par tant de labeurs : rien ne saura l'en arracher. Jésus-Christ est entré dans cette portion de son empire; il y est, il y restera, il y régnera.

Heureux ceux que Dieu choisit pour être les semeurs de sa divine parole, jusqu'aux extrémités les plus reculées du globe; ceux à qui il dit comme aux Apôtres : *Allez donc* et qui *vont*. Heureux le pays, la famille qui donne naissance à de tels héros ! Heureux donc le diocèse d'Angoulême, qui, au dix-neuvième siècle, recommence la liste de ses missionnaires par son apôtre-martyr M. Aumaître !

CHAPITRE XV

M. AUMAÎTRE MARTYR (suite).

Raison du martyre de M. Aumaître : *folie sublime*. — Comment est reçue à Angoulême la nouvelle de son martyre. — Lettre de Mgr Cousseau. — Fête au Grand-Séminaire et à Richemont. — Inscription placée dans la chambre de M. Aumaître au Grand-Séminaire.

———

Nous l'avons vu, M. Aumaître allait à la mort non-seulement avec résignation, mais avec joie. Cette joie, qui rayonnait sur son visage, se traduisait plus vivement encore, il chantait. Et le monde s'étonne. Comme les satellites chargés de le conduire au supplice, il dit : Qu'a donc ce jeune homme pour aller ainsi à la mort en chantant? Est-il fou ? — Oui vraiment il est fou. La folie du Fils de Dieu se livrant à ses bourreaux et mourant pour eux et pour nous, a été contagieuse; elle l'a saisi dès son plus bas âge ; puis « le culte eucharistique, qui est la réalisation extérieure et perpétuellement présente d'un dévouement infini, qui en réveille chaque jour le sentiment, qui nourrit de cette pensée la mémoire de l'homme, son cœur et ses sens même, lui ont incorporé l'esprit de sacrifice. Le don de soi est devenu sa pensée habituelle. Voilà ce qui a rendu sa charité active et persévérante (1). » Voilà ce qui l'a fait martyr. Cette folie l'a poussé à Richemont et au Grand-Séminaire, elle lui a fait quitter sa famille si aimée, ses amis si chers, ce doux pays de la Charente, cette belle patrie de France ; elle lui a fait braver les vagues de l'Océan, supporter les ennuis de sa vie d'études et de mission : répétons-le, elle l'a fait martyr, martyr joyeux et chantant. Enfant, jeune homme, missionnaire, il s'est dit : « Et moi aussi je puis bien donner ma vie pour Jésus-Christ et pour mes frères, puisqu'il a donné la sienne pour eux et pour moi ; » et, le jour venu, il l'a donnée, la joie au cœur et le chant aux lèvres. Son martyre n'a pas d'autre raison d'être. Pour qui aime, rien de plus naturel que de rendre amour pour amour, dévouement pour dévouement. Pour qui n'aime pas, le martyre est une folie : osons le dire, en traduisant l'énergique expression de saint Paul, c'est plus qu'une folie, c'est une *sottise* (1).

Que ceux dont toutes les espérances se bornent à la terre, se scandalisent d'une telle manière de voir, qu'ils l'appellent une folie, cela ne doit pas nous surprendre : leur vue est si courte ! Mais que nous, qui avons des espérances plus hautes, nous partagions leurs idées, cela, rien ne le peut expliquer, rien, sinon la plus incroyable des légèretés. Que

(1) M⁹ʳ Gerbet, *Consid. sur le Dogme général.* ch 7.
(1) I Cor. I, 22.

fait celui qui obéit à ce qu'ils appellent, eux, une *folie*, et ce que nous, chrétiens, nous nommons une sublime *sagesse?* Il abandonne ce qui est fini pour avoir ce qui est infini, il quitte une vie changeante et périssable pour une vie immuable et impérissable, il livre la terre pour gagner le ciel, il sort d'une maison de boue pour entrer dans la céleste Jérusalem. Il fait cet échange sur la parole de Dieu. Est-ce donc une spéculation si mauvaise? M. Aumaître ne l'a pas cru, et voilà l'explication de toute sa vie, la raison de sa joie et de ses chants au moment même de son martyre. Si c'est là être fou, pour sa part il le fut grandement. Fous furent aussi les jeunes aspirants des Missions Etrangères, puisque, en apprenant le martyre de M. Aumaître et de ses compagnons, ils entonnèrent le *Te Deum* et improvisèrent une illumination; fous furent aussi les habitants d'Aizecq, qui, au récit de sa glorieuse mort, voulaient déjà bâtir une chapelle à leur compatriote; fous furent tous les prêtres du diocèse d'Angoulême quand la nouvelle de son martyre leur arriva. Nous allons voir comment ils l'accueillirent et reprendre ainsi la suite de notre récit.

Ils étaient en pleine retraite au Grand-Séminaire, sous les douces influences de la grâce qui leur arrivait par l'éloquente parole du R. P. Nampon et les paternelles effusions de Mgr Cousseau, l'un et l'autre, hélas! morts maintenant, mais entrés, nous l'espérons, dans un monde meilleur. « Nous avons un martyr, dit

M. le supérieur du Séminaire au pieux évêque, nous avons un martyr : M. Aumaître !.. » Bientôt la nouvelle vole de bouche en bouche. Parmi les prêtres, réunis pour la retraite, se trouvaient plusieurs condisciples de M. Aumaître. Sans doute qu'à la nouvelle de ses souffrances et de sa mort, leur cœur s'émut. Mais comme bientôt ils furent heureux et fiers de savoir un de leurs frères si glorieusement tombé ! comme ils accueillirent les paroles de Mgr Cousseau leur montrant la gloire qui en revenait à l'Église d'Angoulême, au jeune martyr et à sa famille ! et comme tous ensemble ils chantèrent, eux aussi, un *Te Deum* triomphant ! « L'Angoumois comptait une gloire de plus, une gloire chrétienne et immortelle (1) ; » et son Église un trésor de plus, car, dit saint Ambroise, un Martyr de Jésus-Christ c'est le Trésor de son Église (2).

Vint l'année 1867. Mgr Cousseau voulut que le glorieux anniversaire du martyre de M. Aumaître ne passât pas inaperçu pour son diocèse. Il adressa donc à son clergé la belle *Lettre* qu'on va lire. Bien que nous y ayons fait plusieurs emprunts, on nous saura gré de la citer ici en entier :

(1) M. Frédéric Saivet, depuis évêque de Mende et de Perpignan, et que la mort vient de ravir à l'Église et à notre affection la plus vive pendant l'impression de cet ouvrage. V. *Semaine Relig.* d'Angoulême, 1866, p. 456.

(2) Martyr enim Christi Thesaurus Ecclesiæ suæ. S. Ambr. t. 4 ; *De Virginibus*, l. 3. col. 495, K. Édit. de Paris, 1603 ; 3 vol. in-fol.

« Angoulême, le 18 mars 1867.

« Messieurs et chers Coopérateurs,

« La date du 30 mars est mémorable dans l'histoire de l'Église d'Angoulême.

« Ce fut le 30 mars 1118 que le corps de notre glorieux Père saint Ausone fut transféré, du lieu où il avait reposé pendant près de mille ans, sous l'autel de la nouvelle église bâtie en son honneur. Le célèbre Girard, évêque d'Angoulême, avait choisi pour cette solennité un de ces grands Conciles qu'il présidait comme Légat du Saint-Siége. J'ai eu l'occasion, dans ces derniers temps, de vous rappeler cette fête magnifique, dont nous célébrons toujours fidèlement la mémoire dans l'Office divin (1).

« Or, voici que cette année la gloire de ce saint anniversaire se trouve doublée pour le diocèse d'Angoulême par un autre anniversaire non moins saint et non moins glorieux. C'est le 30 mars de l'année dernière, le jour même de la Passion du Sauveur, le Vendredi-Saint, qu'un jeune prêtre, enfant de saint Ausone, souffrait comme lui le martyr, au fond de l'Orient, avec son évêque et un autre prêtre.

« Vous en avez lu, dans les journaux du mois de septembre, le touchant récit. Il a été reproduit dans notre *Semaine Religieuse* du 9 septembre 1866.

(1) Discours pour la bénédiction de la première pierre de l'église de Saint-Ausone. 4 décembre 1864.

« Vous y avez vu que le 30 mars, Mgr Daveluy, évêque d'Acone, M. Pierre Aumaître, du diocèse d'Angoulême, et M. Martin Huin, du diocèse de Langres, ont été décapités, en Corée, en haine de Notre Seigneur et de son Évangile.

« Pierre Aumaître était né à Aizecq, près Verteuil, le 8 avril 1837, d'une famille de bons cultivateurs, qui ayant acquis depuis un petit bien dans la paroisse de Couture, sont venus s'y établir (1). Les heureuses dispositions de l'enfant, développées par les soins pieux de sa mère, attirèrent l'attention du curé d'Aizecq, M. Palant-Lamirande, aujourd'hui curé de Villefagnan. Il crut reconnaître en lui des marques touchantes de vocation au sacerdoce. Il lui donna les premières leçons de la langue latine et le fit entrer en *Cinquième* au Petit-Séminaire de Richemont. Cette maison a toujours conservé depuis le souvenir de cet excellent élève, également cher à ses maîtres et à ses condisciples. Trois fois (2) son éminente piété le fit choisir pour Préfet de la Congrégation de la Sainte Vierge. On peut croire que dès lors il nourrissait la pensée de se dévouer au salut des infidèles dans les missions étrangères. Il lisait les *Annales* de la Pro-

---

(1) Depuis quelque temps ils sont revenus à Aizecq. Mais ils n'habitent pas *Le Peu,* lieu natal de notre martyr, leur demeure est à *La Fontaine.* — L. P.

(2) Le vénéré prélat fait ici une légère erreur. M. Aumaître fut Préfet deux fois seulement. Nous en avons dit la cause au chap. III. Entre ses deux préfectures il fut Premier Assistant. — L. P.

pagation de la Foi avec un intérêt plus vif que les lecteurs ordinaires, même les plus pieux. Ses condisciples en étaient frappés. Ils remarquaient aussi que pour se rendre en vacances il ne se servait jamais des voitures publiques et faisait toujours à pied le long voyage de Richemont à Aizecq. Ils y soupçonnaient un exercice préparatoire à la vie des missions.

« En effet, ces pensées de zèle s'étant affermies de plus en plus dans son esprit au Grand-Séminaire, après y avoir bien étudié sa vocation, sous la conduite d'un sage directeur, il vint, au bout de deux ans, me demander la permission d'entrer au Séminaire des Missions Étrangères de Paris, pour y terminer son cours de théologie dans des leçons mieux appropriées à son futur ministère. Sur ce que j'avais vu en lui depuis sept années, sur ce que m'attestaient ses excellents maîtres, je n'hésitai point à lui accorder cette permission. Sans nul doute, un pareil sujet pouvait être précieux pour nous : son esprit droit, son air humble et doux recouvrant un cœur ardent et une grande fermeté de volonté, son éminente piété surtout auraient assuré le succès de son ministère dans les paroisses les plus difficiles. Mais quelle que soit la pauvreté du diocèse d'Angoulême, qui ne peut suffire au recrutement de ses prêtres, je n'ai jamais cru l'appauvrir en laissant pleine liberté aux vocations sérieuses que j'ai pu reconnaître soit pour la vie religieuse du cloître, soit pour l'apostolat des missions. J'ai toujours cru que Dieu nous rendrait en bénédictions surabondantes les sacrifices que nous pourrions faire pour son Évangile et l'extension de son règne. De notre côté donc, nulle difficulté. Du côté de la famille du jeune missionnaire, on conçoit qu'il pouvait en aller autrement. Ce n'était pas sans un véritable déchirement de cœur qu'il pensait lui-même à cette cruelle séparation. Son père surtout, comme celui de saint Vincent-de-Paul, tout en donnant son fils à l'Église, avait bien eu la pensée aussi de ménager un secours et une protection à ses autres enfants. Pouvait-il voir sans chagrin s'évanouir toutes ses espérances de ce côté, par une détermination qu'il avait peine à comprendre? Pourquoi aller chercher des infidèles à convertir au fond de la Chine? N'en trouve-t-on pas dans son propre pays? N'avons-nous pas auprès de nous assez d'ignorants à instruire, de pécheurs à convertir, de désordres à combattre, de vices à déraciner? Et s'il veut des persécutions, le prêtre doit-il les chercher si loin? N'y a-t-il pas dans nos villes et nos campagnes des ennemis déclarés de l'Évangile, des adversaires de tout bien, des demi-lettrés, presque aussi redoutables que ceux de la Chine et du Tong-king? Qu'on les supporte, ou qu'on les combatte avec une fermeté calme et une patience invincible : n'y a-t-il pas là matière à des victoires obscures, qui n'en sont que plus méritoires?

« Le jeune Pierre Aumaître entendit tous ces beaux raisonnements dans sa famille et ailleurs, sans en être ébranlé. Il persista dans sa vocation et désigné par ses supérieurs pour la périlleuse mission de Corée, il partit avec un saint enthousiasme pour cette contrée lointaine, avec une espérance qu'il avait peine à déguiser, celle d'y conquérir la palme du martyre.

« Il l'a conquise en effet, pour sa gloire et sa félicité éternelle. Mais cette gloire n'est pas pour lui seul : elle rejaillit sur sa famille, sur son pays, sur les maîtres qui ont formé son enfance, sur tout le clergé d'Angoulême auquel il appartenait par tant de titres sacrés.

« Oui, N. T.-C. Coopérateurs, c'est tout à la fois pour nous un grand honneur, une grande consolation et une grande instruction de voir le martyre, c'est-à-dire, le mérite suprême, le plus haut témoignage de l'amour, consacrer l'origine de notre Église au IIe siècle, en la personne de saint Ausone, décorer sa jeunesse, au VIIIe siècle, par l'apostolat sanglant de saint Sauve, à Valenciennes, et enfin couronner sa vieillesse, au XIXe siècle, par la mort de ce jeune prêtre tombé en Corée sous le glaive d'un persécuteur : de sorte qu'à 1700 ans de distance, c'est dans le père et le fils la même foi aux mêmes vérités, le même amour et le même zèle pour les répandre, le même courage et le même dévouement poussé jusqu'à verser son sang pour elles.

« Ranimons-nous tous, nos chers Coopérateurs, par ces sublimes exemples, dans le véritable esprit de notre sacerdoce, qui est avant tout un esprit de sacrifice. Réveillons aussi la foi des fidèles, et ne leur laissons pas oublier que la foi de leur Baptême peut exiger d'eux dans certain cas la générosité du martyre, *debitricem martyrii fidem*. TERTULL.

« Mais en attendant que l'Église Romaine, à qui seule est réservé, depuis plusieurs siècles, de prononcer sur l'authenticité du martyre et sur les honneurs dus à ceux qui l'ont souffert, en attendant, dis-je, qu'elle ait porté sa décision solennelle et placé sur les autels les nouveaux martyrs de la Corée, nous pouvons bien, sans violer la règle, honorer leur mémoire d'une manière aussi profitable pour nous qu'honorable pour eux : nous pouvons célébrer l'anniversaire de leur bienheureuse mort, non en priant pour eux (prier pour un martyr, c'est lui faire injure, dit saint Cyprien) ; mais en remerciant Dieu de l'assistance qu'il leur a donnée dans le combat et en le priant de nous associer à leur triomphe.

« C'est ce qu'ont déjà fait avec grand éclat nos vénérés collègues d'Amiens et de Dijon pour deux de ces généreux athlètes. C'est aussi ce que nous ferons plus modestement le samedi, 30 mars, dans le Petit-Séminaire de Richemont et dans le Grand-Séminaire d'Angoulême, pour honorer la mémoire de Pierre Aumaître, que nous avons aimé comme notre très-cher fils, respecté comme notre vénérable frère dans le sacerdoce, que nous sommes prêts à honorer aujourd'hui comme un glorieux martyr de Jésus-Christ, comme un protecteur de notre diocèse.

« Donc le samedi, 30 mars, fête de la translation de

saint Ausone, nous célèbrerons dans la chapelle de notre Grand-Séminaire un office solennel de ce glorieux martyr pontife, en ajoutant les oraisons *pro gratiis Deo agendis*. A l'issue de la messe pontificale, un jeune prêtre, ami et condisciple du missionnaire Pierre Aumaître, racontera du haut de la chaire sa vie et sa mort, et nous entonnerons l'hymne *Te Deum*.

« Pareille cérémonie aura lieu en même temps dans la chapelle du Petit-Séminaire de Richemont.

« Nous invitons les ecclésiastiques des environs d'Angoulême et de Richemont à assister à ces offices. Les laïques associés à la Propagation de la Foi y auront aussi des places réservées.

« Nous autorisons MM. les curés d'Aizecq, de Couture, de Villefagnan et de Mouthiers à chanter le *Te Deum*, à la suite de la messe du dimanche *Lætare*, après avoir lu au prône la présente Lettre.

« Dans les autres églises et chapelles du diocèse, on se contentera de faire cette lecture au prône, sans rien ajouter à l'office.

« Il ne nous reste plus, nos chers Coopérateurs, qu'à prier Dieu de multiplier ses bénédictions sur vos travaux pendant ces saints jours et à vous renouveler l'assurance de notre entier dévouement.

« † ANT.-CH., *Év. d'Angoulême.* »

Au Grand-Séminaire, la cérémonie se fit comme elle avait été annoncée. Une assistance de choix s'y trouva réunie. Et ce ne fut pas sans émotion qu'on y vit cet oncle qui, pendant si longtemps, avait été l'objet du zèle du héros de la fête.

Mais, à l'issue de la messe pontificale, le « jeune prêtre, ami et condisciple du missionnaire Pierre Aumaître, » ne raconta pas, du haut de la chaire, sa vie et sa mort. Notre jeune martyr eut un panégyriste plus digne de lui. Mgr Cousseau lui-même prit la parole. S'inspirant des grands souvenirs que réveillait cette journée, il célébra d'abord la gloire de saint Ausone et des martyrs qui donnent à Dieu, avec leur vie, le plus beau témoignage de l'amour. Puis il montra ce jeune Aumaître, si ferme et si modeste, à qui il avait donné les *ordres mineurs*, s'élevant tout à coup, par son héroïsme, à une gloire qui efface toutes les gloires de ce monde. « Qu'est devenue, ajouta-t-il, la splendeur de ce célèbre Girard, légat du Saint-Siége dans les trois Aquitaines, la Touraine et la Bretagne, président de plusieurs conciles, de cet évêque, dont la renommée a rempli son siècle, qui fut le fondateur de la cathédrale de ce diocèse, et dont la mémoire se lie à cette fête (1)? Son orgueil se complut dans ces dignités, et il finit par la révolte contre le Saint-Siége. Sa destinée, comme celle du grand Salomon, reste douteuse. Ces grandes mémoires sont voilées et lamentables (2); mais celle de l'humble prêtre ne

(1) Girard fit la translation des reliques de saint Ausone en 1118.

(2) Et illud magnificum sidus, quod claritate sua, partes occiduas illustraverat, proh dolor ! extra ecclesiam, quam ipse ædificavit,

laisse aucune incertitude. Sa fin est la plus enviable de toutes, il a cueilli une palme étincelante et immortelle, il est digne qu'on lise les actes de son martyre dans l'assemblée des saints. » Un diacre s'avança et lut, en effet, cet émouvant récit (1). Ainsi faisaient nos pères les premiers chrétiens. Ils lisaient les actes racontant la mort glorieuse de leurs frères tombés sous les coups des persécuteurs ; et ils se préparaient à suivre leur exemple et à mourir comme eux. L'émotion grandissait dans les cœurs à mesure que se déroulait le drame que nous avons raconté. Cependant elle se contenait pour ne pas interrompre le diacre. Mais quand la lecture fut achevée, alors cette émotion rompit ses digues, elle éclata, l'évêque le lui permit. *Te Deum laudamus*, s'écria-t-il ; et l'assistance électrisée continua, dans la joie et les larmes, ce sublime cantique.

A la fin du repas qui suivit la cérémonie religieuse, M. l'abbé Léon Chambaud (2) lut, au milieu du plus grand silence, les strophes suivantes, consacrées à la mémoire de son glorieux condisciple et ami :

> Aux rivages lointains où la Croix arborée
> Annonce le Salut à l'ingrate Corée,

sub vili latet lapide. *Hist. Pont. et Com Engolism.* cap. xxxv, p. 51 et 52.

(1) C'est la *Relation* de M. Calais, que nous avons donnée au chapitre précédent.

(2) Maintenant curé de Montignac-Charente.

France, n'entends-tu pas la voix de tes enfants ?
Est-ce un cri de vengeance ou l'hymne de victoire
                Que chantent à ta gloire,
Sous ton noble drapeau, tes soldats triomphants ?...

Tes enfants !... ils sont morts sur la terre idolâtre,
D'un sublime combat triste et sanglant théâtre.
Ne te lèves-tu point pour venger leur trépas ?
Ils sont tombés trahis... Va livrer au carnage
                Cette terre sauvage.
Mais non : un chrétien meurt et ne se venge pas !...

Noble fille du Christ, jadis reine du monde,
Du sang de tes enfants, généreuse, féconde,
Tu verses pour la foi le précieux tribut.
Ce sang de tes martyrs, ô ma patrie, ô France,
                Est la riche semence,
Qui pour toi germe encor l'espoir et le salut.

Ne crains pas des méchants la rage forcenée,
De l'Eglise toujours, reste la fille aînée :
C'est ton titre d'honneur et ton gage de paix.
Qu'ils arment contre toi leur honteuse phalange ;
                Qu'ils te jettent leur fange ;
Ils peuvent t'insulter, mais te vaincre, jamais.

Ils parlent de lumière ; et leur libre-pensée
Ne connaît que l'erreur et la haine insensée.
Ennemis de l'Eglise, aussi lâches que vils,
Laissez des vains discours le facile artifice,
                Montrez le sacrifice,
L'héroïsme, l'amour.... Vos martyrs où sont-ils ?

Qu'est-ce donc qu'un martyr ? C'est l'homme de courage
Qui rend à Jésus-Christ un sanglant témoignage,
Ose arborer la croix au centre de l'erreur,
Verse le baume saint de sa douce parole,
        Instruit, bénit, console,
Pardonne à ses bourreaux et, sans se plaindre, meurt.

Parmi nous il en est : notre ami, notre frère
A versé tout son sang sur la terre étrangère,
Au jour où, sur la croix, expirait le Sauveur.
Suivant jusqu'à la fin l'exemple du bon Maître,
        L'humble disciple Aumaître
Mourut en répétant : « Mon Dieu, pardonnez-leur ! »

Salut, trois fois salut, ô prêtre magnanime,
De la foi des chrétiens généreuse victime,
Tu sommeilles en paix à l'ombre de la croix ;
Sur ta tombe ignorée, en ce lointain empire,
        L'étoile du martyre
Brille d'un plus beau feu que l'étoile des Rois.

Et toi, pays aimé de ma belle Charente,
Non, tu ne seras plus la terre indifférente
Où meurent en naissant les germes de la foi,
Tressaille de bonheur, d'espérance ; sois fière !
        La suprême prière
D'un de tes fils martyrs au ciel monte pour toi !...

Quand il prit en ses mains la coupe de souffrance,
Oui, son dernier regard se tourna vers la France.
La hache du bourreau le surprit à genoux ;
Son front s'illuminait des reflets du martyre,
        Un céleste sourire
Sur ses lèvres naissait, car il priait pour nous.

Vous qui pleurez un fils, séchez, séchez vos larmes :
Il quitte sans regret la terre des alarmes
Pour s'asseoir sur un trône en l'éternelle cour.
Un ange à votre place a fermé sa paupière ;
        Au sein de la lumière
Votre bien-aimé fils, vous le verrez un jour !...

    « Je touche enfin, Seigneur, au terme du voyage,
    « Et j'entrevois déjà le céleste rivage.
    « Mais avant de quitter cette terre, mon Dieu,
    « Oh ! vous me permettez, du haut de mon Calvaire,
            « De sourire à ma mère,
    « De bénir ceux que j'aime en un dernier adieu.

    « Adieu, frères et sœurs, père aimé, mère tendre !...
    « Celui que vous pleurez au ciel va vous attendre.
    « Consolez-vous : la terre est un rude chemin
    « Où l'on entre en pleurant, qu'en pleurant on achève,
            « Cette vie est un rêve,
    « Souffrir est un bienfait et mourir est un gain.

    « Adieu ! je vais mourir ; la foule impatiente
    « A désigné ma tête à la hache sanglante.
    « Les jours de mon exil bientôt seront finis ;
    « Le maître me convie à l'éternelle noce.
            — « Vous qui du Sacerdoce
    « M'ouvrites le chemin, adieu, soyez bénis ! »

Bénis noble martyr, le successeur d'Ausone,
Qui permit à ton front la sanglante couronne :
    « Va, te dit-il, mon fils, je te laisse partir ;
    « Va porter le salut aux nations barbares.
            « Mes ouvriers sont rares,
    « Mais je donne un soldat pour avoir un martyr. »

Bénis le guide sûr que Dieu mit sur ta route
Pour affermir tes pas ou dissiper ton doute.
Enfant de saint Vincent, il éprouva ton choix,
Et quand il reconnut la volonté suprême,
　　　　Il te bénit lui-même,
Et, te montrant le ciel, il te donna ta croix.

Nous qui luttons encore au sein de la tempête,
Viens aussi nous bénir, ô généreux Athlète,
Double notre courage et soutiens notre effort,
Le ciel est sombre et gros de sinistres orages,
　　　　Préserve des naufrages
Tes frères, tes amis : conduis-nous tous au port.

Richemont eut aussi sa fête le même jour et à la même heure. La modeste chapelle — cette chapelle où M. Aumaître avait tant prié, et communié tant de fois — était transformée. La pauvreté habituelle de ses murailles avait disparu sous les guirlandes de verdure et les draperies les plus gracieuses. C'était le triomphe d'un frère aîné que célébraient des frères plus jeunes ; et toute la fête disait la joie de ceux-ci, la gloire de celui-là. Le vénéré supérieur, M. Dumas, qui avait accueilli à Richemont le jeune Aumaître, chanta la messe solennelle. « Après l'évangile, M. l'abbé Blanchet, professeur de Rhétorique, fit le panégyrique de M. Aumaître. Son discours d'une noble simplicité, en nous rappelant la gloire du martyr devenu le témoin de Dieu, le continuateur de son sanglant sacrifice, le héros de sa charité, et les trois vertus d'humilité, de force et d'amour qui l'avaient préparé dès l'enfance à ce grand acte, nous disait clairement : voici la palme, voilà le chemin ; marchons donc (1). »

Là aussi on chanta un joyeux *Te Deum*. Richemont ne devait-il pas remercier Dieu d'avoir abrité dans ses murs et compté parmi ses enfants le glorieux témoin de Jésus-Christ ?

Richemont est une terre de poésie. Quelle plus belle occasion pouvait tenter les jeunes disciples de Corneille et de Racine? Trois élèves (2) eurent le talent de se faire écouter et applaudir quand ils lurent les vers composés en l'honneur de M. Aumaître.

Le jour même du premier *Te Deum*, on avait séparé des usages profanes, en en faisant un lieu de prière, la modeste chambre que M. Aumaître avait habitée au Grand-Séminaire. Mgr Cousseau voulut lui-même consacrer le souvenir du séjour de notre martyr dans cette humble cellule. Le Concile du Vatican, qui fut si glorieux pour lui, eut pour sa santé les conséquences les plus déplorables. Le tremblement nerveux dont il souffrait avant son départ pour Rome, ne fit qu'augmenter avec les écarts si brusques de température dans la Ville Eternelle. Les émotions pénibles

(1) M. E. Resnier, maintenant curé de Chassors. V. *Sem. Relig.* 1867, p. 95.

(2) MM. Ludomir Choisme, maintenant notaire à Nanteuil-en-Vallée, François Légonier, maintenant curé de Mainfonds, et Firmin Lépinard, maintenant curé de Nercillac.

par lesquelles les événements de 1870 le firent passer à Angoulême, aggravèrent encore son état. Ne se sentant plus la force de porter la charge pastorale, il fit taire son cœur pour ne plus écouter que sa foi. Il se démit donc de son siége et laissa ses chers diocésains à l'Ange que Dieu, dans sa miséricorde infinie, avait daigné choisir pour lui succéder. C'était à la fin de 1872.

Mais avant de quitter Angoulême pour rentrer dans « son demi tombeau, » recueillant dans sa pensée toutes les gloires de son Eglise, il voulut rendre impérissable la mémoire de M. Aumaître. Dans ce but, il composa la belle inscription qu'on va lire. Il la fit graver sur une plaque de marbre blanc. On la posa le 30 mars 1873, dans la chambre habitée au Grand-Séminaire par notre cher martyr. C'était clore dignement son fécond épiscopat. Voici cette inscription :

✠

HAC IN CELLA

DVOBVS ANNIS ORAVIT AC STVDVIT

PETRVS AVMAITRE

AZACI NATVS PROPE NANTOLIVM

INDE PROFECTVS

AD PORTANDVM CHRISTI NOMEN CORAM GENTIBVS

POSITO PRIVS PARISIIS

APOSTOLICÆ MILITIÆ TYROCINIO

ET AD EXTREMVM ORIENTEM PRESBYTER MISSVS

FIDEM IN COREA

NONDVM IMPLETO LABORIS EVANGELICI TRIENNIO
SVO SANGVINE SIGNAVIT
IPSO DIE MORTIS DNI III KAL. APRIL. MDCCCLXVI

INTVENTES EXITVM IMITAMINI FIDEM (1)

C'est le testament d'un père et l'éloge de son glorieux fils, c'est la leçon par l'exemple laissée à ses autres enfants. Puissions-nous tous la faire passer dans notre vie ! Ce sera la manière la plus fructueuse d'écrire l'histoire de M. Aumaître, et le meilleur moyen de le faire toujours vivre parmi nous.

FIN.

(1) V. *Sem. Relig.* d'Angoulême, 1875, p. 101.

Voici la traduction que nous osons donner de cette belle inscription : « Dans cette cellule pendant deux années a prié et étudié M. Pierre Aumaître, né à Aizecq près de Nanteuil. Parti d'ici pour aller porter le nom de Jésus-Christ devant les infidèles, d'abord il a fait à Paris l'apprentissage de la vie de missionnaire ; puis envoyé prêtre dans l'extrême Orient, il a signé de son sang la foi en Corée avant la fin de la troisième année de ses travaux apostoliques, le jour même de la mort de N.-S., 30 mars 1866. — Vous qui voyez sa fin imitez sa foi. »

TABLE DES MATIÈRES

	Pages
A Monseigneur l'Évêque d'Angoulême	V
Réponse de Monseigneur	VII
Préface	IX
Chapitre I. — M. Aumaître Enfant	1
— II. — M. Aumaître Ecolier	12
— III. — M. Aumaître Congréganiste	22
— IV. — M. Aumaître Séminariste	38
— V. — M. Aumaître aux Missions Etrangères.	64
— VI. — M. Aumaître aux Miss. Etrang. *(suite)*.	119
— VII. — M. Aumaître Prêtre. — Départ	149
— VIII. — De Marseille à l'Ile Maurice	188
— IX. — De l'Ile Maurice en Mandchourie	206
— X. — La Corée	221
— XI. — Entrée de M. Aumaître en Corée	227
— XII. — Le Christianisme en Corée	260
— XIII. — M. Aumaître Apôtre	287
— XIV. — M. Aumaître Martyr	302
— XV. — M. Aumaître Martyr *(suite)*	318

Angoulême. — Imprimerie BAILLARGER, rue Tison d'Argence.

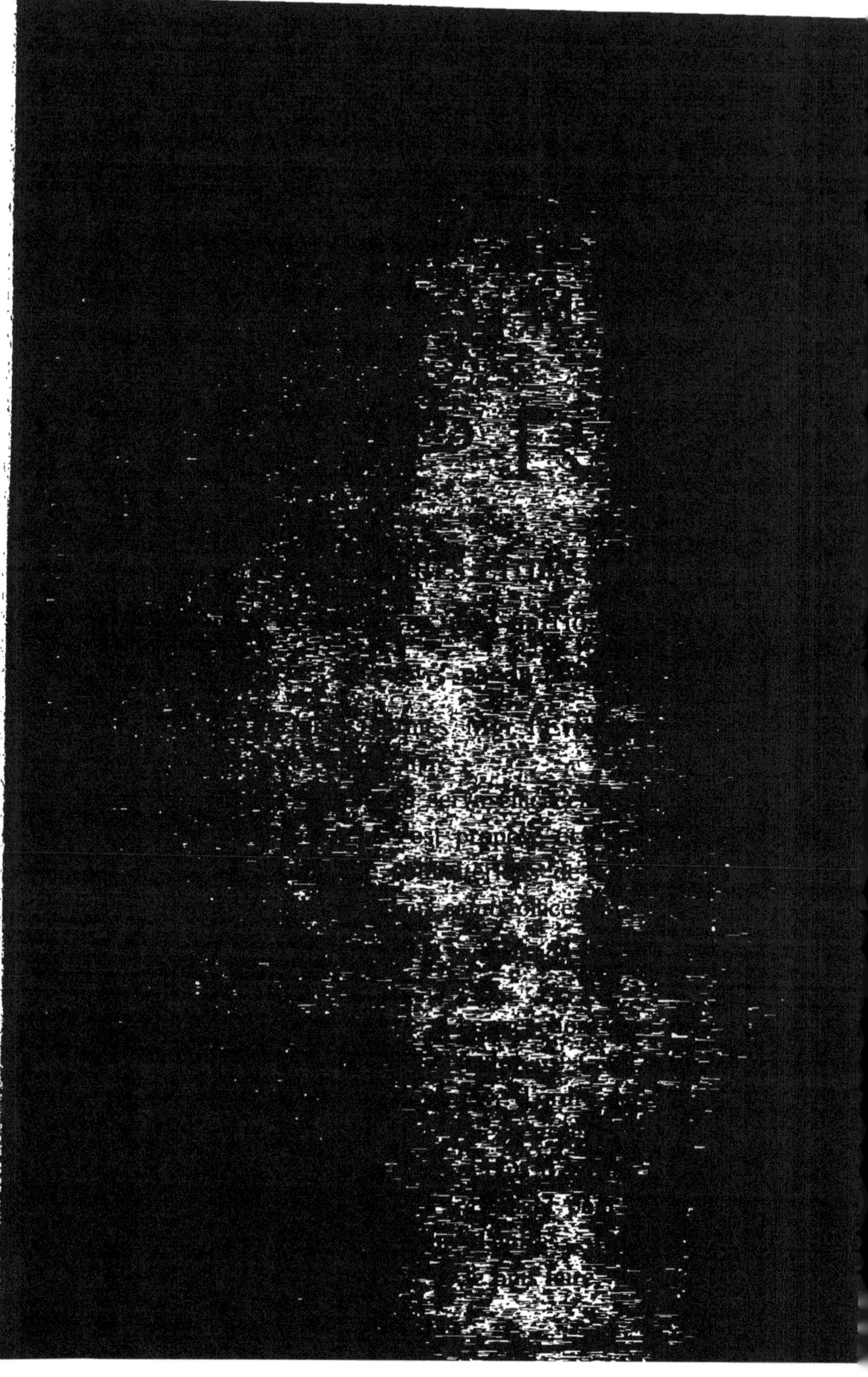